Convocación de palabras
de palabras

Lectura y redacción

Raquel María Halty

Simmons College

Angela Labarca

Georgia Institute of Technology

HEINLE
CENGAGE Learning

Australia • Brazil • Japan • Korea • Mexico • Singapore • Spain • United Kingdom • United States

Convocación de palabras: Lectura y redacción, Segunda edición
Raquel María Halty and Angela Labarca

Editor-in-Chief: PJ Boardman

Senior Acquisitions Editor: Helen Richardson

Development Editor: Caitlin McIntyre

Technology Project Manager: Sacha Laustsen

Marketing Manager: Lindsey Richardson

Marketing Assistant: Rachel Bairstow

Advertising Project Manager:
   Stacey Purviance

Production Project Manager:
   Annette Pagliaro

Manufacturing Manager: Marcia Locke

Text Designer: Denise Hoffman

Photo Manager: Sheri Blaney

Photo Researcher: Jill Engebretson

Cover Designer: Linda Beaupre

Project Coordination, Illustration, and
   Composition: Pre-Press Company, Inc.

Cover Illustration: © Lisa Zador/Artville/
   Getty RF Images

For product information and technology assistance, contact us at
Cengage Learning Customer & Sales Support, 1-800-354-9706
For permission to use material from this text or product,
submit all requests online at **www.cengage.com/permissions**
Further permissions questions can be e-mailed to
permissionrequest@cengage.com

Library of Congress Control Number: 2005921585

Student Edition:
ISBN-13: 978-1-4130-0669-8
ISBN-10: 1-4130-0669-8

Instructor's Edition:
ISBN-13: 978-1-4130-0666-7
ISBN-10: 1-4130-0666-3

Heinle Cengage Learning
20 Channel Center Street
Boston, MA 02210
USA

Cengage Learning is a leading provider of customized learning solutions with office locations around the globe, including Singapore, the United Kingdom, Australia, Mexico, Brazil, and Japan. Locate your local office at **www.cengage.com/global**

Cengage Learning products are represented in Canada by Nelson Education, Ltd.

To learn more about Heinle, visit **www.cengage.com/heinle**

Purchase any of our products at your local college store or at our preferred online store **www.cengagebrain.com**

Printed in the United States of America
3 4 5 6 13 12 11 10

DEDICATORIA

• • •

A la memoria de Angela Bravo Murphy vda. de Labarca,
quien me transmitió su pasión por las palabras de nuestro idioma,
y a Mark Mendell, por su apoyo y comprensión a lo
largo de este proyecto.

Raquel María Halty
Angela Labarca Bravo

Índice

Preface   vii

PRIMERA PARTE ● **Aquí, en familia**   1

● **Martes, ni te cases ni te embarques ni de tu familia te apartes,** capítulo de *Casi una mujer*, memorias   2
ESMERALDA SANTIAGO, puertorriqueña

● **El amigo de Él y Ella,** cuento   11
MIGUEL MIHURA, español

●● **La familia,** testimonio de *Me llamo Rigoberta Menchú y así me nació la conciencia*   20
RIGOBERTA MENCHÚ, guatemalteca, con ELIZABETH BURGOS, recopiladora, venezolana

●● **En la redoma,** capítulo de *Este domingo*, novela   34
JOSÉ DONOSO, chileno

●●● **La salud de los enfermos,** cuento   52
JULIO CORTÁZAR, argentino

SEGUNDA PARTE ● **Entre hombres y mujeres**   73

● **Complicaciones 1938,** de *En el tiempo de las mariposas*, novela   74
JULIA ÁLVAREZ, dominicano-estadounidense

● **Kinsey Report No 6,** poema   80
ROSARIO CASTELLANOS, mexicana

●● **Tú me quieres blanca,** poema   88
ALFONSINA STORNI, argentina

●●● **Una carta de amor,** crónica humorística   96
MARIO BENEDETTI, uruguayo

Nivel de dificultad de las lecturas
● Level I
●● Level II
●●● Level III

TERCERA PARTE ● **Desencuentros**   105

   ● **1943, 29 de marzo,** de *Mata el caracol*   106
     MILAGROS MATA GIL, venezolana

   ● **Imágenes Photoshop,** cuento   112
     EDMUNDO PAZ SOLDÁN, boliviano

  ●● **El amante,** cuento   120
     SILVINA BULLRICH, argentina

 ●●● **La guerra y la paz,** cuento   133
     MARIO BENEDETTI, uruguayo

CUARTA PARTE ● **Identidad**   143

   ● **Balada de los dos abuelos,** poema   144
     NICOLÁS GUILLÉN, cubano

  ●● **Autorretrato,** poema   154
     ROSARIO CASTELLANOS, mexicana

  ●● **Borges y yo,** cuento   161
     JORGE LUIS BORGES, argentino

 ●●● **El hallazgo,** cuento   167
     SERGIO RAMÍREZ, nicaragüense

QUINTA PARTE ● **La trama social**   179

   ● **"Desde muy joven la tía Eloísa…",** relato   180
     ÁNGELES MASTRETTA, mexicana

   ● **Ritmos negros del Perú,** poema   186
     NICOMEDES SANTA CRUZ, peruano

  ●● **¿Por qué me odias tú?** testimonio de *¡Aquí también, Domitila!*   193
     DOMITILA BARRIOS DE CHUNGARA, boliviana, con DAVID ACEBEY, recopilador, boliviano

  ●● **El delantal blanco,** obra en un acto   204
     SERGIO VODANOVIĆ, chileno

 ●●● **Convocación de palabras,** poema   221
     TINO VILLANUEVA, estadounidense de origen mexicano

SEXTA PARTE ● La política y el individuo 231

    ● **La certeza,** cuento 232
        ROQUE DALTON, salvadoreño

    ●● **La United Fruit Co.,** poema 238
        PABLO NERUDA, chileno

    ●● **Fuera del juego,** poema 247
        HEBERTO PADILLA, cubano

    ●●● **Espuma y nada más,** cuento 255
        HERNANDO TÉLLEZ, colombiano

    ●●● **El prócer,** cuento 264
        CRISTINA PERI ROSSI, uruguaya

Bibliografía 279

Glosario de términos literarios 287

Credits 291

Preface

Convocación de palabras, Segunda edición, is an intermediate-to-advanced Spanish textbook designed to develop writing proficiency and critical thinking through reading and discussion of representative literary texts from Spain and Spanish-speaking America. The program aims to emphasize reading and writing in the Spanish language curriculum while continuing to promote oral proficiency development. *Convocación de palabras* is suitable for second- or third-year college Spanish or for an Advanced Placement Spanish curriculum in the secondary school.

This second edition of *Convocación de palabras* has been fully revised using feedback from colleagues and students. In addition, in an effort to bring in more recent works and diverse authors, you will find that it includes eight new reading selections by Julia Álvarez, Esmeralda Santiago, Edmundo Paz Soldán, and Sergio Ramírez, among others. To support essay development, we have also included correlations to *Atajo 4.0*, designed to help students review and use certain structures that they may need when writing one of the essays suggested at the end of each chapter.

Convocación de palabras focuses on developing strategies to read a literary selection, analyze it for meaning and cultural implications, and finally react to it in personal ways, providing ample opportunity for creative expression. Thus, it guides students in their understanding of the reading selections both at the textual and at the cultural level, while helping them to appreciate the diversity as well as the unifying forces of the culture that produced the texts.

All of the reading selections are authentic and were written by and for native speakers of Spanish with the exception of two of them, which were written in English by Latinas and translated into Spanish for a Spanish-speaking audience. We trust that the texts by Santiago and Álvarez will not only provide another voice and perspective but will also acknowledge U.S. Latino writers, a strong influence increasingly surrounding our students.

While glosses are provided, the texts themselves have not in any way been altered. The readings are organized around six broad topics: **Aquí, en familia, Entre hombres y mujeres, Desencuentros, Identidad, La trama social,** and **La política y el individuo.** Within each topic, readings are graded according to their level of difficulty. The book can therefore be used horizontally across topics at any level, or vertically, by choosing readings of increasing difficulty within each unit. This allows for a great deal of flexibility by providing at least two ways to tailor selections to the needs, abilities, and interests of each class.

The readings reflect different aspects of contemporary Hispanic culture and were also chosen to represent all areas of the Spanish-speaking world: Spain, the Hispanic community in the United States, Mexico, the Caribbean Basin, Central and South America. In addition, selections were also chosen to represent both women and men, as well as writers of different ethnic and racial origins. The range of genres is also wide: short story, poetry, drama, testimonial literature, excerpts from novels, and a humorous piece. In most cases, the entire work is given. In some instances, however, the selection is a fragment of a longer work, such as in the case of "En la redoma", the first chapter of Donoso's novel *Este Domingo*, or the first chapter of *Me llamo Rigoberta Menchú y así me nació la conciencia*. In such instances, care has been taken to ensure that the reading can stand alone and that relevant background information has been provided.

● Organization

The book is divided into six thematic parts, each of which has four to five chapters. Chapters within each part are organized by level of difficulty and identified as follows: level **I** (●), level **II** (●●), and level **III** (●●●). The core of each chapter is a reading selection, which is preceded and followed by a variety of activities. At the end of the book, there is a **Bibliografía** and a **Glosario de términos literarios.** The bibliography is not meant to be exhaustive; instead, it provides some critical and biographical works on the authors presented in the chapter as well as sources for further study of the topic under discussion. Based on our experience, both the Glossary and the Bibliography are useful to complete the essays suggested at the end of each chapter.

Chapters are headed by a **Ficha personal**, where relevant data on the writer are provided in schematic form. This is followed by an introduction, in which each author and his/her selected piece is placed in the context of his/her period, life story, and work. After this introductory material, chapters are divided into three major parts:

I. A pre-reading section called **Aproximaciones al texto**, which helps the instructor build the necessary cultural, linguistic, and strategic background for the reading. The literary selection is placed immediately after this section. The text in its original form is accompanied by glosses (mainly in Spanish) and notes when necessary. Often, glosses are not synonyms of the terms, but rather explain them in context.

II. The reading section is called **En torno al texto** and its function is to help the student read the text by completing *guided* reading tasks. Unlike most readers, this section encourages students to read analytically instead of merely testing comprehension. Within this section, several and varied activities help to:

- develop reading skills and independence in the students
- sharpen student linguistic and cultural insights
- teach how to analyze different aspects of the text

In this manner, students not only comprehend the main story line, but also, among other things, become aware of the importance of specific uses of language, characters and their roles, author motives, succession of events and their overall impact, and the gradual building of an internal momentum.

III. The post-reading section, **Más allá del texto**, helps to expand or elaborate upon the ideas, events, and issues found in the work. The activities in this section vary in format and degree of difficulty, involving the student both individually or as part of a group. Some can be developed orally or in writing; many require interaction and collaboration, others require approaching the ideas from a different angle; still others help the student prepare for a final writing exercise.

Activities have been designed to personalize the issues in ways relevant to the student, helping him/her apply the concepts presented in new ways. Most importantly, they have been created to help the student gather the language, information, and ideas necessary to undertake a more extended analysis of the piece and its impact on the reader.

The last section in **Más allá del texto** invites the student to write an essay for which he/she has been gathering momentum. In **Temas de ensayo** instructors and students are offered a wide variety of essay topics designed to approach the piece from another angle. This section of text includes correlations to *Atajo 4.0*, which helps students develop critical thinking skills to use in their writing. *Atajo 4.0* assists students in learning to read, analyze, and see word associations, which enable them to understand the link between language functions and linguistic structures. Inserted at various points within each chapter, readers can also find two subsections that contain relevant background or useful language.

1. **Es conveniente saber** sections provide useful information and explain important cultural values and issues that are important to the topic or a specific reading. They invite the student to apply or analyze the issue in more depth through involvement in some brief activity. Occasionally, this section may introduce literary concepts or analyze a different aspect of a known linguistic feature such as personal pronouns.

2. **Por si acaso** sections contain vocabulary and constructions that may help develop an activity. They can be used as a springboard for developing better rounded written or oral pieces.

This book has been conceived on the premise that comprehension and enjoyment of literature rest heavily on the preparation, guidance and direction provided by the materials. Rather than limit reading activities to comprehension questions centered on discrete information regarding events found in a story, activities in this textbook help students develop strategies for approaching literature more effectively by enhancing their learning strategies and linguistic abilities.

● To the Student

This book will help you develop reading, writing, and comprehension skills in Spanish as well as promote insights into Hispanic cultures. It may also help you increase your oral proficiency through discussion and presentations of your work. It is important that you complete all assigned activities in **Aproximaciones al texto** and **En torno al texto** for a given selection, since this will allow you to better develop the oral and written activities that appear in **Más allá del texto.** You will often be asked to work with one or more classmates for this will provide diverse points of view. Most of all, this book should help heighten your interest in Hispanic people and their most fundamental concerns. We hope you enjoy these materials as much as our students did during the preparation of this work.

Note on the Artist:

Adolfo Halty Dubé, Uruguayan painter and sculptor, was born in 1915 in San Carlos and died in 1974 in Montevideo. He graduated from the *Facultad de Arquitectura* of the *Universidad de la República* and studied painting with Ferdinand Léger in New York City in the early 1940s. His work has won many prizes and has been exhibited widely in the United States, Latin America, and Europe.

● Acknowledgments

This second edition of *Convocación de palabras* began to take shape in our classrooms and is based on the feedback thus collected, so we would like to first thank colleagues and students for their insights. Many thanks to Helen Alejandra Richardson, our editor, whose enthusiasm was without bounds and has taken the project to final completion. The poet Tino Villanueva also deserves special recognition for the gift of an inspiring title for this book. Many thanks also to Annette Pagliaro, production project manager, whose painstaking attention to detail is reflected in many aspects of this book. Thanks are also due to Caitlin McIntyre, development editor, who prepared this manuscript for production, and finally to Joshua Hopkins, a former student of Angela's and first edition user. He was an invaluable source of both technical knowledge and boundless love for the project and all things Hispanic. He spared no effort and cheerfully and efficiently supported us with the myriad details that make a manuscript into a book. We give him our heartfelt thanks for his excellent work and unfailing support.

We would also like to express our sincere appreciation to the reviewers who read the manuscript at different stages and whose useful suggestions greatly enriched and enhanced the text. In particular, we are indebted to David A. Bedford, *Texas Christian University,* Juan Carlos Grijalva, *DePaul University,* André R. Grimblatt, *Ball State University,* Elizabeth Guerrero, *Bucknell University,* Johanna Damgaard Liander, *Harvard University,* Cynthia Sloan, *Portland State University,* and particularly to Caroline Ibáñez-Murphy, *Pima Community College, Downtown Campus,* Frederick H. Langhorst, *Spelman College,* and Javier Escudero Rodríguez, *Pennsylvania State University*, for reviewing the entire manuscript.

Most importantly, we want to thank the students of Raquel María Halty and Angela Labarca past and present for their spontaneous reactions to the materials. They were indeed memorable and invaluable.

We would also like to thank two of the children of Adolfo Halty Dubé, Jaime Mario and Raquel María Halty, for permission to use reproductions of the following paintings on the unit openers: **Artigas, Autorretrato, La familia, Las lavanderas, Mujer sentada** and **Orfeo y Eurídice.**

Finally, we are delighted to have had the opportunity of publishing the second edition of this work with Thomson Heinle, a company truly dedicated to "Setting the Pace..." in foreign language textbooks.

La familia
Adolfo Halty Dubé

PRIMERA PARTE

Aquí, en familia

Martes, ni te cases ni te embarques ni de tu familia te apartes

Nombre:	Esmeralda Santiago (1948–)
Nacionalidad:	puertorriqueña, estadounidense
Ocupación:	cuentista, novelista
Obras principales:	*Beside Myself: A Puerto Rican Childhood* (1992)
	Cuando era puertorriqueña (1994)
	Casi una mujer (1996)
	El sueño de América (1996)
	Las Christmas: Escritores latinos recuerdan las tradiciones navideñas (1998)
	Las mamis: Escritores latinos recuerdan a sus madres (2000)

FICHA PERSONAL

La puertorriqueña Esmeralda Santiago nació en Villa Palmeras en 1948 y se crió en dos pueblitos rurales de la isla —Macún y Toa Baja— y en San Juan. Cuando tenía trece años, como el padre había abandonado a la familia, su madre se mudó a Nueva York con los niños. De la noche a la mañana, ella y su familia se vieron enfrentados a una nueva cultura y un nuevo idioma. En sus memorias tituladas *Cuando era puertorriqueña*, Santiago nos describe su vida en la isla, el conflicto cultural inherente entre lo puertorriqueño y lo americano, y el choque cultural que representa la vida en Estados Unidos. A pesar de todos los problemas con que se enfrenta la familia —la pobreza, la dificultad de encontrar trabajo, los problemas de comunicación debidos a la falta de dominio del inglés— Esmeralda supera los obstáculos que se presentan gracias a su inteligencia y tenacidad.

Sus esfuerzos son recompensados cuando la admiten a la Performing Arts High School, y luego a la Universidad de Harvard, de la cual se tituló con distinción. Luego, recibió una maestría del Sarah Lawrence College. Hoy en día vive en Westchester, N. Y., con su marido y sus hijos.

Las obras de Santiago tratan de los problemas de los inmigrantes, los pobres, las mujeres en una cultura patriarcal, el biculturalismo y el bilingüismo. La crítica la considera una escritora feminista que trata también el tema del poscolonialismo en el Caribe. [Jamil Khader, "Subaltern Cosmopolitanism: Community and Transnational Mobility in Caribbean Postcolonial Feminist Writings," *Feminist Studies*, Spring 2003 v29 i1 página 63 (20)].

En este fragmento de su segunda memoria, *Casi una mujer*, vemos el tema de la familia, las mudanzas múltiples en Puerto Rico y Estados Unidos —muchas de las cuales son debidas a la pobreza, y su decisión de independizarse a los veintiún años yéndose a la Florida.

Aproximaciones al texto

1. **La cultura de la pobreza.** Ha habido muchos estudios de la pobreza y sus efectos sobre los seres humanos. Entre otros, se encuentran los del sociólogo Oscar Lewis, quien ha escrito sobre los mexicanos *(Los hijos de Sánchez, Five Families)* y los puertorriqueños *(La vida)*. Para entender mejor la pobreza, haga una lista de por lo menos cinco problemas que Ud. asocie con ella.

▶ **Por ejemplo:** *Creo que la desnutrición está asociada con la pobreza.*

Es conveniente saber

Puerto Rico y Estados Unidos. Hasta 1898 Puerto Rico fue colonia española. A partir de entonces, Estados Unidos ha desempeñado un papel importante en la isla. Inicialmente, hubo un gobernador militar, pero luego en 1900 el Congreso norteamericano estableció una administración dirigida por un gobernador asistido por un Consejo Ejecutivo (nombrados por el presidente de Estados Unidos) y una Cámara elegida por el pueblo de la isla. En 1917, se le concedió la nacionalidad estadounidense a los puertorriqueños. En 1948, se estableció el sufragio universal y el primer gobernador elegido por los puertorriqueños fue Luís Muñoz Marín. En esta época, también se elaboró la Constitución de Puerto Rico, que fue aprobada y puesta en vigor en 1952, con lo cual se proclamó el Estado Libre Asociado de Puerto Rico.

No obstante, por muchas décadas ha habido diferencias de opinión sobre cuál debiera ser la estructura política de la isla. Hay tres grupos que quieren ver triunfar su posición: uno quiere la independencia, otro quiere la estadidad —o sea, convertirse en un estado de Estados Unidos— y el tercero quiere mantener el *statu quo*. Mientras tanto, los puertorriqueños siguen siendo ciudadanos de Estados Unidos, lo cual les permite libre acceso al país y el uso del dólar como moneda, pero no tienen derecho a votar en las elecciones presidenciales mientras residan en la isla.

Es conveniente saber

La familia. En este texto es evidente la importancia de la familia, las ceremonias y las reuniones familiares en la cultura hispana. La familia hispana incluye a los familiares, los parientes y los amigos de la familia. No es necesario que todos vivan en la misma casa, aunque muchas veces tratan de vivir cerca unos de otros. Lo que convierte a toda esta gente en grupo familiar son los estrechos lazos que mantienen entre sí y la gran interdependencia que hay entre todos ellos, pues se ayudan casi a diario para resolver distintos problemas. Parece que hay tres condiciones necesarias para la existencia de una familia hispana entonces. Elíjalas de las alternativas que siguen.

lazos de sangre	fraternidad	contacto continuo
cantidad de parientes	igualdad	vivir juntos
mutua ayuda	pobreza	amistades

2. **"Las mamis".** Al contrario del estereotipo que percibe a las hispanas como seres desvalidos y débiles, ellas son el alma y sostén del hogar en muchos casos —especialmente entre la gente pobre, pero ahora también cada vez más en las clases más altas donde hay muchas mujeres sin pareja visible. Indique qué mujeres son cabeza de familia entre la gente que Ud. conoce bien.

▶ **Por ejemplo:** *Linda Jones es cabeza de familia porque se divorció hace 5 años y ella sola mantiene el hogar y sus hijos. A veces, siente no tener un compañero pero...*

Martes, ni te cases ni te embarques ni de tu familia te apartes

capítulo de *Casi una mujer*

ESMERALDA SANTIAGO

En los veintiún años que viví con mi mamá, nos mudamos por lo menos veinte veces. Atacuñábamos° las cosas en maletas descascaradas°, en cajas de cartón con anuncios en letras llamativas a los lados, en fundas°, en sacos de arroz vacíos, en latas de galletas que olían a levadura y harina. Lo que no podíamos cargar, lo dejábamos: gaveteros° a los que les faltaban gavetas, sofás llenos de chichones°, los quince cuadros que pinté un verano. Aprendimos a no apegarnos demasiado a nuestras pertenencias° porque eran tan temporeras como las paredes que nos cobijaban° por unos meses; como los vecinos que vivían un poco más abajo en la misma calle, o como el muchacho de ojos tristes que me amó cuando yo tenía trece años.

Nos mudamos del campo a la ciudad, al campo, a un pueblito, a una gran ciudad, a la ciudad más grande de todas. Ya en Nueva York, nos mudamos de apartamento en apartamento, en busca de calefacción, de menos cucarachas, de más cuartos, de vecindarios más tranquilos, de mayor privacidad, de mejor acceso al *subway* y a la casa de nuestros parientes°.

Nos movíamos en círculos alrededor de los vecindarios que queríamos evitar: aquéllos donde no había puertorriqueños o donde el graffiti nos advertía que andábamos por territorios de pandillas°, aquéllos donde la gente vestía mejor que nosotros, donde a los caseros° no les caían bien los puertorriqueños o no aceptaban el *welfare* o meneaban° la cabeza cuando veían a nuestra familia de tres adultos y once niños.

metíamos
viejas y rotas
cubiertas de almohadas

muebles, gabinetes
lumps
cosas
protegían

familiares

gangs
propietarios
movían

Evitábamos los vecindarios con muy pocas tiendas, con demasiadas tiendas, con las tiendas que no eran tiendas de nada o con ninguna tienda. Le dimos vueltas a nuestro primer apartamento como le dan vueltas los animales al lugar donde van a dormir y después de diez años de dar vueltas, Mami regresó al lugar donde comenzó nuestro peregrinaje: a Macún, el barrio puertorriqueño donde todo el mundo se conocía y conocía la vida y milagros° de los demás, y donde los cachivaches° que dejamos atrás fueron bien aprovechados por gente que se mudaba menos que nosotros.

hazañas / cosas viejas sin valor

Para cuando Mami regresó a Macún, yo también me había mudado. Cuatro días después de cumplir los veintiún años, me fui de casa, olvidando el refrán que canturreaba de niña: "Martes, ni te cases ni te embarques ni de tu familia te apartes". Un martes brumoso° no me casé, pero sí me embarqué y sí me aparté de mi familia. En el buzón, le dejé una carta a Mami en la que le decía adiós porque no tuve el valor° de despedirme en persona.

de niebla

coraje

Me fui a la Florida a dar mis propias vueltas de una ciudad a otra. Cada vez que empacaba mis cosas dejaba un pedacito de mí en los cuartos que me albergaban° —nunca mi hogar— siempre los sitios donde vivía. Me felicitaba por lo fácil que se me hacía dejarlos, por lo bien que empaquetaba todas mis pertenencias en un par de cajas y una maleta.

daban techo

Años después, cuando visité Macún, fui al lugar donde empezó y terminó mi niñez. Parada en lo que quedaba de nuestro piso de losetas° azules, contemplé el verdor° agreste° que me rodeaba, lo que había sido el patio de nuestros juegos, el rincón donde la mata de berenjena° se convertía en árbol de Navidad, el sitio aquél donde me corté el pie y donde la tierra se chupó mi sangre. Ya no me parecía familiar, ni hermoso y no había ni una pista que me sugiriera quién había sido yo allí, o en quién me convertiría dondequiera que fuese después. Los morivivís y el culantro° sofocaban el batey°, las enredaderas° habían arropado el piso de cemento, los cohitres° se habían trepado por lo que quedaba de las paredes y las habían convertido en montoncitos verde-tierno que albergaban lagartijos° de un color olivo parduzco o verde brillante, coquíes y picaflores°. No había un solo indicio° de que alguna vez habíamos estado allí, excepto el montecillo de losetas azules donde estaba parada. Relucía bajo el sol de la tarde, de un color tan intenso que me pregunté si no estaría parada sobre un piso ajeno° porque yo no recordaba que nuestro piso hubiese sido nunca tan azul.

mosaicos / follaje / salvaje

eggplant plant

hierbas / árbol / vines
vines

lizards
little frogs and hummingbirds / *signo*

de otra gente

En torno al texto

● **Hay que fijarse bien**

1. Con uno/a o dos compañeros/as copien las frases o expresiones donde aparece lo siguiente o, por lo menos, subrayen lo indicado. Luego, usen las frases identificadas en sus ejercicios de redacción y en los ensayos.

   a. empacábamos las cosas en maletas viejas

   b. las latas de galletas tenían olor a levadura

   c. era mejor no querer mucho nuestras posesiones

   d. queríamos vivir en vecindarios puertorriqueños

   e. había caseros que no querían puertorriqueños en su edificio

   f. teníamos que pagar con cheques del *welfare*

   g. el casero decía que no cuando veía tres adultos y once niños

   h. no nos gustaban los vecindarios con muchas ni pocas tiendas

   i. nos mudamos muchas veces pero siempre cerca del primer apartamento

   j. hicimos un gran círculo y volvimos al punto de partida

   k. otros podían usar las cosas que abandonábamos

   l. cuando tenía veintiún años la autora se fue de casa un día martes

   m. ella también vivía corto tiempo en un sitio

   n. tenía mucha práctica en empacar bien las cosas

   o. adornábamos una planta de berenjena para la Navidad

   p. en la casa de Macún no había nada que le explicara su identidad, su vida

   q. no quedaba ninguna seña (marca) de la familia en la casa abandonada

   r. el piso parecía ahora muy azul y brillante

2. Haga una lista de las cosas que le ocurrieron a la autora en esta historia.

   ▶ **Por ejemplo:** *se mudaron veinte veces, aprendieron a..., un muchacho la amó, le dimos...*

   _____

   _____

   _____

   _____

   _____

3. Haga una lista de los aspectos o características que la autora compara o explica con círculos.

▶ **Por ejemplo:** *Le dimos vueltas a nuestro primer apartamento.*
Ella quiere decir que buscaban otros apartamentos cerca de ése.

_____

_____

_____

_____

_____

4. Haga una lista de todo lo que aprendió la autora en veinte años.

▶ **Por ejemplo:** *Aprendió que los apartamentos no eran hogares sino....*

_____

_____

_____

_____

_____

● En términos generales

1. Analice esta narración usando las siguientes preguntas como guía.
   a. ¿Quién es la cabeza de esta familia? ¿Quiénes son los otros dos adultos? ¿Por qué no hay ninguna mención de su padre?
   b. De los lugares donde vivió, ¿cuál o cuáles parecen tener más significado para la autora? ¿Cómo se puede saber esto?
   c. ¿Por qué no se fue de casa la autora cuando cumplió dieciocho años?
   d. ¿Qué hizo ella una vez que dejó la familia? ¿Recuerda los detalles? ¿Por qué?
   e. ¿Qué simbolizan la tierra y la sangre de Macún?
   f. ¿Por qué no le parece hermoso el hogar de su infancia?
   g. ¿Qué piensa al final? ¿Por qué cree que el azul del piso es más intenso ahora que antes? ¿Le ha pasado esto a Ud.?

● Los personajes y sus papeles

1. Con uno/a o dos compañeros/as preparen una descripción de la narradora. Traten de imaginarse cómo era ella cuando tenía 7, 15 o 18 años, cómo era su físico y su personalidad. ¿Fue una niña feliz o desgraciada? ¿Qué relación tenía con su madre? ¿Y con todos los niños de la familia? ¿Tenía padre?

2. Con uno/a o dos compañeros/as preparen una descripción de la madre. Traten de imaginarse cómo era ella cuando tenía treinta años, cómo era su físico y su personalidad. ¿Fue feliz o desgraciada con sus hijos y demás familia? ¿Qué relación tenía con los otros dos adultos que vivían en esta casa? ¿Y con los niños de la familia? ¿Tenía marido? ¿Trabajaba?

3. ¿Qué papel tiene la pobreza aquí? ¿Es un impedimento para la narradora? ¿Siente Ud. su peso en el relato o no?

Más allá del texto

1. **Cajas de cartón.** Explique por qué no ha tirado ni abandonado algunas de sus pertenencias.

   ▶ **Por ejemplo:** *Tengo mi primer... guardado en una caja de cartón que llevo a todas partes.*

2. **Mis paredes.** A veces las paredes revelan mucho de la personalidad de una persona. Con un/a compañero/a entrevisten a otra persona sobre las cosas que pone en la pared y las puertas, o, simplemente, describan sus propias paredes.

   ▶ **Por ejemplo:** *Antes ponía carteles de... pero ahora hay muchas... en mis paredes.*

3. **Aves de paso.** Los estudiantes también tienen que mudarse mucho. Describa qué tipo de cosas ha dejado abandonadas en las habitaciones, casas o apartamentos en que ha vivido.

   ▶ **Por ejemplo:** *En el garaje/ el sótano de... dejé mis patines y mi bicicleta de niño porque no quise regalarlos ni... . Significaban mucho/poco para mí porque...*

4. **Nuevo piso y nuevas paredes.** Con un/a compañero/a piensen en la autora y escriban una descripción de su casa en este momento, ahora que ya es adulta y escritora conocida. Piensen en los objetos que puede haber guardado y los lugares de la casa donde los tiene ahora. ¿Cree Ud. que tenga muchas fotos o recuerdos guardados o no?

   ▶ **Por ejemplo:** *Me parece que ahora ella ya no/ todavía... vive/ desea/ guarda...*

Atajo

ATAJO: Grammar, Phrases, Expressing Opinion, Subjunctive, Preterite & Imperfect, Compound Tenses

● Temas de ensayo

Elija uno de los siguientes temas según las instrucciones de su profesor/a. Use sus apuntes sobre el texto, especialmente lo que anotó en la sección **En torno al texto**. Cada vez que copie una frase del texto, póngala entre comillas ("...") e indique en qué página aparece.

1. Escriba un ensayo sobre las cosas que guardamos y las que vendemos por unos centavos o unos dólares. Describa qué condiciones son necesarias para que una cosa se convierta en una pertenencia más permanente. Puede inspirarse en este poema de Gloria Fuertes, quien describe las cosas que se venden en un mercado de cosas sin uso y antigüedades.

   Puesto del Rastro
   Hornillos eléctricos brocados bombillas
   discos de Beethoven sifones de selt
   tengo lamparitas de todos los precios,
   ropa usada vendo en buen uso ropa
   trajes de torero objetos de nácar,
   miniaturas pieles libros y abanicos.
   (*Obras completas*. Madrid: Cátedra, 1978)

2. Escriba un ensayo en que Ud. analice cómo afecta a los niños y a los mayores el continuo cambio de una casa a otra. Puede asociarlo con su propia vida o la de alguien que Ud. conozca. También es posible asociarlo con la vida de los trabajadores temporales o los migrantes que recogen cosechas en todos los Estados Unidos. Puede leer también *Cajas de cartón* de Francisco Jiménez (*Bilingual Review, Nº IV*, Jan–Aug 1977; Boston: Houghton-Mifflin, 2000) y/o *Puesto del Rastro* de Gloria Fuertes. (*Obras completas*. Madrid: Cátedra, 1978.)

3. Si alguna vez ha regresado a mirar una casa en que vivió o una escuela donde estudió o un lugar donde conoció a alguien muy importante para Ud., también puede describir el lugar y los cambios que ha experimentado después de algunos años. Refiérase a los aspectos físicos del lugar, cómo estaba cuando Ud. regresó y también a los recuerdos o sentimientos que este regreso evocó. ¿Qué cosas vio, escuchó o sintió cuando volvió a ese lugar? Si es posible, Ud. podría hacer una visita de este tipo ahora mismo para escribir este ensayo.

4. Analice cómo las cosas pueden ser una forma de identificación. Explique cómo ciertas pertenencias nos describen, aún años después de tenerlas o guardarlas. Indique si éste es el caso de la autora y explique bien por qué sí o por qué no. Se puede inspirar en *Las cosas* de Julio Cortázar.

Las cosas

Las cosas, nuestras cosas,
Les gusta que las quieran,
A mi mesa le gusta que yo apoye los codos,
A la silla le gusta que me siente en la silla,
A la puerta le gusta que la abra y la cierre
Como al vino le gusta que lo compre y lo beba,
Mi lápiz se deshace si lo cojo y escribo
Mi armario se estremece si lo abro y me asomo,
Las sábanas, son sábanas cuando me echo sobre ellas
Y la cama se queja cuando yo me levanto.

(*Salvo el crepúsculo*. México: Editorial Nueva Imagen, 1984, página 215.)

5. Analice la vida de las familias pobres usando este texto. Explique cómo estas familias pueden sobrevivir y hasta producir intelectuales sobresalientes, como es el caso de Esmeralda Santiago, Tino Villanueva, Francisco Jiménez y tantos otros. Dé su opinión sobre si estas familias deben recibir ayuda del gobierno como la del *Welfare*, cuánto y hasta qué punto.

El amigo de Él y Ella (Cuento persa de los primeros padres)[1]

Nombre:	Miguel Mihura (1905–1979)
Nacionalidad:	español
Ocupación:	dramaturgo, periodista, cuentista, guionista, director de cine
Obras principales:	*Tres sombreros de copa* (1932)
	El caso de la señora estupenda (1953)
	¡Sublime decisión! (1955)
	Mi adorado Juan (1956)
	Carlota (1957)
	Maribel y la extraña familia (1959)
	Ninette y un señor de Murcia (1964)
Otros datos:	Fundó dos revistas: *La Ametralladora* (1936–1939) *y La Codorniz* (1942–45); ambas tuvieron mucho éxito en España.
	También adaptó los diálogos de más de cincuenta películas dobladas al español.

FICHA PERSONAL

Mihura formó parte del mundo del teatro desde muy pequeño, puesto que su padre era uno de los actores cómicos más conocidos de su época y Miguel lo acompañaba a los ensayos y representaciones de las obras en que actuaba. El propio Mihura explica en su introducción a *Tres sombreros de copa* que ya de niño le encantaba el teatro y que no se podía imaginar una vida diferente. De hecho, es considerado uno de los mejores humoristas del teatro español del siglo XX porque maneja muy bien el lenguaje caricaturesco y absurdo. A pesar de estar identificado sobre todo con el teatro, hoy en día Mihura es muy apreciado por su prosa —cuentos, artículos periodísticos— así como por sus historietas, dibujos y películas.

El cuento titulado "El amigo de Él y Ella (Cuento persa de los primeros padres)", que se publicó en 1942, nos presenta su versión humorística

[1]de *Cuento español de posguerra. Antología.* Medardo Fraile, ed. Madrid: Cátedra, 1986, páginas 84–87.

del mito de Adán y Eva en el Paraíso. Aquí no sólo aparecen Adán, Eva y la serpiente, sino que tenemos un personaje más —don Jerónimo— el amigo al que alude el título. Don Jerónimo, que se parece a muchos personajes de las obras de teatro de Mihura, es una mezcla de pícaro e ingenuo, aprovechado y liberal, un hombre común que vive su vida feliz, sin tener idea de los designios superiores ni de la fuerza de la tradición que nos rige. Como no tiene nada que hacer, se entromete en todo y cambia fundamentalmente el desarrollo de la historia sobre el Paraíso que se cuenta en el *Génesis*.

Aproximaciones al texto

1. **Convenciones culturales.** En toda cultura la gente está de acuerdo con ciertas nociones básicas para describir el mundo y la realidad. En la tradición cultural occidental, existe una descripción muy clara del lugar perfecto, donde nada malo ocurre y donde todas las cosas funcionan perfectamente. En este mundo no existe ni el Bien ni el Mal, y no hay que trabajar ni sufrir.

   a. ¿Cómo se llama este lugar en la tradición judeo-cristiana? ¿Quiénes viven allí? ¿Qué pasa allí?

   b. ¿Cómo describiría Ud. este lugar perfecto? En la lista que sigue, subraye las palabras que servirían para describirlo mejor. Luego, escriba un párrafo con una descripción general de este lugar.

verde	húmedo	soleado	ventoso	fresco
fácil	puro	inquietante	desolado	seco
lejano	inmenso	de campo	cercano	lindo
bellísimo	simple	de montaña	solitario	fértil
raro	entretenido	de costa	aburrido	absurdo

   c. ¿Cómo se puede perder este lugar ideal? ¿Qué lo puede destruir o acabar?

2. **Planes (im)perfectos.** Hay ciertos planes que están prácticamente predeterminados. Por ejemplo, en la tradición cultural hispana, se espera que los hombres trabajen y mantengan a la familia y que las mujeres trabajen y se ocupen de los hijos, la casa y la transmisión de valores importantes —además de mantener buenas relaciones interpersonales con la gente y otras cosas que veremos en las Partes 2 y 4 de este libro.

   a. Piense en algún plan suyo que nunca resultó. Luego, escriba un resumen de su plan y explique por qué no salió tal como lo había revisto. En la nota llamada *Por si acaso*, le damos algún vocabulario útil para responder a esta pregunta.

a pesar de...	eso
	lo que había planeado
	lo que tenía pensado
nunca falta...	alguien que se oponga (se entrometa)
	algo inesperado
no se me ocurrió...	evitar que
	fijarme en
	tomar en cuenta que
fue una lástima pero...	no tomé en cuenta que
	algo/todo salió mal
	me falló una cosa

b. Según su propia tradición, ¿qué se espera de un muchacho o una muchacha de su edad? ¿Qué se espera de una pareja joven? ¿Qué se espera de un ejecutivo/una ejecutiva de éxito? Exprésenlo en un párrafo corto.

c. Haga una lista de las cosas que pueden suceder que nos hacen cambiar de planes.

▶ **Por ejemplo:** Hay que cambiar de planes cuando...
uno se siente mal
uno no tiene...
hace mucho...

El amigo de Él y Ella (Cuento persa de los primeros padres)

MIGUEL MIHURA

Él y Ella estaban muy disgustados en el Paraíso porque en vez de estar solos, como debían estar, estaba también otro señor, con bigotes, que se había hecho allí un hotelito muy mono,° precisamente enfrente del árbol del Bien y del Mal.

bonito

Aquel señor, alto, fuerte, con espeso bigote y con tipo de ingeniero de caminos, se llamaba don Jerónimo, y como no tenía nada que hacer y el pobre se aburría allí en el Paraíso, estaba deseando hacerse amigo de Él y Ella para hablar de cualquier cosilla por las tardes.

Todos los días, muy temprano, se asomaba a la tapia° de su jardín y les saludaba muy amable, mientras regaba los fresones y

reja

unos arbolitos frutales que había plantado y que estaban ya muy majos.° *bonitos*

Ella y Él contestaban fríamente, pues sabían de muy buena tinta° que el Paraíso sólo se había hecho para ellos y que aquel señor de los bigotes no tenía derecho a estar allí y mucho menos de estar con pijama. *de buena fuente*

Don Jerónimo, por lo visto, no sabía nada de lo mucho que tenía que suceder en el Paraíso, e ingenuamente, quería hacer amistad con sus vecinos, pues la verdad es que en estos sitios de campo, si no hay un poco de unión, no se pasa bien.

Una tarde, después de dar un paseo él solo por todo aquel campo, se acercó al árbol en donde estaban Él y Ella bostezando de tedio,° pero siempre en su papel importante de Él y Ella. *aburrimiento*

—¿Se aburren ustedes, vecinos? —les preguntó cariñosamente.

—Pchs... Regular.

—¿Aquí no vive nadie más que ustedes?

—No. Nada más. Nosotros somos la primera pareja humana.

—¡Ah! Enhorabuena. No sabía nada —dijo don Jerónimo, y lo dijo como si les felicitase por haber encontrado un buen empleo. Después añadió, sin conceder a todo aquello demasiada importancia:

—Pues si ustedes quieren, después de cenar, nos podemos reunir y charlar un rato. Aquí hay tan pocas diversiones y está todo tan triste...

—Bueno —accedió Él—. Con mucho gusto.

Y no tuvieron más remedio que reunirse después de cenar, al pie del árbol, sentados en unas butacas° de mimbre. *sillones*

Aquella reunión de tres personas estropeaba ya todo el ambiente del Paraíso. Aquello ya no parecía Paraíso ni parecía nada. Era como una reunión en Recoletos, en Rosales o en la Castellana. El dibujante que intentase pintar esta estampa del Paraíso, con tres personas, nunca podría dar en ella la sensación de que aquello era el Paraíso, aunque los pintase desnuditos° y con la serpiente y todo enroscada al árbol. *sin ropa*

Ya así, con aquel señor de los bigotes, todo estaba inverosímilmente estropeado.

Él y Ella no comprendían, no se explicaban aquello tan raro y tan fuera de razón y lógica. No sabían qué hacer. Ya aquello les había desorganizado todos sus proyectos y todas sus intenciones.

Aquel nuevo y absurdo personaje en el Paraíso les había destrozado° todos sus planes; todos esos planes que tanto iban a dar que hablar a la Humanidad entera. *destruido*

La serpiente también estaba muy violenta y sin saber cómo ni cuándo intervenir en aquella representación, en la que ella desempeñaba tan principal papel.

Por las mañanas, por las tardes y por las noches don Jerónimo pasaba un rato con ellos, y allí sentado, en tertulia, hablaban muy pocas cosas y sin interés, pues realmente, en aquella época, no se podía hablar apenas de nada, ya que de nada había.

—Pues, si... —decían.

—Eso.

—¡Ah!

—Oveja.

—Cabra.

—Es cierto.

De todas formas no lo pasaban mal. Él y Ella, poco a poco, distraídos con aquel señor que había metido la pata° sin saberlo, fueron olvidando que uno era Él y la otra Ella. Y hasta le fueron tomando afecto a don Jerónimo, que, a pesar de todo, era un hombre simpático y rumboso.° Y los tres juntos hacían excursiones por los ríos y los valles y reían alborozados de vivir allí sin penas, ni disgustos, ni contrariedades, ni malas pasiones.

● ● ●

Una vez don Jerónimo les preguntó:

—Ustedes ¿están casados?

Y ellos no supieron qué contestar, ya que no sabían nada de eso.

—¿Pero no son ustedes matrimonio?°

—No. No lo somos —confesaron al fin.

—Entonces, ¿son ustedes hermanos?

—Sí, eso —dijeron ellos por decir algo.

Don Jerónimo, desde entonces, menudeó° más las visitas. Se hizo más alegre. Presumía° más. Se cambiaba de pijama a cada momento. Empezó a contar chistes y Ella se reía con los chistes. Empezó a llevarle vacas a Ella. Y Ella se ponía muy contenta con las vacas.

Ella tenía veinte años y además era Primavera. Todo lo que ocurría era natural.

—La quiero a usted —le dijo don Jerónimo a Ella un atardecer, mientras le acariciaba una mano.

—Y yo a usted, Jerónimo —contestó Ella, que, como en las comedias, su antipatía° primera se había trocado° en amor.

A la semana siguiente, Ella y aquel señor de los bigotes se habían casado.

cometido un error

generoso

casados

aumentó
Se vestía, Arreglaba

rechazo / convertido

Al poco tiempo tuvieron dos o tres chiquitines que enseguida se pusieron muy gordos, pues el Paraíso, que era tan sano, les sentaba admirablemente.

Él, aunque ya apreciaba mucho a don Jerónimo, se disgustó bastante, pues comprendía que aquello no debía haber sido así; que aquello estaba mal. Y que con aquellos niños jugando por el jardín aquello ya no parecía Paraíso, ni mucho menos, con lo bonito que es el Paraíso cuando es como debe ser.

La serpiente, y todos los demás bichos,° se enfadaron mucho igualmente, pues decían que aquello era absurdo y que por culpa de° aquel señor con pijama no había salido todo como lo tenían pensado, con lo interesante y lo fino y lo sutil que hubiese resultado.

Pero se conformaron, ya que no había más remedio que conformarse, pues cuando las cosas vienen así son inevitables y no se pueden remediar.

El caso es que fue una lástima.

animales

a causa de

En torno al texto

● Hay que fijarse bien

Con uno/a o dos compañeros/as copien las frases o expresiones donde aparece lo siguiente o, por lo menos, subrayen lo indicado. Luego, usen las frases identificadas en sus ejercicios de redacción y en los ensayos.

1. ¿Qué tipo de frases se usa repetidamente para describir el aspecto físico de don Jerónimo y lo que lleva?

2. ¿Dónde se dice que el plan se había establecido de antemano?

3. ¿Dónde se dice que Él y Ella son los únicos habitantes de este lugar?

4. ¿Dónde se dice que ésta era la época ideal para enamorarse?

5. ¿Dónde se dice que el nuevo personaje no tenía idea del plan original? Subraye los verbos.

6. ¿Dónde se describe la rutina diaria de Él y Ella? ¿Y la de don Jerónimo? ¿Y la de ellos tres? Subraye los verbos.

7. ¿Cómo se dice que no les quedaba otra solución que juntarse con el recién llegado y charlar un rato?

8. ¿Qué símbolo se usa para indicar que don Jerónimo vino a cambiar el destino original de Él y Ella?

9. ¿Cómo se dice que una buena representación del paraíso debiera incluir hasta la serpiente?

10. ¿Cómo se dice que si algo ya ocurrió, es necesario conformarse?

11. ¿Qué palabra se usa muchas veces para indicar que todo esto no es muy concreto y que ocurrió hace muchísimo tiempo? Por supuesto, esta palabra aparece en sus formas masculina, femenina y neutra, singular y plural.

12. Anoten todas las palabras o expresiones que aparecen en el cuento que están asociadas con las de la lista que sigue. Después pueden usarlas en sus ejercicios de redacción.

tedio: _____

enfadarse: _____

conversar de cualquier cosilla: _____

destrozar: _____

lo que no existía en el paraíso: _____

dar un paseo: _____

● En términos generales

1. ¿De qué plan perfecto habla este cuento? ¿Cómo se suponía que iban a suceder las cosas?

2. ¿Quiénes formaban parte del plan y quiénes no?

3. ¿Quiénes conocían y quiénes no conocían el plan perfecto? ¿Por qué?

4. ¿Qué efecto tiene el nuevo personaje en este cuento?

5. ¿Cómo lo pasaban Él y Ella en este lugar antes y después de conocer a don Jerónimo? ¿De qué conversaban?

6. ¿Por qué cree Ud. que don Jerónimo llevaba pijama? ¿Por qué se lo empezó a cambiar más a menudo? ¿Por qué plantó árboles frutales y fresas?

7. ¿Qué error específico cometieron Él y Ella que resultó en un cambio fundamental de su historia?

8. ¿En qué parte del cuento se acepta el nuevo destino como algo inevitable? ¿Qué sabe Ud. de esta tradición?

9. ¿Qué semejanzas y diferencias hay entre esta versión de la Creación y los planes que hacemos nosotros a veces?

● **Los personajes y sus papeles**

1. ¿A quiénes representan Él y Ella?

2. ¿Qué representa don Jerónimo? ¿Por qué actuó de esta manera?

3. ¿Qué papel tenía la serpiente en el cuento original? ¿Qué papel tiene en este cuento?

4. ¿Qué función tenía el árbol en el cuento original? ¿Y en este cuento?

5. ¿Qué función tienen las vacas?

6. ¿Por qué le cae tan mal a Él la llegada de los chiquitines al Paraíso? ¿Estará celoso de los niños o es porque él hubiera querido ser el padre?

7. ¿Por qué cree Ud. que el autor decidió escribir esta versión de la Creación? ¿De qué se estará burlando? ¿Qué querrá mostrarnos? No se olvide de la importancia que tiene todo esto en el mundo hispano, de fuerte tradición católica.

Más allá del texto

1. **Nuevos papeles.** Diga a quién se refiere cada descripción, a Él, a Ella, a la serpiente o a don Jerónimo. Si hay desacuerdo entre los alumnos, aclaren por qué.

   ▶ **Por ejemplo:** más ganó

   No cabe duda que... *la que más ganó fue Ella.*

más frustrado/a	más común y corriente
más feliz	más desamparado/a
más ingenuo/a	más desorientado/a
más ganó	más sanos/as y gorditos/as

2. **No es como yo pensaba.** Explique por qué le parecía aburrido el Paraíso a don Jerónimo. ¿Qué esperaba él de un lugar como aquél? Diga si Ud. está de acuerdo o no. Escriba al menos un párrafo.

3. **Con la serpiente y todo.** Describa su propio Paraíso o lugar ideal detalladamente. ¿Qué hay allí? ¿Qué hace la gente todos los días? ¿De qué hablan? ¿En qué se entretienen? ¿Qué ropa llevan? ¿Por qué? ¿Hay un árbol del Bien y del Mal? ¿Hay una serpiente? Escriba al menos tres párrafos.

4. **Acabo de volver.** Imagínese que la semana pasada Uds. pasaron unos dos o tres días en el Paraíso. Con dos compañeros/as escriban las conversaciones que tuvieron con Él, don Jerónimo o Ella. Recuerden que en el Paraíso no hay mucho de qué hablar. Después pueden representar la conversación para toda la clase.

5. **Una visita inesperada.** Imagínese que el Creador que puso a Él y a Ella en el Paraíso llega de visita por unos días. Con dos compañeros/as escriban la conversación en que ellos le cuentan al Creador el gran cambio que ha ocurrido. Cuando tengan un buen guión (*script*), representen la escena en clase.

6. **Veinte años después.** Imagínese que ya han pasado veinte años desde el matrimonio de Ella y don Jerónimo. Describa cómo están las cosas ahora, qué hace cada uno de los personajes, qué ha cambiado y qué no ha cambiado y qué ha pasado con los chiquitines. Escriba por lo menos tres párrafos.

● Temas de ensayo

ATAJO: Grammar, Phrases, Expressing Opinion, Subjunctive, Preterite & Imperfect

Elija uno de los siguientes temas según las instrucciones de su profesor/a. Use sus apuntes sobre el texto, especialmente lo que anotó en la sección **En torno al texto.** Cada vez que copie una frase del texto, póngala entre comillas ("...") e indique en qué página aparece.

1. Escriba un ensayo en que Ud. analice cómo ha desarrollado el autor el personaje femenino en este cuento. O bien, escriba sobre Él/Jerónimo y lo masculino en este cuento. Apóyese en citas del texto; no se olvide ni de poner todas las citas entre comillas ni de dar la página en que aparecen.

2. Según esta obra, ¿qué piensa el autor acerca de la familia? ¿Piensa Ud. que, después de todo, sus ideas son bastante tradicionales o no? Analice su actitud hacia la familia en este cuento. No se olvide de respaldar sus opiniones con citas del texto.

3. Examine las ideas del Bien y del Mal en esta obra. ¿Piensa Ud. que el Bien triunfó sobre el Mal, o al revés? ¿Cuál es la actitud del autor hacia estos conceptos? Use citas del cuento para ilustrar su visión del tema. Ponga todas las citas entre comillas e indique en qué página aparecen.

4. Estudie el uso de la ironía (véase el *Glosario*) en este cuento. ¿En qué se basa? ¿Está bien desarrollada o no? Use citas del texto.

La familia

Nombre:	Rigoberta Menchú (1962–)
Nacionalidad:	guatemalteca de origen maya quiché
Ocupación:	luchadora por los derechos de los indígenas
Obra:	*Me llamo Rigoberta Menchú y así me*
	nació la conciencia (1985), relato de su vida
	hecho en París a Elizabeth Burgos, sicóloga
	y etnóloga de origen venezolano-francés.
	El clamor de la tierra: Luchas campesinas en la
	historia reciente de Guatemala (1992).
	Rigoberta, la nieta de los mayas (1998) con
	Gianni Minà y Dante Liano.
Otros datos:	Premio Nobel de la Paz, 1992

FICHA PERSONAL

El capítulo que sigue representa un tipo de literatura que se llama **literatura testimonial**. Es decir, se trata de un texto que es la recopilación o transcripción de la narración oral o testimonio de una persona. Si Ud. lee el relato con cuidado, se dará cuenta de que Rigoberta le está hablando a otra persona y no escribiendo, porque la estructura de sus párrafos y frases es oral y no escrita (véase el primer párrafo). En este testimonio, vemos ilustrados el dolor de la separación de la familia, el racismo y la discriminación en contra de los indígenas.

El relato de Rigoberta es doblemente importante, ya que no sólo nos describe la vida de los indígenas en Guatemala sino que, con algunas variantes, describe la vida y los problemas del indígena en todo el continente americano. Como todos ellos —en realidad, como la mayoría de la gente de color— Rigoberta y su pueblo sufren discriminación cultural y económica (aunque muchísimos hispanoamericanos lo negarían vehementemente). Burgos señala que Rigoberta quiere hacernos ver que en los países hispanos con una gran población indígena existe actualmente lo que podría llamarse un "colonialismo interno que se ejerce en detrimento de las poblaciones autóctonas" (Prólogo). En 1992, Rigoberta Menchú recibe el Premio Nobel de la Paz por su esfuerzos dedicados a mejorar la vida del pueblo maya.

En 1999, David Stoll, un profesor de antropología de Middlebury College, publica *Rigoberta Menchú and the Story of All Poor Guatemalans*, un libro que cuestiona muchos de los datos biográficos que se encuentran en *Me llamo Rigoberta Menchú y así me nació la conciencia*. Entre otros, el hecho que Rigoberta asevera que no aprendió español hasta los veinte años de edad y que no fue al colegio, mientras que sus familiares, amigos y las monjas del colegio al cual asistió desmienten esto. Añaden que probablemente tampoco trabajó en las fincas durante su niñez porque estaba pupila en el colegio. Esto ha causado una importante polémica en el mundo académico que ha sido acentuada porque Rigoberta se niega a explicar estas discrepancias. Hay quienes la denuncian porque dicen que ha mentido y otros que la defienden porque afirman que, aunque los detalles no siempre reflejen su experiencia personal, sí reflejan la de la mayoría de los mayas. Desde entonces se han publicado muchos libros y artículos sobre el tema. Aunque su testimonio representa la realidad de los indígenas, hubiera sido mejor que Rigoberta no alterara los datos de su vida para subrayar la terrible situación de su pueblo.

"La familia" es el primer capítulo del relato oral de Rigoberta, y en él ya aparecen muchos datos que según Stoll no corresponden a la realidad de la vida de su familia. Por ejemplo, si bien es cierto que los ladinos frecuentemente le quitaban la tierra a los indígenas, éste no es el caso de los Menchú, ya que en su caso se descubrió que la perdieron después de una disputa con sus parientes políticos. Sin embargo, el capítulo sí proporciona una visión de la vida de los campesinos mayas. Lo que Rigoberta no nos cuenta sino hasta más adelante es que pierde a su padre en una masacre de indios quichés que habían viajado a la Ciudad de Guatemala para dar a conocer sus problemas a las autoridades. Después de la muerte del padre, también pierde a su hermano de doce años y a su madre. La primera parte de la película *El Norte* presenta una situación muy parecida y sería bueno que la viera en clase o en casa.

Aproximaciones al texto

1. **Tiempos difíciles.** Haga una lista de por lo menos cuatro problemas o complicaciones que causan dificultades para una familia.

   ▶ **Por ejemplo:** *Cuando se pierde...*
   Cuando una de las personas está...
   Cuando se necesita...
   Cuando no hay nadie que... (pueda/tenga/vaya)
   Cuando no hay nada que... (sirva/ayude/valga)

2. **De mi propio pecunio.** Pregúnteles a dos compañeros/as si trabajan y por qué lo hacen. Después, escriba un párrafo con sus respuestas.

▶ **Por ejemplo:** *Mi compañero Enrique dice que trabaja para ahorrar dinero y poder ir a Bermuda en las vacaciones de primavera. Sin embargo, Julia dice que tiene que trabajar para pagar el alquiler de su apartamento y para comprarse ropa.*

3. **Un adolescente típico.** Con un/a compañero/a escriban un párrafo que describa las experiencias de un adolescente típico. Expliquen cómo dividen el día y la semana y den ejemplos de las actividades más populares entre ellos y en las que ocupan la mayor parte de su tiempo.

▶ **Por ejemplo:** *En general, los adolescentes pasan un tercio del día en el colegio, un tercio con los amigos y un tercio... Las actividades más importantes para ellos son... (hablar por teléfono móvil o fijo/ enviar mensajes por internet/hacer los quehaceres de la casa/ayudar a.../trabajar para...).*

Cuando lea el fragmento de Rigoberta Menchú, piense en las diferencias que existen entre estos adolescentes y los que describe la autora.

4. **Mi segundo idioma.** Explique por qué quiere Ud. aprender español. Escriba un párrafo o dé un informe oral dando sus razones.

▶ **Por ejemplo:**

Quiero aprender más español para poder...
$\begin{cases} \text{enseñar español en...} \\ \text{trabajar con hispanos en...} \\ \text{hacer negocios en...} \\ \text{ser buen/a enfermero/a/... .} \end{cases}$

Estoy estudiando español porque...
$\begin{cases} \text{mis padres...} \\ \text{mi novio/a...} \\ \text{mi amigo/a también...} \\ \text{mi jefe/a quiere que...} \\ \text{mi facultad exige que...} \end{cases}$

5. **La pobreza.** Según su opinión, ¿cuándo es pobre una persona? Haga una lista de las condiciones que deben cumplirse, según Ud.

▶ **Por ejemplo:** *Una persona es pobre cuando... (no tiene.../no puede...)... o cuando tiene que... (pedir dinero o préstamos/tener dos trabajos...)*

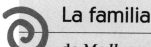

La familia

de *Me llamo Rigoberta Menchú y así me nació la conciencia*

RIGOBERTA MENCHÚ CON ELIZABETH BURGOS

«*Siempre hemos vivido aquí: es justo que continuemos viviendo donde nos place y donde queremos morir. Sólo aquí podemos resucitar; en otras partes jamás volveríamos a encontrarnos completos y nuestro dolor sería eterno*».

Popol Vuh

Me llamo Rigoberta Menchú. Tengo veintitrés años. Quisiera dar este testimonio vivo que no he aprendido en un libro y que tampoco he aprendido sola ya que todo esto lo he aprendido con mi pueblo y es algo que yo quisiera enfocar. Me cuesta mucho° recordarme toda una vida que he vivido, pues muchas veces hay tiempos muy negros y hay tiempos que, sí, se goza también pero lo importante es, yo creo, que quiero hacer un enfoque que no soy la única, pues ha vivido mucha gente y es la vida de todos. La vida de todos los guatemaltecos pobres y trataré de dar un poco mi historia. Mi situación personal engloba toda la realidad de un pueblo.

es muy difícil

En primer lugar, a mí me cuesta mucho todavía hablar castellano ya que no tuve colegio, no tuve escuela. No tuve oportunidad de salir de mi mundo, dedicarme a mí misma y hace tres años que empecé a aprender el español y a hablarlo; es difícil cuando se aprende únicamente de memoria y no aprendiendo en un libro. Entonces, sí, me cuesta un poco. Quisiera narrar desde cuando yo era niña o incluso desde cuando estaba en el seno de mi madre, pues, mi madre me contaba cómo nací porque nuestras costumbres nos dicen que el niño, desde el primer día del embarazo de la mamá ya es un niño.

En primer lugar en Guatemala existen veintidós etnias° indígenas, y consideramos que una de las etnias también son los compañeros ladinos,° como les llaman, o sea, los mestizos; serían veintitrés etnias, veintitrés lenguas también. Yo pertenezco a una de las etnias que es la etnia quiché, tengo mis costumbres, costumbres indígenas quichés, pero sin embargo he vivido muy cerca de casi la mayor parte de las otras etnias debido a mi trabajo organizativo con mi pueblo. Soy de San Miguel/Uspantán,

gente de igual origen e idioma

indios que adoptaron la cultura blanca

Departamento El Quiché. El Quiché se ubica en el Noroccidente del país. Vivo en el Norte del Quiché, o sea cerca de Chajul. Pueblos que tienen largas historias de lucha. Camino seis leguas, o sea veinticinco kilómetros a pie para llegar a mi casa, desde el pueblo de Uspantán. La aldea° es la aldea Chimel, donde yo nací. Precisamente mi tierra es casi un paraíso° de todo lo lindo que es la naturaleza en esos lugares ya que no hay carreteras, no hay vehículos. Sólo entran personas. Para transportar las cargas son los caballos o nosotros mismos; para bajar al pueblo de las montañas. Yo casi vivo en medio de muchas montañas. En primer lugar, mis padres se ubicaron desde el año 1960, ahí, y ellos cultivaron la tierra. Era montañoso donde no había llegado ninguna persona. Ellos, con toda la seguridad de que allí iban a vivir, y aunque les costara mucho, pero allí se quedaron. En ese lugar se daba mucho el mimbre.° Entonces mis padres se habían ido allá a buscar mimbre pero allí les gustó y empezaron a bajar las montañas° para quedarse allá. Y, un año después querían quedarse allá pero no tenían recursos. Fueron desalojados° del pueblo, de su pequeña casita. Entonces vieron la gran necesidad de irse hasta la montaña y allí se quedaron. Puedo decir que ahora es una aldea de cinco o seis caballerías° cultivadas por los campesinos.

Fueron desalojados del pueblo ya que allí cayó una serie de gentes, de ladinos y allí se hicieron su casa en el pueblo. No exactamente los desalojaron así, echándolos sino que, poco a poco, los gastos° se apoderaron de la casita de ellos. Llegó un momento en que tenían bastantes deudas con toda esa gente. Todo lo que ganaban se gastaba y la casa tuvieron que dejarla, se quedó como pagándoles la deuda que tenían. Como los ricos siempre acostumbran, cuando la gente tiene deudas con ellos de quitar un poco de tierra, un poquito de las cosas y así es cuando van apoderándose de todo. Así pasó con mis papás.

Lo que pasó es que mi padre era huérfano y mi abuelita tuvo que regalar° a mi padre en una casa de unos ricos para poder comer y así es como él creció y tuvo también una etapa muy dura en la vida hasta llegar a ser un hombre grande.

Mi padre nació en Santa Rosa Chucuyub, es una aldea del Quiché. Pero cuando se murió su padre tenían un poco de milpa° y ese poco de milpa se acabó y mi abuela se quedó con tres hijos y esos tres hijos los llevó a Uspantán que es donde yo crecí ahora. Estuvieron con un señor que era el único rico del pueblo, de los Uspantanos y mi abuelita se quedó de sirvienta del señor y sus dos hijos se quedaron pastoreando° animales del señor, haciendo pequeños trabajos, como ir a acarrear°

pueblo muy pequeño
tierra ideal

wicker

cortar los árboles
expulsados

45 hectáreas cada una

deudas

dar

grano, cosecha

cuidando a los animales
transportar

leña,° acarrear agua y todo eso. Después, a medida que fueron creciendo, el señor decía que no podía dar comida a los hijos de mi abuelita ya que mi abuelita no trabajaba lo suficiente como para ganarles la comida de sus tres hijos. Mi abuelita buscó otro señor donde regalar a uno de sus hijos. Y el primer hijo era mi padre que tuvo que regalarle a otro señor. Ahí fue donde mi papá creció. Ya hacía grandes trabajos, pues hacía su leña, trabajaba ya en el campo. Pero no ganaba nada pues por ser regalado no le pagaban nada. Vivió con gentes... así... blancos, gentes ladinas. Pero nunca aprendió el castellano ya que lo tenían aislado en un lugar donde nadie le hablaba y que sólo estaba para hacer mandados y para trabajar. Entonces, él aprendió muy muy poco el castellano, a pesar de los nueve años que estuvo regalado con un rico. Casi no lo aprendió por ser muy aislado de la familia del rico. Estaba muy rechazado de parte de ellos e incluso no tenía ropa y estaba muy sucio, entonces les daba asco° de verle. Hasta cuando mi padre tenía ya los catorce años, así es cuando él empezó a buscar qué hacer. Y sus hermanos también ya eran grandes pero no ganaban nada. Mi abuela apenas ganaba la comida para los dos hermanos, entonces, era una condición bastante difícil. Así fue también como mi papá empezó a trabajar en las costas,° en las fincas.° Y ya era un hombre, y empezó a ganar dinero para mi abuelita. Y así es cuando pudo sacar a mi abuelita de la casa del rico, ya que casi era una amante del mismo señor donde estaba, pues, las puras necesidades hacían que mi abuelita tenía que vivir allí y que no había cómo salir a otro lado. El tenía su esposa, claro, pero, además de eso, por las condiciones, ella aguantaba o si no, se iba porque no había tanta necesidad de parte del rico ya que había más gentes que querían entrar ahí. Entonces por las puras necesidades mi abuela tenía que cumplir todas las órdenes. Ya salieron mi abuela con sus hijos y ya se juntó con el hijo mayor en las fincas y así es cuando empezaron a trabajar.

En las fincas en donde crecieron mis padres, crecimos nosotros. Son todas las fincas ubicadas en la costa sur del país, o sea, parte de Escuintla, Suchitepequez, Retalhuleu, Santa Rosa, Jutiapa, todas las fincas ubicadas en la parte sur del país, donde se cultiva, más que todo, el café, algodón, cardamomo o caña de azúcar. Entonces, el trabajo de los hombres era más en el corte de caña, donde ganaban un poco mejor. Pero, ante las necesidades, había épocas del tiempo que todos, hombres y mujeres, entraban cortando caña de azúcar. Y claro de un principio tuvieron duras experiencias. Mi padre contaba que únicamente

madera para el fuego

les daba repulsión

tierras cerca del mar / plantaciones, haciendas

se alimentaban de yerbas° del campo, pues, que ni maíz tenían para comer. Pero, a medida que fueron haciendo grandes esfuerzos, lograron tener en el altiplano,° una casita. En un lugar que tuvieron que cultivarlo por primera vez. Y, mi padre a los dieciocho años era el brazo derecho de mi abuelita porque había tanta necesidad. Y era mucho el trabajo de mi padre para poder sostener a mi abuelita y a sus hermanos... Desgraciadamente desde ese tiempo había ya agarradas° para el cuartel; se llevan a mi padre al cuartel y se queda nuevamente mi abuela con sus dos hijos. Y, se fue mi padre al servicio. Allá es donde él aprendió muchas cosas malas y también aprendió a ser un hombre ya completo, porque dice que al llegar al servicio le trataban como cualquier objeto y le enseñaban a puros golpes, aprendió más que todo el entrenamiento militar. Era una vida muy difícil, muy dura para él. Estuvo haciendo un año el servicio. Después, cuando regresa, encuentra a mi abuelita en plena agonía que había regresado de la finca. Le dio fiebre. Es la enfermedad más común después de la ida a las costas, donde hay mucho calor y después el altiplano, donde hay mucho frío, pues ese cambio es bastante brusco para la gente. Mi abuela ya no tuvo remedio y tampoco había dinero para curarla y se tuvo que morir mi abuelita. Entonces quedan los tres huérfanos que es mi padre y sus dos hermanos. Aún ya eran grandes. Se tuvieron que dividir ellos ya que no tenían un tío ni tenían nada con quien apoyarse y todo. Se fueron a las costas, por diferentes lados. Así es cuando mi padre encontró un trabajito en un convento parroquial y donde también casi no ganaba pues, en ese tiempo se ganaba al día treinta centavos, cuarenta centavos, para los trabajadores tanto en la finca como en otros lados.

Dice mi padre que tenían una casita hecha de paja, humilde. Pero, ¿qué iban a comer en la casa ya que no tenían mamá y que no tenían nada?

Entonces, se dispersaron.

Así es cuando mi padre encontró a mi mamá y se casaron. Y enfrentaron muy duras situaciones. Se encontraron en el altiplano, ya que mi mamá también era de una familia muy pobre. Sus papás también son muy pobres y también viajaban por diferentes lugares. Casi nunca estaban estables en la casa, en el altiplano.

Así fue como se fueron a la montaña.

No había pueblo. No había nadie.

Fueron a fundar una aldea en ese lugar. Es larga la historia de mi aldea y es muy dolorosa muchas veces.

plantas, hierbas

meseta, tierras altas

forced military roundups

Las tierras eran nacionales, o sea, eran del gobierno y que para entrar en las tierras había que pedirle permiso. Después de pedirle permiso, había que pagar una multa° para bajar las montañas y luego hacer sus casas. Entonces, a través de todos esos esfuerzos en la finca pudieron dar la multa que tuvieron que pagar y bajaron las montañas. Claro, no es fácil que dé cosecha una tierra cuando se acaba de cultivarla, y bajar las montañas. Casi en ocho o nueve años da la primera cosecha buena, entonces, la poca tierra que mis padres pudieron cultivar en ese tiempo, fue ya después de los ocho años que tuvieron producto de esa pequeña tierra, y así es cuando crecieron mis hermanos. Cinco hermanos mayores y que cuando estábamos en las fincas, yo vi morir todavía a mis dos hermanos mayores, precisamente por la falta de comida, por la desnutrición que, nosotros los indígenas sufrimos. Muy difícil que una persona llegue a tener los quince años, así con vida. Más cuando uno está en pleno crecimiento y que no tiene nada que comer y se mantiene con enfermedades... entonces... se complica la situación.

    Se quedaron allí. Lo lindo que veía mi madre eran los árboles, las montañas increíbles. Mi mamá decía que había veces que se perdían, pues, al salir de la montaña no se ubicaban° porque las montañas son bastante grandes y casi no cae rayo de sol debajo de las plantas. Es muy tupido.° Entonces allí nosotros prácticamente crecimos. Amamos mucho, mucho a nuestra tierra, a pesar de que caminábamos mucho para llegar hasta la casa de los vecinos. Poco a poco mis papás llamaron más gente para que hubiera más cultivo y que no sólo eran ellos ya que en la noche bajaban toda clase de animales de la montaña a comer la milpa, a comer el maíz cuando ya está, o a comer el elote.°

    Todas las cosas se las comían los animales de la montaña.

    Uno de ellos, que decía mi papá, es el mapache° que le dicen. Además mi mamá empezó a tener sus gallinas, sus animalitos y había bastante espacio pero como mi madre no tenía tiempo para ver sus animales, tenía unas ovejitas, que si se iban al otro lado de las plantas, ya nunca regresaban. Unas se las comían los animales en el monte o se perdían. Entonces, empezaron a vivir ahí pero, desgraciadamente, mucho, mucho tiempo tardó para que ellos tuvieran un poquito de cultivo.

    Entonces tenían que bajar a las fincas.

    Esto es lo que contaban mis padres cuando se radicaron allí. Ya después, cuando nosotros crecimos cuando nos tocaba vivir cuatro o cinco meses en esa aldea, éramos felices porque había grandes ríos que pasaban por la montañita, abajito de la casa.

fine

estaban desorientados

denso

mazorca de maíz

raccoon

Nosotros prácticamente no tenemos tiempo como para divertirnos. Pero, al mismo tiempo, cuando estábamos trabajando era una diversión para nosotros porque nos tocaba quitar los montes pequeños y a mis padres les tocaba cortar los árboles grandes. Entonces, allí se oían cantos de pájaros, diferentes pájaros que existen. También muchas culebras.° Y nosotros nos asustábamos mucho, mucho de ese ambiente. Éramos felices a pesar de que hace también mucho frío porque es montañoso. Y es un frío húmedo.

snakes

Yo nací en ese lugar. Mi madre tenía ya cinco hijos, creo yo. Sí, tenía ya cinco hijos y yo soy la sexta de la familia. Y mi madre decía que le faltaba todavía un mes para componerse conmigo° y estaba trabajando en la finca. Le faltaban veinte días cuando se trasladó a casa y cuando yo nací, nací únicamente con mi madre, pues. No estaba mi papá ya que tenía que cumplir el mes en la finca.

tenerme

Entonces ya crecí. Lo que me recuerdo más o menos de mi vida será a partir de los cinco años. Desde pequeños pues, bajábamos siempre a la finca y cuatro meses estábamos en la pequeña casita que tenemos en el altiplano y los demás meses del resto del año teníamos que estar en la costa, ya sea en la Boca Costa donde hay café, cortes de café o también limpias de café y también en la costa sur donde hay algodón; ése era más que todo el trabajo de nosotros. O sea las grandes extensiones de tierra que tienen unas cuantas familias donde se produce la cosecha y los productos que se venden al exterior. Los terratenientes, pues, son dueños de grandes extensiones de tierra.

En la finca trabajamos por lo general ocho meses del año y cuatro meses estamos en el altiplano ya que a partir de enero se siembran las cosechas. Regresamos un mes al altiplano a sembrar nuestro pequeño maíz, fríjol.

Nosotros vivimos más en las montañas, o sea, en las tierras no fértiles, en las tierras que apenas dan maíz, fríjol y en las costas se da cualquier cosecha, pues. Bajamos a las fincas a trabajar durante ocho meses. Esos ocho meses muchas veces no van seguidos, porque partimos un mes para ir a sembrar al altiplano nuestra pequeña milpa. Bajamos a la finca mientras que crece la milpa y así cuando se cosecha ya nuestra pequeña milpa regresamos al altiplano. Pero inmediatamente se acaba otra vez. Y nos tenemos que bajar nuevamente a la producción a ganar dinero. Entonces, por lo que cuentan, pues, mis padres, desde hace muchos años, ellos han vivido, una situación muy difícil y muy pobres.

En torno al texto

● **Hay que fijarse bien**

Lea el relato y ubique dónde se dice lo siguiente. ¿Cómo dice Rigoberta que...?
(páginas 23–24)

1. hay épocas difíciles y otras mejores

2. no sabe leer

3. el quiché es la gente, la tierra y el idioma

4. su pueblo está a 15,5 millas de Uspantán

5. su mundo es maravilloso y no hay automóviles ni caminos

6. a sus padres les gustó el lugar y decidieron quedarse

7. llegaron los ladinos y abrieron tiendas y negocios

8. tuvieron que dar la casa en pago por sus deudas

9. su padre y sus tíos tuvieron que trabajar desde pequeños sin ganar nada

10. la abuela trabajaba para recibir techo y comida pero sin ganar nada

(páginas 25–27)

11. el patrón acostumbraba tener relaciones sexuales con las sirvientas

12. la abuela con sus hijos se fueron a trabajar a la costa

13. con mucho trabajo construyeron una casita en su tierra

14. cuando tenía dieciocho años, obligaron al padre a hacer el servicio militar

15. la abuela murió de fiebre, sin tener dinero para médico ni remedios

16. sin la abuela, la casa no era casa

17. los hermanos se separaron y el padre se casó

18. la tierra tarda ocho años en dar una buena cosecha

19. tenían mucha hambre los niños

(página 28)

20. sólo podíamos vivir cuatro meses al año en nuestra casa: un mes para plantar y tres meses para cosechar y comer nuestra cosecha

21. todos trabajamos por años y años y nunca tenemos nada

● En términos generales

Si es necesario, lea el testimonio otra vez y conteste las siguientes preguntas.

1. Encuentre en el texto cinco signos de la extrema pobreza de esta gente.

2. Encuentre cinco ejemplos del valor de la tierra y la naturaleza para los quichés.

3. Encuentre tres ejemplos del valor de la vida y la familia para los quichés en este texto.

4. Encuentre tres ejemplos de la desintegración de la familia en el texto.

5. Busque ejemplos del poder de los ricos (ladinos, blancos).

6. ¿Qué efecto tiene el poder o no poder hablar español entre los quichés y los ladinos? Busque indicaciones del valor relativo de los dos idiomas.

7. ¿Por qué cree Ud. que Rigoberta se ha ido de Guatemala a París?

● Los personajes y sus papeles

Si es necesario, lea el relato otra vez y conteste las siguientes preguntas.

1. Haga la ficha personal completa de Rigoberta.

Nombre: Edad: años	
Lugar de nacimiento:	
Origen:	
Nacionalidad: Idiomas:	
Domicilio o residencia:	
Educación: Ocupación:	
Ocupación del padre:	
Ocupación de la madre:	
Número de hermanos:	
Ocupación de los hermanos:	

FICHA PERSONAL

2. El padre de Rigoberta sirve de ejemplo de las responsabilidades que tienen los hombres en esta sociedad. ¿Cuáles son estas responsabilidades? ¿Qué se dice acerca de la necesidad de tener un tío?

3. ¿Cuál es el papel de la madre y de las mujeres en general? ¿Cuáles parecen ser sus actividades diarias?

4. ¿Qué papel tiene Rigoberta en su familia? ¿Y en su pueblo?

5. ¿Qué debiera haber hecho Rigoberta para evitar la polémica que existe sobre la veracidad de su libro?

6. ¿Cómo afecta al lector la discrepancia que existe entre los detalles biográficos dados por Rigoberta y por Stoll? ¿Cómo afecta la percepción del lector en cuanto al resto de la obra?

Más allá del texto

1. **En la sala de redacción.** Con un/a compañero/a redacten de nuevo este testimonio. Imagínense que Uds. trabajan en la sala de redacción de un diario y que el jefe les ha pedido que preparen la transcripción del texto de Rigoberta para publicarlo en la sección de *Figuras Notables* del periódico. Ordenen los hechos cronológicamente y eviten la repetición. Dividan el trabajo entre varias parejas de compañeros.

2. **La madre tierra.** Para la familia humana, la tierra es considerada la madre. Sin embargo, no todos respetan la naturaleza ni la veneran como los quichés. Con un/a compañero/a busquen ejemplos positivos y negativos de nuestra relación con la naturaleza en este país. Luego, compartan sus ideas oralmente o por escrito.

▶ **Por ejemplo:** *A nadie le importa el medio ambiente* (environment) *aquí. En mi comunidad, talaron los árboles (bajaron la montaña) para hacer un cementerio feo y árido, sin vegetación alguna. A veces destruyen un campo o un bosque para hacer un centro comercial y no plantan ni un árbol de sombra siquiera.*

3. **¿Regalar a un hijo?** En este texto se nos presenta un tema de candente actualidad. ¿Se pueden regalar los hijos? ¿Quién puede decidirlo? ¿Cuál hijo/a elegir? ¿Cuándo se puede permitir esto? Converse con dos o tres compañeros y después haga dos listas: una de razones para apoyar y otra de razones para prohibir o rechazar esta manera de asegurarle el diario sustento *(sustenance)* a los niños. En seguida, escriban un resumen de sus opiniones en uno o dos párrafos y den su solución personal al problema.

4. **Contrastes.** Discutan con dos compañeros los contrastes entre un/a niño/a o joven quiché y un/a niño/a o joven de su comunidad. Cuando terminen presenten un informe oral.

▶ **Por ejemplo:** *Hay un mundo de diferencia entre un/a chico/a quiché y un/a chico/a de mi pueblo porque...*

5. **En vivo y en directo.** En Guatemala y en otros países, la mayoría de la gente es indígena o mestiza y se discrimina contra ella. Con un/a compañero/a investiguen la situación existente en algún país o en su comunidad y preparen un informe con su punto de vista para la televisión. Recuerden que si el informe es para la televisión de su sala de clase o para enviarlo por correo electrónico, van a necesitar algunos elementos visuales.

▶ **Por ejemplo:** *Señores televidentes, nos encontramos ahora en...
y hemos venido para mostrarles... porque la situación de este grupo es...*

6. **Naciones indígenas de los Estados Unidos.** Investigue una de las naciones indígenas de este país y escriba un informe. Si es posible, entreviste a una persona que sea del grupo étnico elegido. Incluya información sobre:

- Territorio ocupado antes/después de la llegada de los europeos.

- Organización social y familiar; papel de hombres y mujeres.

- Costumbres, celebraciones principales, ritos y leyendas.

- Actividades económicas principales y relaciones con la cultura dominante.

- Problemas más importantes o apremiantes (urgentes).

● Temas de ensayo

ATAJO: Grammar, Phrases, Expressing Opinion, Subjunctive, Preterite & Imperfect

Elija uno de los siguientes temas según las instrucciones de su profesor/a. Use sus apuntes sobre el texto, especialmente lo que anotó en la sección **En torno al texto.** Cada vez que copie una frase del texto, póngala entre comillas ("...") e indique en qué página aparece.

1. Compare este texto con otros que aparecen en este libro como "¿Por qué me odias tú?" (página 193), "Ritmos negros del Perú" (página 186), "Balada de los dos abuelos" (página 144), o "La United Fruit Co." (página 238). Analice las semejanzas y diferencias entre lo perdido y lo ganado y el valor que se le da a la familia y a la naturaleza. Analice también cómo trata el grupo dominante al grupo discriminado.

2. Analice la relación entre madre e hijo cuando se trata de regalar a un hijo, darlo en adopción, concebir un hijo para otra persona, dárselo a una madrina, a un padrino o a un familiar, etc. Refiérase a los problemas que se presentan entre los pobres, los ricos y las interacciones entre ambos grupos.

3. Analice los efectos de la situación económica y política sobre la gente de este país y la de un país como Guatemala. Use como ejemplo los acontecimientos relatados en este testimonio y los que se ven en la película *El Norte*.

4. Discuta el concepto del derecho al trabajo y a ganarse el diario sustento. Explique su propia filosofía primero. Luego, compare lo que es el trabajo para los indígenas como Rigoberta con lo que significa el trabajo para Ud. También podría entrevistar a alguien de una minoría y después comparar el testimonio de esta persona con el de Rigoberta.

5. Analice los problemas de una minoría de este país en cuanto a sus problemas sociales, económicos, educacionales y de salud. Sería interesante entrevistar a una madre o a alguna mujer para comparar su punto de vista con el de Rigoberta.

6. Si le interesan los estudios sobre la mujer, analice el desarrollo, cambio y actividades de Rigoberta. Estudie el contraste entre sus orígenes como mujer indígena destinada a tener hijos y cuidar de la familia y su papel como luchadora que aprende un idioma que no es el suyo para hablar en contra de la discriminación que sufre su pueblo. Si ha leído "¿Por qué me odias tú?" (página 193) de Domitila Barrios de Chungara, compare las experiencias de ambas.

7. Si le interesan los problemas sociales, analice los efectos de la migración sobre los indígenas y/o los trabajadores chicanos, dominicanos, puertorriqueños, haitianos, o jamaicanos y sus familias. Incluya información sobre los problemas de educación, de salud, de vivienda (casa), tanto como los económicos y los familiares. Lea además "Convocación de palabras" (página 221) o vea la película *El Norte*.

8. Compare la versión de los hechos de Stoll con la de Rigoberta y discuta el impacto que tienen estas discrepancias sobre cómo vemos el resto del texto. ¿Qué señala esto? ¿Por qué es importante la veracidad en toda obra que no sea considerada ficción?

En la redoma

Nombre:	José Donoso (1924–1996)
Nacionalidad:	chileno
Ocupación:	novelista, profesor de literatura inglesa,
	profesor de creación literaria,
	periodista
Obras más conocidas:	*Verano y otros cuentos* (1955)
	Coronación (1958)
	Este domingo (1966)
	El obsceno pájaro de la noche (1970)
	Casa de campo (1978), que obtuvo el Premio de la
	Crítica Española.
	La desesperanza (1986)
	Donde van a morir los elefantes (1995)
	El mocho (publicación póstuma, 1997)
Otros datos:	Donoso forma parte del llamado grupo del *boom* de la
	novela hispanoamericana. Fue profesor en los Estados
	Unidos varias veces y vivió exilado en España por muchos
	años durante la dictadura militar de Pinochet (1973–1990)
	en su país. Regresó a Chile en la década de los ochenta.
	Premio Municipal (1955)
	Premio William Faulkner (1962)
	Premio Nacional de Literatura (1990)

FICHA PERSONAL

Hombre de variadas experiencias, Donoso estudió en la Universidad de Chile y en la Princeton University. Además, enseñó en estas últimas así como en Dartmouth y en el International Writers' Workshop de la Iowa University. Como periodista, fue redactor de la revista *Ercilla*, importante publicación chilena. Ganó dos becas de la fundación Guggenheim y ha ejercido una gran influencia en la literatura hispanoamericana.

Su primer libro, *Verano y otros cuentos*, será seguido hasta 1986 por numerosas novelas y un libro sobre la historia del *boom* de la literatura latinoamericana, al cual pertenecía. A esto le siguió un período de silencio que duró nueve años hasta la publicación de *Donde van a morir los elefantes*, que ha sido una de las novelas suyas más elogiadas por la crítica. Antes de su muerte de cáncer en 1996 terminó *El mocho*, que aparecería en 1997. Donoso es considerado uno de los escritores latinoamericanos más importantes de su generación.

"En la redoma" es el primer capítulo de *Este domingo*, una novela de cinco capítulos, tres de los cuales son narrados por uno de los nietos de Álvaro y Chepa Vives. Ya adulto, el nieto recuerda los fines de semana, los domingos en casa de sus abuelos y lo que significaban para él. Los otros dos capítulos nos permiten apreciar los puntos de vista de Álvaro y Chepa, respectivamente.

La novela nos cuenta la vida de una familia de la clase media alta chilena y de las tensiones entre los individuos, las distintas generaciones y las distintas clases sociales. A pesar de tratar de un grupo tan unido como éste, la obra desarrolla y examina en profundidad el tema de la soledad, del trágico aislamiento del ser humano. Este es un tema que se repite mucho en toda la literatura occidental contemporánea y que ha sido tratado magistralmente por Donoso en esta obra.

Aproximaciones al texto

1. **"Coming home."** Haga una lista de todas las palabras que Ud. asocie con la idea de "volver a casa". Incluya sentimientos, personas, objetos, comidas, habitaciones, aromas y cualquier otra categoría que se le ocurra.

Sentimientos	Gente	Objetos	Comidas	Aromas
bienestar	hermanos	mis discos	torta moka	café
————	————	————	————	————
————	————	————	————	————

2. **Juegos de antaño.** Pregúntele a otro/a compañero/a a qué jugaba cuando era chico/a con sus hermanos/primos/amigos. Compare los juegos que ambos jugaban. En seguida, escriba un resumen de un párrafo.

▶ **Por ejemplo:** *Con mis primos hacíamos un tren de sillas en un salón y jugábamos a hacer larguísimos viajes en tren en los que nos ocurrían muchísimas aventuras. Por ejemplo, una vez...*

3. **Una persona importante para mí.** Piense en una persona que haya tenido mucha influencia sobre Ud. cuando era chico/a o más joven y escriba un párrafo donde explique por qué fue tan importante.

▶ **Por ejemplo:** *Mi tía Molly tuvo mucha influencia sobre mí. Había viajado y conocido a mucha gente; despertó en mí la curiosidad por conocer otras culturas y recorrer el mundo. Fue una especie de pionera porque... Además...,*

4. **Casa de ensueño.** Dibuje el exterior o interior de una casa que Ud. haya conocido y que le pareció interesante por algún motivo. Puede ser una casa antigua o una casa moderna con detalles interesantes.

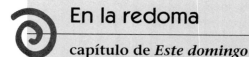

En la redoma

capítulo de *Este domingo*

JOSÉ DONOSO

Los «domingos» en la casa de mi abuela comenzaban, en realidad, los sábados, cuando mi padre por fin me hacía subir al auto:

—Listo…, vamos…

Yo andaba rondándolo° desde hacía rato. Es decir, no rondándolo precisamente, porque la experiencia me enseñó que esto resultaba contraproducente,° sino más bien poniéndome a su disposición° en silencio y sin parecer hacerlo: a lo sumo me atrevía a toser junto a la puerta del dormitorio si su siesta con mi madre se prolongaba, o jugaba cerca de ellos en la sala, intentando atrapar la vista de mi padre y mediante una sonrisa arrancarlo de su universo para recordarle que yo existía, que eran las cuatro de la tarde, las cuatro y media, las cinco, hora de llevarme a la casa de mi abuela.

Me metía en el auto y salíamos del centro.

Recuerdo sobre todo los cortos sábados de invierno. A veces ya estaba oscureciendo cuando salíamos de la casa, el cielo lívido como una radiografía de los árboles pelados y de los edificios que dejábamos atrás. Al subir al auto, envuelto en chalecos° y bufandas, alcanzaba a sentir el frío en la nariz y en las orejas, y además en la punta de los pulgares, en los hoyos° producidos por mi mala costumbre de devorar la lana de mi guante tejido. Mucho antes de llegar a la casa de mi abuela ya había oscurecido completamente. Los focos de los autos penetrando la lluvia se estrellaban como globos navideños en nuestro parabrisas enceguecedor: se acercaban y nos pasaban lentamente. Mi padre disminuía nuestra velocidad esperando que amainara° el chubasco.° Me pedía que le alcanzara sus cigarrillos, no, ahí no, tonto, el otro botón, en la guantera, y enciende uno frente a la luz roja de un semáforo que nos detiene. Toco el frío con mi pulgar desnudo en el vidrio, donde el punto rojo del semáforo se multiplica en millones de gotas suspendidas; lo reconozco pegado por fuera a ese vidrio que me encierra en esta redoma° de tibieza donde se fracturan las luces que borronean° lo que hay afuera, y yo aquí, tocando el frío, apenas, en la parte de adentro del vidrio. De pronto, presionada por la brutalidad de mi pulgar, una de las gotas rojas se abre como una arteria desangrándose°

andaba cerca de él

negativo
listo

cardigans

agujeros

perdiera su fuerza
chaparrón

frasco para los peces
no dejan ver

corriendo

por el vidrio y yo trato de contener la sangre, de estancarla de alguna manera, y lo miro a él por si me hubiera sorprendido destruyendo..., pero no: pone en movimiento el auto y seguimos en la fila a lo largo del río. El río ruge encerrado en su cajón de piedras como una fiera enjaulada. Las crecidas° de este año trajeron devastación y muerte, murmuran los grandes. Sí. Les aseguraré que oí sus rugidos: mis primos boquiabiertos° oyéndome rugir como el río que arrastra cadáveres y casas..., sí, sí, yo los vi. Entonces ya no importa que ellos sean cuatro y yo uno. Los sábados a ellos los llevan a la casa de mi abuela por otras calles, desde otra parte de la ciudad, y no pasan cerca del río.

 Hasta que doblamos por la calle de mi abuela. Entonces, instantáneamente, lo desconocido y lo confuso se ordenaban. Ni los estragos° de las estaciones ni los de la hora podían hacerme extraña esta calle bordeada de acacios, ni confundirla con tantas otras calles casi iguales. Aquí, la inestabilidad de departamentos° y calles y casas que yo habitaba con mis padres durante un año o dos y después abandonábamos para mudarnos a barrios distintos, se transformaba en permanencia y solidez, porque mis abuelos siempre habían vivido aquí y nunca se cambiarían. Era la confianza, el orden: un trazado° que reconocer como propio, un saber dónde encontrar los objetos, un calzar de dimensiones, un reconocer el significado de los olores, de los colores en este sector del universo que era mío.

 Siempre se habló del proyecto municipal de arrancar esos acacios° demasiado viejos: escorados° como borrachos, amenazaban caer sobre los transeúntes, y el tumulto de sus raíces quebraba el embaldosado° de la vereda. Es cierto que con el tiempo alguno de esos árboles cayó: nosotros cinco trepados a la reja de madera o con la cabeza metida en un boquete° del cerco de macrocarpas,° presenciamos la faena° de los obreros que cortaron las ramas y se llevaron a remolque° el gigante tumbado. Después parchaban° la vereda, plantaban un prunus, un olivillo o cualquier otro efímero árbol de moda que jamás pasaba del estado de varilla° porque nadie lo cuidaba. La línea de árboles se fue poniendo cada vez más irregular y más rala.°

 Pero recuerdo también cuando era sábado y era primavera, las ventanillas del auto abiertas y la camisa de mi padre desabrochada al cuello y el pelo volándole sobre la frente, y yo, con las manos apoyadas sobre la ventanilla como un cachorro, asomaba la cara para beber ese aire nuevo. Me bajo en cuanto el auto se detiene ante el portón. Toco el timbre. Alrededor del primer acacio hay un mantel de flores blancas. Mi padre toca la bocina impaciente.

inundaciones

sorprendidos

daños

apartamentos

bosquejo

acacias / inclinados

suelo de baldosas

hoyo
cerco de pinos / trabajo duro / tirándolo

reparaban

palo
menos poblada

Me hinco° sobre el mantel blanco sin que él, distraído encendiendo otro cigarrillo, me riña° por ensuciarme.° Las flores no parecen flores. Son como cosas, cositas: tan pequeñas, tantas. Un labio extendido y una diminuta lengua dura. Las barro° con las manos para acumular un montón cuyo blanco amarillea, y el olor a baldosa caldeada° y a polvo sube hasta mis narices por entre las flores dulzonas. Mi montón crece. Queda descubierta una baldosa distinta, rojiza, más suave, una baldosa especial que lleva una inscripción. Como si hubieran enterrado a un duende° bajo ella: sí, eso le diría a mi abuela. Deletreo° cuidadosamente la inscripción.

—Papá...

—Qué...

Toca la bocina otra vez.

—Aquí dice Roberto Matta, Constructor...

—El hizo el embaldosado. Primo mío.

—Sí sé. Mi tío Roberto.

—No. No ése. Otro.

—Ah...

La Antonia quita la cadena° del portón. Desde la ventanilla del auto mi padre me llama para despedirse de mí, pero yo me cuelgo del cogote° de la Antonia, besándola, hablándole, riéndome con ella para que mi padre crea que no lo oigo y así no se dé cuenta de que no tengo ganas de despedirme de él, y parte sin insistir, sin darse cuenta de mi enojo. Nunca se da cuenta de nada. Ahora no se dio cuenta de que mi interés no fue llamarle la atención sobre el fenómeno de encontrar el nombre de mi tío Roberto Matta escrito en una baldosa de la calle. No vio que estaba ansioso por demostrarle otra cosa: que yo ya sabía leer, que sin que él ni nadie me enseñara aprendí en los titulares de los diarios, y que sabía muy bien que esa baldosa rojiza no era la lápida° de un gnomo° sino que decía Roberto Matta, Constructor. A mi abuela, eso sí, yo le contaría que bajo el acacio de la vereda había encontrado una tumba diminuta. Juntos, en el calor de su cama el domingo en la mañana, muy temprano para que mis primos no hubieran acudido° aún a meterse también entre las sábanas olorosas de pan tostado del desayuno, mi abuela y yo bordaríamos° sobre el asunto de la tumba del duende. Yo le iba a decir eso para picar su curiosidad y hacerla acompañarme a la calle para mostrarle la baldosa y leer: Roberto Matta, Constuctor. Ella se alegraría. Se lo diría a mi abuelo y a las sirvientas y me haría leer otras cosas ante ellas para probarles que su orgullo en mí era fundado. Iba a llamar a mi madre por teléfono para comentarlo, enojándose por no habérselo dicho

me arrodillo

sin que me reprenda / poner sucio con la tierra

Las junto

azulejo caliente de la vereda

elf

Leo letra por letra

abre

cuello

inscripción de una tumba / enano

venido

inventaríamos detalles

antes. Pero mi madre tampoco sabía. Iba a considerar injustificado el telefonazo° de mi abuela: cosas de mi mamá, no se le quita nunca lo alharaquienta.° Y mi padre desde el sofá o tendido en la cama leyendo el diario movería la cabeza sin siquiera enterarse de qué le hablaba mi madre..., preocupado de otras cosas. De cosas importantes que salen en el diario que él no sabe que yo ya leo: no se dio cuenta de nada porque estaba apurado para regresar a tiempo y llevar a mi madre al cine.

la llamada por teléfono
alarmista, exagerada

Pero no importa.

No me importaba porque siempre, aun ya grandulón, cuando usaba pantalones de golf, llegar a la casa de mi abuela era por fin quebrar la redoma sin que fuera delito,° era por fin fluir, derramarme.° Y entraba corriendo por los senderos° del jardín gritando abuela, abuela...

un crimen
liberarme / caminitos

—Salió. Ya va a llegar.

Yo iba ansioso de mostrar mis pantalones de golf a mis primos. Sólo Luis, un año mayor que yo, los usaba. Alberto, que tenía mi edad, iba a heredar los de Luis cuando le quedaran chicos, pero seguro que pasarían años porque Luis era lento para crecer pese al aceite de hígado de bacalao, hasta que finalmente Alberto recibiría unos pantalones de golf harapientos. Los míos, en cambio, eran flamantes, estrenados esa semana. La Antonia me alcanzó mientras yo, inclinado bajo el ilang-ilang,° estiraba mis medias y fijaba las hebillas de mis pantalones preparándome para una entrada triunfal. Al preguntarle cómo me veía me paré muy tieso para que me examinara. La luz que quedaba era honda° como la de un estanque: si yo me movía, si cualquier cosa se movía, los objetos que reposaban dentro de esa luz fluctuarían silenciosamente y sólo después de un instante recobrarían la perfección de sus formas quietas. La Antonia me sonrió y dijo que me veía muy «ueks».° Entonces seguimos caminando juntos.

planta de exquisito
perfume

profunda

estupendo
(palabra inventada) /
Llegaste tarde.

—Te atrasaste.°

—Mi papá tuvo que ver a un enfermo.

—Ah...

—¿Llegaron?

—Están en el porch de atrás.

—¿Y la Muñeca?

—Ya te dije que te iba a acusar° a tu mamá si le siguen diciendo así a tu abuelito...

tell on somebody

—¿Dónde está?

—Esperándote.

—¿Quién?

—La Muñeca...

—Y yo te voy a acusar a mi abuelita por decirle así a tu patrón°... Y vas a ver no más lo que te va a pasar, vieja atrevida°...

jefe / sin respeto

Mi abuelo, encerrado en la pieza del piano, tocaba «El herrero armonioso». Escuchándolo desde el porch mis primos se retorcían° de risa. Cuando intenté llamarles la atención sobre mis pantalones me hicieron callar porque estaban jugando al juego de contar los errores de ejecución del abuelo y con cada nota torpe se agarraban° la cabeza a dos manos y lloraban de risa: cualquiera de ellos tocaba mejor. Magdalena dejó pasar un buen rato después del final para calmarse antes de ir a avisarle que yo había llegado.

se morían

se tomaban

—Apuesto a que no felicitas a la Muñeca...

—Apuesto a que sí...

Cuando mi abuelo salió parpadeando de la pieza del piano miró un buen rato a la Magdalena antes de reconocerla, como si la viera por primera vez. Pequeño y seco, con el traje ridículamente entallado, era un personaje de farsa que en nuestros juegos llamábamos "la Muñeca" porque era muy blanco, muy blanco, como de porcelana envejecida,° y teníamos la teoría de que se echaba polvos.° Una vez uno de nosotros se quedó vigilando mientras él tocaba el piano, y nos fuimos a registrar° su baño tan meticulosamente ordenado en busca de los polvos que no encontramos.

muy vieja
cosmético para la cara
revisar

—Debe usar un esmalte...

—...o alguna fórmula mágica.

—Es distinto, debe tomar algo, tiene el cogote igual y no se va a estar esmaltando el cogote...

Marta, que era gorda y cuyas aspiraciones a enflaquecer destruimos cuando cumplió nueve años, se pasaba la vida con un cordel muy apretado en la cintura, jugando a que era la Muñeca y consolándose con la idea de que por lo menos heredaría su cintura.

—Qué bien tocó hoy, Tata°...

abuelo

—No sé...

—Sobre todo esa parte...

—Ligero, sí, pero Cortot lo toca así.

Seguía parpadeando, mirándola.

—Ya estamos todos, Tata.

—¿Por qué no entran al escritorio, entonces, a acompañarme un ratito?

Todos los sábados, al llegar, pasábamos por esta estricta ceremonia: un estirado° ritual, siempre idéntico, suplantaba° la relación que mi abuelo era incapaz de tener con nosotros. Sólo

formal / reemplazaba

después de someternos a ella quedábamos libres. Nos convocaba a su escritorio y nos ofrecía, como para romper el hielo, unos alfeñiques° deliciosos hechos en casa, que guardaba en un tarro de té Mazawatte. Charlaba con nosotros durante diez minutos. Después ya casi no nos miraba y jamás nos dirigía la palabra, ni siquiera para reñirnos.° Pasaba poco tiempo en casa, y allí, siempre encerrado en su escritorio jugando interminables° partidas de ajedrez con un adversario fantasmal que era él mismo.

dulces pequeños

reprendernos
que no acababan nunca

Los domingos, en los historiados° almuerzos familiares donde comíamos las famosas empanadas de la Violeta, ocupaba la cabecera° de la mesa, más allá de nuestros padres y de algún pariente invitado, siempre silencioso en medio de las discusiones y los chismes,° consumiendo alimentos desabridos° y sin color que no dañaban su estómago. Como postre sólo comía unas gelatinas blanquizcas° en forma de estrella: siempre las mismas, durante todos los domingos de mi infancia. Allá al otro extremo de la mesa dominical, llena de primos y tíos y visitas,° el rostro° de mi abuelo, oscuro contra la luz de la ventana a que da la espalda, ingiere° esas estrellas translúcidas y tiritonas° que reúnen toda la luz. Y yo, al otro extremo de la mesa, lloro y pataleo° porque no quiero melón ni sandía ni huesillos° ni bavarois, quiero estrella, Nana, quiero estrella, dígale al abuelo que me dé estrella, quiero y quiero y quiero, y lanzo la cuchara al centro de la mesa y mi madre se para y viene a castigarme° porque soy malo..., no, no malo, consentido porque es hijo único..., cómo no, tan chico y tan irrespetuoso, es el colmo.° No, no. El no de mi abuela es persuasivo y absolvente: no, que le traigan una estrella al niño para que no llore, para qué tanto boche,° qué cuesta por Dios. Y ella misma, con una cuchara, corta un cacho° de la estrella y me lo pone en la boca..., lo saboreo con las lágrimas todavía en las pestañas y es malo, no tiene gusto a estrella, y lo escupo sobre mi servilleta bordada de patitos, y entonces sí que me sacan chillando° del comedor y me castigan por malo y mi madre y mi padre y mis primos y las visitas siguen almorzando en torno a la larga mesa, comentando lo malo que soy, escuchando mis chillidos que se pierden en el interior de la casa.

complicados

extremo de la mesa

comentarios maliciosos /
sin gusto

blancas

invitados / cara

come / que tiemblan
mucho / grito y pateo

compota de duraznos
secos

darme un castigo

lo peor de lo peor

lío, pelea
una punta

gritando

Pero los alfeñiques de mi abuelo sí que eran sabrosos. Sentado en el fondo de su sillón colorado, con una rodilla filuda cruzada encima de la otra, nos pregunta a cada uno cómo nos ha ido en el colegio, los decimales no hay quién los entienda, y los quebrados,° Luis tiene mala nota en quebrados, sobre todo en división, que es difícil. Su pregunta, mi respuesta, su pregunta, otra respuesta, otra pregunta, más respuestas, interrogatorio, no

fracciones
(matemáticas)

conversación, como si fuéramos imbéciles, incapaces de mantener una charla durante diez minutos, hasta que después, mucho después, nos dimos cuenta de que la Muñeca era bastante sorda° ya en esa época, y por eso interrogaba y no charlaba. A veces nos divertíamos escondiéndonos detrás de la cortina de la pieza del piano para verlo tocar: ahogados de la risa lo oíamos comenzar y recomenzar «El herrero armonioso» diez y veinte veces, la cabeza inclinada sobre el teclado hacia el lado del oído que aún oía algo. Al final de los almuerzos del domingo, declarando que aprovechaba que todos los comensales eran de confianza, se levantaba de la mesa antes que los demás termináramos nuestro menú tanto más complicado y con un ritmo tan distinto al suyo, para ir a encerrarse en su escritorio y buscar la ópera dominical en la radio. La ponía muy fuerte, atronando° la casa entera, y él, lo espiábamos por entre los visillos° de su ventana, se inclinaba sobre la radio y pegaba° su oído tratando de oír algo.

Cuando éramos muy chicos temblábamos ante su forma de mirarnos durante los interrogatorios de los sábados: los cinco en fila ante él, de mayor a menor, respondiendo a sus preguntas. Recuerdo su mirada. Era como si no enfocara los ojos. La Antonia declaraba que mi abuelo miraba así porque era un santo. Pero no tardamos en ver que no enfocaba su vista simplemente porque no nos miraba a nosotros mientras nos agobiaba con sus preguntas. Llegamos a darnos cuenta de que escudriñaba° su propio reflejo en los cristales de sus armarios de libros, arreglándose innecesariamente el nudo de la corbata, pasándose la mano sobre el cuidadoso peinado que parecía pintado sobre su cabeza, vigilando y tironeando su chaleco de modo que no hiciera ni una sola arruga, como si en esos cristales fuera a encontrar una imagen perfecta de sí mismo destacada sobre el crepúsculo riquísimo de los empastes. No oía nuestras respuestas en parte por su sordera,° pero más porque no estaba preocupado de eso. Y cuando fuimos percibiendo que no le interesábamos absolutamente nada pudimos descongelarnos,° haciendo descubrimientos que nos divertían: bajo sus pantalones planchados como cuchillos colgaban unos cordones blancos, completamente ridículos, con los que ataba a sus canillas° los calzoncillos largos que nunca, ni en el verano más tórrido, dejaban de proteger la fragilidad de su cuerpo.

Han tenido que pasar muchos años para que el absurdo de esos cordones blancos retroceda desde el primer plano de importancia. Pienso en el egoísmo, en la indiferencia de su vida.

no podía oír

llenando con el ruido
cortinas transparentes /
acercaba

examinaba

no poder oír

relajarnos

parte inferior de las
piernas

Pero ahora pienso también en la soledad de su esfuerzo por impedir que sus dedos enredaran hasta lo irreconocible las notas de la pieza más simple. Pienso en su vanidad, en ese terror suyo, mudo, ineficaz, ante la sordera y la vejez° que avanzaban. Yo no sé nada de su vida. No sé quién fue. No sé ni siquiera si habrá sido alguien—algo más que ese fantoche que llamábamos la Muñeca. Tal vez ahora, sentado ante mi escritorio, haga este acto de contrición al darme cuenta de que en el momento en que mi abuelo comienza a existir en mi memoria tenía la edad que yo tengo ahora, y su recuerdo nace junto al de su ancianidad y su absurdo. Ahora se me antoja pensar que quizás el abuelo se daba cuenta de que lo encontrábamos ridículo. Que se dejaba los cordones de los calzoncillos colgando intencionalmente, y protegido por la distancia y la irrealidad de la farsa, elegía así no tener ningún contacto con un mundo que no fuera estrictamente adulto, donde las leyes de la jerarquía° prevalecieran. No era más que otra forma de liberarse del compromiso que implicaba tener una relación individual con nosotros.

ancianidad

autoridad

Por otro lado, pienso también que nuestra risa era una manera de disfrazar° nuestra extrañeza. En mi caso por lo menos, ahora estoy seguro de que eso era. Viéndolo tan pretencioso,° tan aislado,° tan temeroso,° me parecía totalmente imposible cualquier filiación° entre ese ser° y yo. Alguna vez me cruzó la mente la idea de que llegar a su gran edad implicara un cambio más misterioso y radical que el que yo intuía, una sustitución completa de células, un trocar absoluto de facultades. Pero no. Yo no iba a ser nunca, en nada, como él. Tenía la impresión, muy incierta desde luego, de que mi abuelo no era un animal como yo y mi abuela y mis primos y las sirvientas y nuestros padres, sino que pertenecía a otro reino, tal vez al de los insectos con sus extremidades flacas y sus gestos angulosos, con esa fragilidad y aridez de materia con que estaba construida su persona. No sé cómo decirlo..., la sensación de que si yo me moría me iba a podrir° y que los jugos de mi cuerpo me unirían con la tierra: cuando él muriera, en cambio, se secaría, se astillaría,° y finalmente el aire aventaría lo que de él quedara como polvo de escombros.

cubrir, ocultar
vanidoso
solo / inseguro
unión / esa persona

descomponer
se quebraría

Esta distancia entre mi abuelo y nosotros me enseñó por lo menos una cosa: que yo no era el ser más extraño y equivocado del mundo entero, de lo que la crítica de los grandes me hubiera convencido si no fuera porque él, sin duda, era peor que yo. Yo estaba con los demás, fuera de la redoma, viéndolo nadar adentro, contemplando sus evoluciones, comentando la luz en su espiga° de escamas,° riéndome con los demás del feo gesto ansioso de su boca al acercarse al vidrio que él no sabía que era vidrio y yo sí, yo sí lo sabía.

Después de unos diez minutos de charla mi abuelo nos despachaba con un suspiro de alivio°—no lo oíamos, pero nada nos costaba suponerlo. Y al salir de su escritorio, nosotros, por nuestro lado, lo olvidábamos completamente durante el resto de nuestra permanencia en su casa. Sólo lo recordaríamos cuando alguien nos hiciera callar, porque él no imponía más que esta limitación a nuestro comportamiento: la de moderar nuestra bulla, la de hacerlo todo a media voz para no herir sus frágiles oídos. Luego fuimos creciendo, y tal vez por su imposición nuestros juegos perdieron el ruido antes que los juegos de otros niños, y tuvimos que suplantar el movimiento con la imaginación, y la bulla con la intrepidez de la palabra.

Al principio nuestro cuartel general en la casa de mi abuela era el porch de atrás, en el sofá y los sillones de peluche azul que antes que compraran el juego amarillo a rayas eran del salón. Nos instalaban allí para que quedáramos bajo la vigilancia de las sirvientas que trabajaban en el repostero,° ocupadas en moler chuchoca° para la cazuela° de pava del domingo, o dejando caer bollos hirvientes sobre el mármol de la mesa, que se transformarían en galletas, alfeñiques, melcochas. Los muebles de peluche azul, tan fuera de lugar en ese porch al que entraban la lluvia y el sol, siguieron envejeciendo interminablemente bajo la acción de los elementos, ayudada por nuestros saltos, ablandándose bajo nuestras siestas, sin llegar jamás a romperse del todo. Hasta que un buen día, cuando yo ya era muchachón, los muebles de peluche azul desaparecieron para siempre de su sitio y ni siquiera se nos ocurrió preguntar por ellos porque ahora que éramos grandes pasábamos poco tiempo en el porch de atrás: y habíamos explorado las posibilidades ilimitadas de la casa de mi abuela, y las del porch, en comparación con las demás, nos parecían insignificantes.

Mi abuela pasaba casi todo el día afuera durante la semana: su población,° sus correteos° en el autito que manejaba ella misma, sus pobres. Pero el sábado y el domingo los reservaba para nosotros. Nos trepábamos° a ella como a un árbol cuando éramos pequeños, exigiéndole cuentos y dulces y caricias y preferencia y regalos, como a una cornucopia° inagotable. Más tarde, ya crecidos, no podíamos treparnos a su cuerpo, pero estar en su casa era como seguir pegados a ella físicamente, y la casa, como extensión del cuerpo de mi abuela, configuraba ahora la

---

spike / scales

sigh of relief

cuarto para preparar comida / polenta / sopa

barrio de pobres / salidas cortas y rápidas

Nos subíamos

cuerno de la abundancia

cornucopia: era como inventada por mi abuela para nuestro deleite. Es cierto que nos prohibían la entrada al escritorio de mi abuelo, y creo que jamás vi su dormitorio, grande y vacío, más que desde la puerta. Al lado había una pequeña alcoba° donde dormía mi abuela. Y al frente, los dormitorios de las niñitas,[1] mi madre y mi tía Meche cuando eran jóvenes, con sus tocadores al laqué blanco con espejos ovalados, y algún retrato de Leslie Howard o Ronald Colman amarilleando sobre el empapelado de flores: dormitorios terriblemente inhabitados pese a que la Magdalena y la Marta ocupaban uno cada una cuando dormíamos en la casa de mi abuela los sábados. Todo esto y la sala y el escritorio y la pieza del piano y el repostero y las despensas° y la cocina quedaban en planta baja. Arriba no había más que un cuarto, inmenso, con balcón, que servía para guardar baúles, y donde mis primos y yo dormíamos los sábados. La casa estaba llena de armarios y de alacenas° y subterráneos, de puertas falsas ocultas por cortinas o condenadas con una tranca de palo° que era facilísimo desclavar,° de maletas cubiertas con etiquetas fabulosas y baúles nominalmente prohibidos que abríamos con una horquilla° retorcida para disfrazarnos° con sus contenidos, de posibilidades de que otras sombras se desprendieran de las sombras, y pasos de la oscuridad, y arañas de los techos, y de pronto el deleite de una ventana abierta de par en par sobre el jardín donde la luz amarilleaba entre las hojas. Pero preferíamos los tres maniquíes de trapo blanco descabezados° que tenían cada uno el nombre de mi abuela, el de mi madre y el de mi tía Meche, con los que jugábamos al juego del miedo. Y hacinamientos de libros sin pasta o a los que les faltaba un tomo o ediciones innobles o simplemente pasados de moda: Blasco Ibáñez y Bourget y Claude Farrère y Palacio Valdés y Loti y Merezhkovski y Ricardo León y Mary Webb y Maurice Dekobra, olvidados ahora, olvidados quizás ya en esa época y por eso relegados a montones un poco húmedos en los roperos vacíos o detrás de los armarios de los cuartos de diario. En esos libros leímos las primeras cosas prohibidas cuando todos creían que mis primas se extasiaban con la Princesita de los Brezos y nosotros con el Capitán Marryat. Y el hacinamiento de revistas polvorientas que jamás llegó el momento de hacer empastar. *Vogue*, y *La Huasca* de cuando mi abuelo iba a las carreras,° y el inagotable *National Geographic*, y los volúmenes rosados y sin ilustraciones de la *Revue des Deux Mondes* que nos servían

habitación

cuartos de guardar

despensas
barra de madera
sacar los clavos

gancho para el pelo /
ponernos ropa diferente

sin cabeza

competencias de
caballos

---

[1]En Chile se les llama "niños" a los hijos, aunque estén casados, y a cualquier persona más joven o de la misma edad que uno, aunque uno sea muy mayor.

de ladrillos° en nuestras construcciones de palacios sobre los jardines de la alfombra con medallones casi desvanecidos. Y cajas de sombreros atestados de fotografías de gente que no conocíamos: de vez en cuando mi abuela en una recepción de Embajada o las facciones de mi abuelo comiendo un trozo de pierna de cordero en un picnic increíblemente pretérito. Y la lavandería y el cuarto de costura° lleno de mujeres atareadísimas,° el olor a plancha, los montones de camisas de mi abuelo blancas y livianas como espuma, tan distintas a las de mi padre, que quedaban como acartonadas. Y la costurera cegatona° que nos hacía guardapolvos° y para quien dibujábamos zancudos° en las paredes que ella nunca terminaba de matar, y un jardinero borracho y fabulador que le tocaba las piernas a la Magdalena cuando nosotros la mandábamos en penitencia por algo, para que después nos contara todo lo que Segundo hizo...

Y en la noche del sábado —la ventana abierta al jardín en el verano, las escamas púrpuras de la buganvilla formando un dragón fascinado que se asomaba al balcón— esperábamos los tres primos, Luis, Alberto y yo, que mi abuelo y mi abuela se quedaran dormidos, y entonces. en silencio, las dos primas, Marta y Magdalena, subían hasta el cuarto del mirador y comenzaban nuestros juegos.

material

para coser ropa / muy ocupadas

que no ve bien
delantales / mosquitos

En torno al texto

● Hay que fijarse bien

Lea otra vez esta selección y complete las siguientes listas.

1. No sabemos el nombre del narrador, pero sí los de sus primas y primos:

   a. Dos niñas: _____ y _____

   b. Dos niños: _____ y _____

   c. El apellido de los primos es _____ y todos son hijos de la tía _____ .

2. Los niños jugaban...

   a. *al juego de contar los errores del abuelo en el piano.*

   b. _____

   c. _____

3. Los adjetivos que describen mejor al abuelo son:

temeroso, _____, _____, _____

4. Los adjetivos que describen a la abuela son:

_____, _____, _____, _____.

5. Las imágenes de agua o de elementos líquidos son abundantes en este capítulo. Encuentre otras dos de ellas.

    a. *La luz que quedaba era honda como la de un estanque...*

    b. _____

    c. _____

6. El frío y el calor tienen una importante función aquí también. Clasifique a todos los personajes y objetos importantes en dos grupos, fríos y cálidos, y explique por qué los catalogó así.

    Fríos: _____

    Cálidos: _____

7. Hay varias frases del relato en que se indica la separación profunda entre un personaje y otro. Encuentre dos ejemplos más e indique a quiénes separa.

    a. *Separación entre padre e hijo: "No vio que estaba ansioso por demostrarle otra cosa: que yo ya sabía leer",...*

    b. Separación entre...

    c. Separación entre...

8. Los elementos de estas dos columnas pueden aparearse según los acontecimientos o los temas de esta lectura. Vea cuántas conexiones encuentra.

inestabilidad	la Magdalena
blancura	los dormitorios
vanidad	la Antonia
calor y bienestar	un departamento
misterio	la abuela
refugio	la Muñeca
sordera física	el auto
sordera sicológica	Luis
cariño y solidaridad	el padre
isla en la lluvia	todos los primos

1. Una redoma es una pecera redonda y transparente que, en el caso de este capítulo, se usa como símbolo de varias cosas. Elija funciones de la redoma de la lista que sigue y explique por qué escogió cada una, ubicando las citas del texto que respaldan su opinión.

   a. burbuja de protección

   b. prisión del narrador

   c. casa interior donde uno está lejos del mal

   d. cristal que nos separa de los demás

   e. mundo del abuelo

   f. observatorio

   g. nave

   h. mundo interior

   i. refugio

2. ¿Quiénes comparten el mundo de esta casa y quiénes quedan afuera de la redoma? ¿Por qué?

3. ¿Por qué se dice que esta novela trata el tema de la soledad y el aislamiento de individuos que, en cierta forma, están muy unidos? Ilustre con citas del texto.

● Los personajes y sus papeles

1. El uso del **tú** acerca a la gente. ¿Quiénes se tutean y qué nos indica esto? ¿Quiénes se tratan de Ud.?

2. ¿Qué papel tenía la Muñeca en la casa? ¿Qué relación había entre él y sus nietos?

3. ¿Qué función tenía la abuela en la casa? ¿Qué relación existía entre ella y sus nietos? ¿Entre ella y sus hijas?

4. El narrador cambia su opinión del abuelo. ¿Por qué y cuándo se producen sus dos cambios de perspectiva hacia el abuelo?

5. ¿Cómo es la relación entre los primos? ¿Por qué? ¿Cómo es la relación entre sus madres?

6. ¿Qué tipo de relación existía entre la Antonia y el narrador cuando era pequeño? ¿Cómo lo sabe Ud.?

7. ¿Qué papel tiene la casa misma en la vida de esta gente? ¿Por qué influye sobre la vida de los personajes? ¿Por qué es una redoma también?

Más allá del texto

1. **Una casa fuera de lo común.** La casa que se describe en estas páginas es una casa bastante especial. Escriba un párrafo describiéndola y explique por qué es diferente e interesante.

2. **Cuando era chico/a.** Los abuelos y las abuelas llenan distintos aspectos de nuestra vida. Describa su relación con uno o dos de ellos y explique en detalle qué hacían juntos cuando Ud. era chico/a y por qué.

3. **El mundo mágico del ático.** El ático o el sótano son mundos interesantísimos, especialmente para los niños. Describa su ático o sótano; dé detalles sobre lo que hay ahí. ¿Qué hace o hacía ahí? ¿A qué juega o jugaba ahí?

4. **El baúl de los recuerdos.** Tengan o no tengan baúles, a la gente le gusta guardar recuerdos importantes. Converse con un/a compañero/a sobre las cosas que Uds. o sus abuelas/madres conservan como recuerdos. Si es posible, traiga una cosa que sea muy importante para Ud. y explíqueles a sus compañeros por qué es importante. ¿En qué se parece a las cosas que se mencionan en este capítulo?

5. **¡Eso no es nada!** Todos tratamos a veces de impresionar a los demás con nuestras aventuras y muchas veces hasta mentimos para conseguir este efecto. Cuénteles a sus compañeros un episodio o una aventura en que Ud. resultó ser más original que sus primos o amigos.

   ▶ **Por ejemplo:** *Un/a amigo/a dijo:*   *"Mi tío tiene un Ford nuevo".*

   Otro/a dijo: *"¡Eso no es nada! Mi tío tiene un Mercedes".*

   Y yo dije: *"¡Eso no es nada! Mi tío tiene un Ferrari", pero era mentira.*

6. **Con ojos de niño.** Se dice que los niños siempre dicen la verdad. Con ojos de niño, describa un relato de algún episodio de su vida o describa su relación con alguna persona. Trate de recordar qué pensaba Ud. en el pasado y después dé su perspectiva actual. Indique por qué cambió de opinión.

Es conveniente saber

El *boom* de la novela hispanoamericana. En los años sesenta se da lo que la crítica ha llamado el *boom* de la novela hispanoamericana. José Donoso forma parte de este grupo de escritores, junto con Gabriel García Márquez, Julio Cortázar y Mario Vargas Llosa, entre otros. En la segunda edición de su *Historia personal del boom* (página 145), Donoso indica que el *boom* se caracteriza por la publicación de un gran número de novelas excelentes y exitosas en rápida sucesión; el auge de la narrativa que destrona a la poesía como la voz característica de América Latina; y, finalmente, la admiración que sentía la mayoría de los escritores del grupo por la Revolución Cubana (1959) y su líder, Fidel Castro. Es importante señalar que, hoy en día, muchos de ellos se han desilusionado y ya no apoyan incondicionalmente la "causa cubana".

● Temas de ensayo

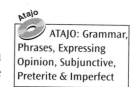
ATAJO: Grammar, Phrases, Expressing Opinion, Subjunctive, Preterite & Imperfect

Elija uno de los siguientes temas según las instrucciones de su profesor/a. Use sus apuntes sobre el texto, especialmente lo que anotó en la sección **En torno al texto.** Cada vez que copie una frase del texto, póngala entre comillas ("...") e indique en qué página aparece.

1. Escoja dos o tres personajes de esta familia y analice las relaciones y conflictos entre ellos. Puede elegir a los primos, a los nietos y a la abuela, los nietos y el abuelo, al hijo y el padre, a la abuela y a sus hijas ("las niñitas"), a las sirvientas y a los niños, etc.

2. Analice la descripción física y sicológica del abuelo y contrástela con la descripción de la abuela. Después, estudie sus relaciones con el nieto. ¿Qué diferencia existe entre la relación de cada uno de ellos con el nieto? Apóyese en citas del texto.

3. Una casa tiene habitaciones, claro está, pero ¿por qué se usan tantas palabras diferentes para nombrarlas en este capítulo? Analice estas palabras (pieza, cuarto, etc.) y trate de descubrir por qué las usa el autor. Examine también para qué se usan y quiénes usan las habitaciones, sus nombres específicos, su localización y su importancia en cada caso. ¿Qué se puede deducir acerca de la jerarquía social en esta casa y la sociedad chilena?

4. Analice en mayor profundidad el vacío comunicativo entre los personajes de esta obra. Explique sus conflictos y motivaciones usando citas del texto. Explore el aislamiento de uno o dos de los personajes principales y analice cómo trata este problema el autor.

5. Discuta la trilogía redoma-casa-abuela. Indique qué une estos conceptos y qué papeles tienen en la vida del narrador. Explique la influencia que tienen sobre él. Apoye sus ideas con citas del texto.

6. Analice al abuelo, al padre y al hijo narrador. Indique qué los une y qué los separa. Considere la posibilidad de que el nieto acabe tan aislado del mundo como su abuelo y tan ignorante de la vida de sus hijos como su padre. Use citas del texto.

La salud de los enfermos

Cortázar (1914–1984) es muy conocido por sus excelentes novelas como también por sus colecciones de cuentos. Su fama se extiende también al cine, pues la película *Blow up* está basada en "Las babas del diablo", uno de los cuentos que aparece en *Las armas secretas*.

Entre los temas que más se asocian con la prosa de Cortázar —así como la de otros autores contemporáneos— tenemos el aislamiento del individuo en la sociedad moderna, la soledad y el tiempo. También se ve en su obra un marcado interés por los cambios de punto de vista dentro de una misma obra y lo fantástico —tendencia que comparte con Horacio Quiroga y Jorge Luis Borges, entre otros. Además, como ocurre con muchos otros escritores hispanoamericanos, hacia el final de su vida se empieza a reflejar en su obra una creciente preocupación por la situación política de su país y del resto de Hispanoamérica.

El cuento que sigue, "La salud de los enfermos", gira alrededor del personaje de Mamá, una mujer de salud supuestamente frágil, a quien su familia quiere proteger de toda mala noticia que pudiera agravar su condición. En su afán de protegerla, todos se enredan en un sinfín de historias inventadas para evitarle problemas y disgustos.

Estas ficciones, alrededor de las cuales gira la vida de los personajes, se vuelven realidad, y a la familia le cuesta recordar que son mentiras. Este cuento nos permite apreciar algunos aspectos de la dinámica familiar hispana, tan importantes en la vida diaria.

Aproximaciones al texto

1. **Mi familia a la hispana.** Ya sabemos que, aunque las palabras "familia" y *family* son prácticamente iguales, sus significados difieren un poco. Para entender mejor el cuento que sigue, describa a su familia en un párrafo, o bien, dibuje un diagrama de su red (*network*) familiar, donde aparezcan familiares, parientes y amigos íntimos de la familia.

2. **¿Cuándo se van del nido?** En uno o dos párrafos, describa la situación de una familia típica estadounidense: hasta qué edad viven los hijos con sus padres, por qué razones se van y por cuánto tiempo, por qué razones vuelven a la casa familiar y cuáles son las excepciones más comunes a estas reglas. Después, compare esta situación con lo que ocurre en una familia hispana típica.

3. **Tiranos/as domésticos/as.** No es raro ver que en algunas familias o en grupos de trabajo o de amigos, a veces surge una persona que manipula o controla a los demás de una manera u otra. Por ejemplo, hay niños que controlan a sus padres con pataletas (*tantrums*) o rabietas, como vimos en "La redoma". Con otro/a compañero/a hagan una lista de tres maneras en que una persona aparentemente débil puede controlar a los demás.

Es conveniente saber

Tú o vos. Si Ud. se fija bien, verá que en este cuento se usa **vos** en vez de **tú.** Hay millones de personas en el mundo hispano que usan **vos** todo el tiempo y no **tú.** Esto ocurre porque los conquistadores españoles usaban tanto el **vos** como el **tú** y, aunque el uso se restringió al **tú** posteriormente en España, esta innovación no se extendió a todas las regiones del Nuevo Mundo por igual. El **vos** se usa en el español hablado en muchos países como Nicaragua, partes de Guatemala, México y Cuba, en Argentina, Costa Rica, Uruguay y Paraguay, las costas del Pacífico, etc. Por supuesto, el **voseo** varía de lugar en lugar. En algunas partes el **vos** es sólo familiar, en otras es sub-estándar, mientras que en otras su uso es estándar en el habla oral y en varias formas de la lengua escrita. (Véase también la nota de la página 123.) Veamos qué terminaciones verbales se usan con el pronombre **vos.**

▶ **Por ejemplo:** *Mirá quién habla. Se te cae la baba cuando (vos)* **nombrás** *a tu hijo.*
(Vos) **tenés** *los ojos colorados de tanto leer.*
(Vos) **sabés** *que no me gusta oírtelo decir.* **Acordate** *cómo se ponía mamá.*
¿Qué **querés,** *tío? No me acuerdo de eso; no te lo* **tomés** *tan en serio.*
Escribile *y* **decile** *que se cuide.*

4. **Una paradoja.** El título de este cuento parece ser una tremenda contradicción. Si los enfermos están enfermos, ¿cómo podemos hablar de su salud? Con dos compañeros piensen en al menos una razón por la cual este cuento se llama "La salud de los enfermos".

La salud de los enfermos

• • •

de *Todos los fuegos el fuego*

JULIO CORTÁZAR

Cuando inesperadamente tía Clelia se sintió mal, en la familia hubo un momento de pánico y por varias horas nadie fue capaz de reaccionar y discutir un plan de acción, ni siquiera tío Roque que encontraba siempre la salida más atinada.° A Carlos lo llamaron por teléfono a la oficina, Rosa y Pepa despidieron a los alumnos de piano y solfeo,° y hasta tía Clelia se preocupó más por mamá que por ella misma. Estaba segura de que lo que sentía no era grave, pero a mamá no se le podían dar noticias inquietantes con su presión° y su azúcar; de sobra sabían° todos que el doctor Bonifaz había sido el primero en comprender y aprobar que le ocultaran a mamá lo de Alejandro. Si tía Clelia tenía que guardar cama era necesario encontrar alguna manera de que mamá no sospechara que estaba enferma, pero ya lo de Alejandro se había vuelto tan difícil y ahora se agregaba esto; la menor equivocación, y acabaría por saber la verdad. Aunque la casa era grande, había que tener en cuenta el oído tan afinado de mamá y su inquietante capacidad para adivinar dónde estaba cada uno. Pepa, que había llamado al doctor Bonifaz desde el teléfono de arriba, avisó a sus hermanos que el médico vendría lo antes posible y que dejaran entornada la puerta cancel° para que entrase sin llamar. Mientras Rosa y tío Roque atendían a tía Clelia que había tenido dos desmayos y se quejaba de un insoportable dolor de cabeza, Carlos se quedó con mamá para contarle las novedades del conflicto diplomático con el Brasil y leerle las últimas noticias. Mamá estaba de buen humor esa tarde y no le dolía la cintura como casi siempre a la hora de la siesta. A todos les fue preguntando qué les pasaba que parecían tan nerviosos, y en la casa se habló de la baja presión y de los efectos

mejor solución

música

presión de la sangre / lo sabían muy bien

la segunda puerta

nefastos de los mejoradores° en el pan. A la hora del té vino tío *aditivos*
Roque a charlar con mamá, y Carlos pudo darse un baño y
quedarse a la espera del médico. Tía Clelia seguía mejor, pero le
costaba moverse en la cama y ya casi no se interesaba por lo que
tanto la había preocupado al salir del primer vahído. Pepa y Rosa
se turnaron junto a ella, ofreciéndole té y agua sin que les
contestara; la casa se apaciguó° con el atardecer y los hermanos *tranquilizó*
se dijeron que tal vez lo de tía Clelia no era grave, y que a la
tarde siguiente volvería a entrar en el dormitorio de mamá como
si no le hubiese pasado nada.

Con Alejandro las cosas habían sido mucho peores, porque
Alejandro se había matado en un accidente de auto a poco de
llegar a Montevideo donde lo esperaban en casa de un ingeniero
amigo. Ya hacía casi un año de eso, pero siempre seguía siendo
el primer día para los hermanos y los tíos, para todos menos para
mamá, ya que para mamá Alejandro estaba en el Brasil donde
una firma de Recife° le había encargado la instalación de una *ciudad brasileña*
fábrica de cemento. La idea de preparar a mamá, de insinuarle
que Alejandro había tenido un accidente y que estaba levemente
herido, no se les había ocurrido siquiera después de las preven-
ciones del doctor Bonifaz. Hasta María Laura, más allá de toda
comprensión en esas primeras horas, había admitido que no era
posible darle la noticia a mamá. Carlos y el padre de María Laura
viajaron al Uruguay para traer el cuerpo de Alejandro, mientras
la familia cuidaba como siempre de mamá que ese día estaba
dolorida y difícil. El club de ingeniería aceptó que el velorio° *wake*
se hiciera en su sede° y Pepa, la más ocupada con mamá, ni *oficina principal*
siquiera alcanzó a ver el ataúd de Alejandro mientras los otros se
turnaban de hora en hora y acompañaban a la pobre María
Laura perdida en un horror sin lágrimas. Como casi siempre, a
tío Roque le tocó pensar. Habló de madrugada con Carlos, que
lloraba silenciosamente a su hermano con la cabeza apoyada en
la carpeta verde de la mesa del comedor donde tantas veces
habían jugado a las cartas. Después se les agregó tía Clelia,
porque mamá dormía toda la noche y no había que preocuparse
por ella. Con el acuerdo tácito de Rosa y de Pepa, decidieron las
primeras medidas, empezando por el secuestro de *La Nación* —a
veces mamá se animaba a leer el diario unos minutos— y todos
estuvieron de acuerdo con lo que había pensado el tío Roque.
Fue así como° una empresa brasileña contrató a Alejandro para *Así inventaron que*
que pasara un año en Recife, y Alejandro tuvo que renunciar en
pocas horas a sus breves vacaciones en casa del ingeniero amigo,

hacer su valija y saltar al primer avión. Mamá tenía que comprender que eran nuevos tiempos, que los industriales no entendían de sentimientos, pero Alejandro ya encontraría la manera de tomarse una semana de vacaciones a mitad de año y bajar a Buenos Aires. A mamá le pareció muy bien todo eso, aunque lloró un poco y hubo que darle a respirar sus sales. Carlos, que sabía hacerla reír, le dijo que era una vergüenza que llorara por el primer éxito del benjamín de la familia, y que a Alejandro no le hubiera gustado enterarse de que recibían así la noticia de su contrato. Entonces mamá se tranquilizó y dijo que bebería un dedo de málaga° a la salud de Alejandro. Carlos salió bruscamente a buscar el vino, pero fue Rosa quien lo trajo y quien brindó con mamá.

un poquito de vino dulce

La vida de mamá era bien penosa, y aunque poco se quejaba había que hacer todo lo posible por acompañarla y distraerla. Cuando al día siguiente del entierro de Alejandro se extrañó de que María Laura no hubiese venido a visitarla como todos los jueves, Pepa fue por la tarde a casa de los Novalli para hablar con María Laura. A esa hora tío Roque estaba en el estudio de un abogado amigo, explicándole la situación; el abogado prometió escribir inmediatamente a su hermano que trabajaba en Recife (las ciudades no se elegían al azar en casa de mamá) y organizar lo de la correspondencia. El doctor Bonifaz ya había visitado como por casualidad° a mamá, y después de examinarle la vista la encontró bastante mejor pero le pidió que por unos días se abstuviera de leer los diarios. Tía Clelia se encargó de comentarle las noticias más interesantes; por suerte a mamá no le gustaban los noticieros radiales porque eran vulgares y a cada rato había avisos de remedios nada seguros que la gente tomaba contra viento y marea° y así les iba.

sin ser llamado

a pesar de todo

María Laura vino el viernes por la tarde y habló de lo mucho que tenía que estudiar para los exámenes de arquitectura.

—Sí, mi hijita —dijo mamá, mirándola con afecto—. Tenés los ojos colorados de leer, y eso es malo. Ponete unas compresas con hamamelis,° que es lo mejor que hay.

remedio de hierbas

Rosa y Pepa estaban ahí para intervenir a cada momento en la conversación, y María Laura pudo resistir y hasta sonrió cuando mamá se puso a hablar de ese pícaro° de novio que se iba tan lejos y casi sin avisar. La juventud moderna era así, el mundo se había vuelto loco y todos andaban apurados y sin tiempo para nada. Después mamá se perdió en las ya sabidas anécdotas de padres y abuelos, y vino el café y después entró Carlos con bromas y cuentos, y en algún momento tío Roque se paró en la

malito

puerta del dormitorio y los miró con su aire bonachón, y todo pasó como tenía que pasar hasta la hora del descanso de mamá.

La familia se fue habituando, a María Laura le costó más pero en cambio sólo tenía que ver a mamá los jueves; un día llegó la primera carta de Alejandro (mamá se había extrañado ya dos veces de su silencio) y Carlos se la leyó al pie de la cama. A Alejandro le había encantado Recife, hablaba del puerto, de los vendedores de papagayos y del sabor de los refrescos, a la familia se le hacía agua la boca° cuando se enteraba de que los ananás no costaban nada, y que el café era de verdad y con una fragancia... Mamá pidió que le mostraran el sobre, y dijo que habría que darle la estampilla al chico de los Marolda que era filatelista, aunque a ella no le gustaba nada que los chicos anduvieran con las estampillas porque después no se lavaban las manos y las estampillas habían rodado por todo el mundo.

le daba deseos de

—Les pasan la lengua para pegarlas —decía siempre mamá— y los microbios quedan ahí y se incuban, es sabido. Pero dásela lo mismo, total ya tiene tantas que una más...

Al otro día mamá llamó a Rosa y le dictó una carta para Alejandro, preguntándole cuándo iba a poder tomarse vacaciones y si el viaje no le costaría demasiado. Le explicó cómo se sentía y le habló del ascenso que acababan de darle a Carlos y del premio que había sacado uno de los alumnos de piano de Pepa. También le dijo que María Laura la visitaba sin faltar ni un solo jueves, pero que estudiaba demasiado y que eso era malo para la vista. Cuando la carta estuvo escrita, mamá la firmó al pie con un lápiz, y besó suavemente el papel. Pepa se levantó con el pretexto de ir a buscar un sobre, y tía Clelia vino con las pastillas de las cinco y unas flores para el jarrón de la cómoda.

Nada era fácil, porque en esa época la presión de mamá subió todavía más y la familia llegó a preguntarse si no habría alguna influencia inconsciente, algo que desbordaba del comportamiento de todos ellos, una inquietud y un desánimo que hacían daño a mamá a pesar de las precauciones y la falsa alegría. Pero no podía ser, porque a fuerza de° fingir las risas todos habían acabado por reírse de veras con mamá, y a veces se hacían bromas y se tiraban manotazos aunque no estuvieran con ella, y después se miraban como si se despertaran bruscamente, y Pepa se ponía muy colorada y Carlos encendía un cigarrillo con la cabeza gacha. Lo único importante en el fondo era que pasara el tiempo y que mamá no se diese cuenta de nada. Tío Roque había hablado con el doctor Bonifaz, y todos estaban de acuerdo en que había que continuar indefinidamente la

de tanto

comedia piadosa, como la calificaba tía Clelia. El único problema eran las visitas de María Laura porque mamá insistía naturalmente en hablar de Alejandro, quería saber si se casarían apenas él volviera de Recife o si ese loco de hijo iba a aceptar otro contrato lejos y por tanto tiempo. No quedaba más remedio que entrar a cada momento en el dormitorio y distraer a mamá, quitarle a María Laura que se mantenía muy quieta en su silla, con las manos apretadas hasta hacerse daño,° pero un día mamá le preguntó a tía Clelia por qué todos se precipitaban en esa forma cuando María Laura venía a verla, como si fuera la única ocasión que tenían de estar con ella. Tía Clelia se echó a reír y le dijo que todos veían un poco a Alejandro en María Laura, y que por eso les gustaba estar con ella cuando venía.

°lastimarse

—Tenés razón, María Laura es tan buena —dijo mamá—. El bandido de mi hijo no se la merece, creeme.

—Mirá quién habla —dijo tía Clelia—. Si se te cae la baba° cuando nombrás a tu hijo.

°you dote on (your son)

Mamá también se puso a reír, y se acordó de que en esos días iba a llegar carta de Alejandro. La carta llegó y tío Roque la trajo junto con el té de las cinco. Esa vez mamá quiso leer la carta y pidió sus anteojos de ver cerca. Leyó aplicadamente, como si cada frase fuera un bocado que había que dar vueltas y vueltas paladeándolo.

—Los muchachos de ahora no tienen respeto —dijo sin darle demasiada importancia—. Está bien que en mi tiempo no se usaban esas máquinas, pero yo no me hubiera atrevido jamás a escribir así a mi padre, ni vos tampoco.

—Claro que no —dijo tío Roque—. Con el genio° que tenía el viejo.°

°mal carácter
°el padre

—A vos no se te cae nunca eso del viejo, Roque. Sabés que no me gusta oírtelo decir, pero te da igual. Acordate cómo se ponía mamá.

—Bueno, está bien. Lo de viejo es una manera de decir, no tiene nada que ver con el respeto.

—Es muy raro —dijo mamá, quitándose los anteojos y mirando las molduras del cielo raso—. Ya van cinco o seis cartas de Alejandro, y en ninguna me llama... Ah, pero es un secreto entre los dos. Es raro, sabés. ¿Por qué no me ha llamado así ni una sola vez?

—A lo mejor al muchacho le parece tonto escribírtelo. Una cosa es que te diga... ¿cómo te dice?...

—Es un secreto —dijo mamá—. Un secreto entre mi hijito y yo.

Ni Pepa ni Rosa sabían de ese nombre, y Carlos se encogió de hombros cuando le preguntaron.

—¿Qué querés, tío? Lo más que puedo hacer es falsificarle la firma. Yo creo que mamá se va a olvidar de eso, no te lo tomés tan a pecho.°   *tan en serio*

A los cuatro o cinco meses, después de una carta de Alejandro en la que explicaba lo mucho que tenía que hacer (aunque estaba contento porque era una gran oportunidad para un ingeniero joven), mamá insistió en que ya era tiempo de que se tomara unas vacaciones y bajara a Buenos Aires. A Rosa, que escribía la respuesta de mamá, le pareció que dictaba más lentamente, como si hubiera estado pensando mucho cada frase.

—Vaya a saber si el pobre podrá venir —comentó Rosa como al descuido—. Sería una lástima que se malquiste con° la empresa justamente ahora que le va tan bien y está tan contento.   *disguste a*

Mamá siguió dictando como si no hubiera oído. Su salud dejaba mucho que desear y le hubiera gustado ver a Alejandro, aunque sólo fuese por unos días. Alejandro tenía que pensar también en María Laura, no porque ella creyese que descuidaba a su novia, pero un cariño no vive de palabras bonitas y promesas a la distancia. En fin, esperaba que Alejandro le escribiera pronto con buenas noticias. Rosa se fijó que mamá no besaba el papel después de firmar, pero que miraba fijamente la carta como si quisiera grabársela en la memoria. "Pobre Alejandro", pensó Rosa, y después se santiguó bruscamente sin que mamá la viera.

—Mirá —le dijo tío Roque a Carlos cuando esa noche se quedaron solos para su partida de dominó—, yo creo que esto se va a poner feo.° Habrá que inventar alguna cosa plausible, o al final se dará cuenta.   *se va a poner difícil*

—Qué sé yo, tío. Lo mejor será que Alejandro conteste de una manera que la deje contenta por un tiempo más. La pobre está tan delicada, no se puede ni pensar en...

—Nadie habló de eso, muchacho. Pero yo te digo que tu madre es de las que no aflojan. Está en la familia, che°.[1]   *hombre*

Mamá leyó sin hacer comentarios la respuesta evasiva de Alejandro, que trataría de conseguir vacaciones apenas entregara° el primer sector instalado de la fábrica. Cuando esa tarde llegó María Laura, le pidió que intercediera para que Alejandro viniese aunque no fuera más que una semana a Buenos Aires. María Laura le dijo después a Rosa que mamá se lo había pedido en el único momento en que nadie más podía escucharla. Tío   *en cuanto terminara*

[1]**Che**, una expresión que viene del italiano que es muy frecuente en el español rioplatense. *Che, ayudame un poco. Che, Daniel, vení aquí.*

Roque fue el primero en sugerir lo que todos habían pensado ya tantas veces sin animarse a decirlo por lo claro, y cuando mamá le dictó a Rosa otra carta para Alejandro, insistiendo en que viniera, se decidió que no quedaba más remedio que hacer la tentativa y ver si mamá estaba en condiciones de recibir una primera noticia desagradable. Carlos consultó al doctor Bonifaz, que aconsejó prudencia y unas gotas.° Dejaron pasar el tiempo necesario, y una tarde tío Roque vino a sentarse a los pies de la cama de mamá, mientras Rosa cebaba° un mate° y miraba por la ventana del balcón, al lado de la cómoda de los remedios.

un remedio

preparaba / infusión de yerba mate

—Fíjate que ahora empiezo a entender un poco por qué este diablo de sobrino no se decide a venir a vernos —dijo tío Roque—. Lo que pasa es que no te ha querido afligir,° sabiendo que todavía no estás bien.

preocupar

Mamá lo miró como si no comprendiera.

—Hoy telefonearon los Novalli, parece que María Laura recibió noticias de Alejandro. Está bien, pero no va a poder viajar por unos meses.

—¿Por qué no va a poder viajar? —preguntó mamá.

—Porque tiene algo en un pie, parece. En el tobillo, creo. Hay que preguntarle a María Laura para que diga lo que pasa. El viejo Novalli habló de una fractura o algo así.

—¿Fractura de tobillo? —dijo mamá.

Antes de que tío Roque pudiera contestar, ya Rosa estaba con el frasco de sales.° El doctor Bonifaz vino en seguida, y todo pasó en unas horas, pero fueron horas largas y el doctor Bonifaz no se separó de la familia hasta entrada la noche. Recién dos días después mamá se sintió lo bastante repuesta como para pedirle a Pepa que le escribiera a Alejandro. Cuando Pepa, que no había entendido bien, vino como siempre con el block y la lapicera, mamá cerró los ojos y negó con la cabeza.

sales aromáticas

—Escribile vos, no más. Decile que se cuide.

Pepa obedeció, sin saber por qué escribía una frase tras otra puesto que mamá no iba a leer la carta. Esa noche le dijo a Carlos que todo el tiempo, mientras escribía al lado de la cama de mamá, había tenido la absoluta seguridad de que mamá no iba a leer ni a firmar esa carta. Seguía con los ojos cerrados y no los abrió hasta la hora de la tisana;° parecía haberse olvidado, estar pensando en otras cosas.

infusión de hierbas

Alejandro contestó con el tono más natural del mundo, explicando que no había querido contar lo de la fractura para no afligirla. Al principio se habían equivocado y le habían puesto un yeso° que hubo de cambiar, pero ya estaba mejor y en unas

plaster cast

semanas podría empezar a caminar. En total tenía para unos dos meses, aunque lo malo era que su trabajo se había retrasado una barbaridad° en el peor momento, y...

muchísimo

Carlos, que leía la carta en voz alta, tuvo la impresión de que mamá no lo escuchaba como otras veces. De cuando en cuando miraba el reloj, lo que en ella era signo de impaciencia. A las siete Rosa tenía que traerle el caldo con las gotas del doctor Bonifaz, y eran las siete y cinco.

—Bueno —dijo Carlos, doblando la carta—. Ya ves que todo va bien, al pibe° no le ha pasado nada serio.

niño (Argentina y Uruguay)

—Claro —dijo mamá—. Mirá, decile a Rosa que se apure, querés.

A María Laura, mamá le escuchó atentamente las explicaciones sobre la fractura de Alejandro, y hasta le dijo que le recomendara unas fricciones que tanto bien le habían hecho a su padre cuando la caída del caballo en Matanzas. Casi en seguida, como si formara parte de la misma frase, preguntó si no le podían dar unas gotas de agua de azahar,° que siempre le aclaraban la cabeza.

sedante

La primera en hablar fue María Laura, esa misma tarde. Se lo dijo a Rosa en la sala, antes de irse, y Rosa se quedó mirándola como si no pudiera creer lo que había oído.

—Por favor —dijo Rosa—. ¿Cómo podés imaginarte una cosa así?

—No me la imagino, es la verdad —dijo María Laura—. Y yo no vuelvo más, Rosa, pídanme lo que quieran, pero yo no vuelvo a entrar en esa pieza.

En el fondo a nadie le pareció demasiado absurda la fantasía de María Laura, pero tía Clelia resumió el sentimiento de todos cuando dijo que en una casa como la de ellos un deber era un deber. A Rosa le tocó ir a lo de los Novalli, pero María Laura tuvo un ataque de llanto tan histérico que no quedó más remedio que acatar su decisión; Pepa y Rosa empezaron esa misma tarde a hacer comentarios sobre lo mucho que tenía que estudiar la pobre chica y lo cansada que estaba. Mamá no dijo nada, y cuando llegó el jueves no preguntó por María Laura. Ese jueves se cumplían diez meses de la partida de Alejandro al Brasil. La empresa estaba tan satisfecha de sus servicios, que unas semanas después le propusieron una renovación del contrato por otro año, siempre que aceptara irse de inmediato a Belén° para instalar otra fábrica. A tío Roque le parecía eso formidable, un gran triunfo para un muchacho de tan pocos años.

puerto del río Amazonas

—Alejandro fue siempre el más inteligente —dijo mamá—. Así como Carlos es el más tesonero.

—Tenés razón —dijo tío Roque, preguntándose de pronto qué mosca le habría picado aquel día a María Laura—. La verdad es que te han salido unos hijos que valen la pena, hermana.

—Oh, sí, no me puedo quejar. A su padre le hubiera gustado verlos ya grandes. Las chicas, tan buenas, y el pobre Carlos, tan de su casa.

—Y Alejandro, con tanto porvenir.

—Ah, sí —dijo mamá.

—Fijate nomás en ese nuevo contrato que le ofrecen... En fin, cuando estés con ánimo le contestarás a tu hijo; debe andar con la cola entre las piernas pensando que la noticia de la renovación no te va a gustar.

—Ah, sí —repitió mamá, mirando al cielo raso—. Decile a Pepa que le escriba, ella ya sabe.

Pepa escribió, sin estar muy segura de lo que debía decirle a Alejandro, pero convencida de que siempre era mejor tener un texto completo para evitar contradicciones en las respuestas. Alejandro, por su parte, se alegró mucho de que mamá comprendiera la oportunidad que se le presentaba. Lo del tobillo iba muy bien, apenas pudiera pediría vacaciones para venirse a estar con ellos una quincena.° Mamá asintió con un leve gesto, y preguntó si ya había llegado *La Razón* para que Carlos le leyera los telegramas. En la casa todo se había ordenado sin esfuerzo, ahora que parecían haber terminado los sobresaltos° y la salud de mamá se mantenía estacionaria. Los hijos se turnaban para acompañarla; tío Roque y tía Clelia entraban y salían en cualquier momento. Carlos le leía el diario a mamá por la noche, y Pepa por la mañana. Rosa y tía Clelia se ocupaban de los medicamentos y los baños; tío Roque tomaba mate en su cuarto dos o tres veces al día. Mamá no estaba nunca sola, no preguntaba nunca por María Laura; cada tres semanas recibía sin comentarios las noticias de Alejandro; le decía a Pepa que contestara y hablaba de otra cosa, siempre inteligente y atenta y alejada.

Fue en esa época cuando tío Roque empezó a leerle las noticias de la tensión con el Brasil. Las primeras las había escrito en los bordes del diario, pero mamá no se preocupaba por la perfección de la lectura y después de unos días tío Roque se acostumbró a inventar en el momento. Al principio acompañaba los inquietantes telegramas con algún comentario sobre los problemas que eso podía traerle a Alejandro y a los demás argentinos en el Brasil, pero como mamá no parecía preocuparse dejó de insistir aunque cada tantos días agravaba un poco la situación. En las cartas de Alejandro se mencionaba la posibilidad de una ruptura

dos semanas

sustos

de relaciones, aunque el muchacho era el optimista de siempre y estaba convencido de que los cancilleres arreglarían el litigio.° *problema*

Mamá no hacía comentarios, tal vez porque aún faltaba mucho para que Alejandro pudiera pedir licencia,° pero una noche le preguntó bruscamente al doctor Bonifaz si la situación con el Brasil era tan grave como decían los diarios. *permiso*

—¿Con el Brasil? Bueno, sí, las cosas no andan muy bien —dijo el médico—. Esperemos que el buen sentido de los estadistas...

Mamá lo miraba como sorprendida de que le hubiese respondido sin vacilar. Suspiró levemente, y cambió la conversación. Esa noche estuvo más animada que otras veces, y el doctor Bonifaz se retiró satisfecho. Al otro día se enfermó tía Clelia; los desmayos parecían cosa pasajera, pero el doctor Bonifaz habló con tío Roque y aconsejó que internaran a tía Clelia en un sanatorio.° A mamá, que en ese momento escuchaba las noticias del Brasil que le traía Carlos con el diario de la noche, le dijeron que tía Clelia estaba con una jaqueca° que no la dejaba moverse de la cama. Tuvieron toda la noche para pensar en lo que harían, pero tío Roque estaba como anonadado° después de hablar con el doctor Bonifaz, y a Carlos y a las chicas les tocó decidir. A Rosa se le ocurrió lo de la quinta° de Manolita Valle y el aire puro; al segundo día de la jaqueca de tía Clelia, Carlos llevó la conversación con tanta habilidad que fue como si mamá en persona hubiera aconsejado una temporada en la quinta de Manolita que tanto bien le haría a Clelia. Un compañero de oficina de Carlos se ofreció para llevarla en su auto, ya que el tren era fatigoso con esa jaqueca. Tía Clelia fue la primera en querer despedirse de mamá, y entre Carlos y tío Roque la llevaron pasito a paso° para que mamá le recomendase que no tomara frío en esos autos de ahora y que se acordara del laxante de frutas cada noche. *clínica*

migraine

deprimido

casa de campo

lentamente

—Clelia estaba muy congestionada —le dijo mamá a Pepa por la tarde—. Me hizo mala impresión, sabés.

—Oh, con unos días en la quinta se va a reponer lo más bien. Estaba un poco cansada estos meses; me acuerdo de que Manolita le había dicho que fuera a acompañarla a la quinta.

—¿Sí? Es raro, nunca me lo dijo.

—Por no afligirte, supongo.

—¿Y cuánto tiempo se va a quedar, hijita?

Pepa no sabía, pero ya le preguntarían al doctor Bonifaz que era el que había aconsejado el cambio de aire. Mamá no volvió a hablar del asunto hasta algunos días después (tía Clelia acababa de tener un síncope° en el sanatorio, y Rosa se turnaba con tío Roque para acompañarla).

—Me pregunto cuándo va a volver Clelia —dijo mamá.

—Vamos, por una vez que la pobre se decide a dejarte y a cambiar un poco de aire...

—Sí, pero lo que tenía no era nada, dijeron ustedes.

—Claro que no es nada. Ahora se estará quedando por gusto, o por acompañar a Manolita; ya sabés cómo son de amigas.

—Telefoneá a la quinta y averiguá cuándo va a volver —dijo mamá.

Rosa telefoneó a la quinta, y le dijeron que tía Clelia estaba mejor, pero que todavía se sentía un poco débil, de manera que iba a aprovechar para quedarse. El tiempo estaba espléndido en Olavarría.

—No me gusta nada eso —dijo mamá—. Clelia ya tendría que haber vuelto.

—Por favor, mamá, no te preocupés tanto. ¿Por qué no te mejorás vos lo antes posible, y te vas con Clelia y Manolita a tomar sol a la quinta?

—¿Yo? —dijo mamá, mirando a Carlos con algo que se parecía al asombro, al escándalo, al insulto. Carlos se echó a reír para disimular lo que sentía (tía Clelia estaba gravísima, Pepa acababa de telefonear) y la besó en la mejilla como a una niña traviesa.°

—Mamita tonta —dijo, tratando de no pensar en nada.

Esa noche mamá durmió mal y desde el amanecer preguntó por Clelia, como si a esa hora se pudieran tener noticias de la quinta (tía Clelia acababa de morir y habían decidido velarla en la funeraria). A las ocho llamaron a la quinta desde el teléfono de la sala, para que mamá pudiera escuchar la conversación, y por suerte tía Clelia había pasado bastante buena noche aunque el médico de Manolita aconsejaba que se quedase mientras siguiera el buen tiempo. Carlos estaba muy contento con el cierre de la oficina por inventario y balance, y vino en piyama° a tomar mate al pie de la cama de mamá y a darle conversación.

—Mirá —dijo mamá—, yo creo que habría que escribirle a Alejandro que venga a ver a su tía. Siempre fue el preferido de Clelia, y es justo que venga.

—Pero si tía Clelia no tiene nada, mamá. Si Alejandro no ha podido venir a verte a vos, imaginate...

—Allá él° —dijo mamá—. Vos escribile y decile que Clelia está enferma y que debería venir a verla.

ataque

pícara

pijama

Él sabrá lo que hace

—Pero, ¿cuántas veces te vamos a repetir que lo de tía Clelia no es grave?

—Si no es grave, mejor. Pero no te cuesta nada escribirle.

Le escribieron esa misma tarde y le leyeron la carta a mamá. En los días en que debía llegar la respuesta de Alejandro (tía Clelia seguía bien, pero el médico de Manolita insistía en que aprovechara el buen aire de la quinta), la situación diplomática con el Brasil se agravó todavía más y Carlos le dijo a mamá que no sería raro que las cartas de Alejandro se demoraran.

—Parecería a propósito —dijo mamá—. Ya vas a ver que tampoco podrá venir él.

Ninguno de ellos se decidía a leerle la carta de Alejandro. Reunidos en el comedor, miraban al lugar vacío de tía Clelia, se miraban entre ellos, vacilando.

—Es absurdo —dijo Carlos—. Ya estamos tan acostumbrados a esta comedia, que una escena más o menos...

—Entonces llevásela vos —dijo Pepa, mientras se le llenaban los ojos de lágrimas y se los secaba con la servilleta.

—Qué querés, hay algo que no anda. Ahora cada vez que entro en su cuarto estoy como esperando una sorpresa, una trampa, casi.

—La culpa la tiene María Laura —dijo Rosa—. Ella nos metió la idea en la cabeza y ya no podemos actuar con naturalidad. Y para colmo tía Clelia...

—Mirá, ahora que lo decís se me ocurre que convendría hablar con María Laura —dijo tío Roque—. Lo más lógico sería que viniera después de sus exámenes y le diera a tu madre la noticia de que Alejandro no va a poder viajar.

—Pero, ¿a vos no se te hiela la sangre que mamá no pregunte más por María Laura, aunque Alejandro la nombra en todas sus cartas?

—No se trata de la temperatura de mi sangre —dijo tío Roque—. Las cosas se hacen o no se hacen, y se acabó.° *y no se hable más de esto*

A Rosa le llevó dos horas convencer a María Laura, pero era su mejor amiga y María Laura los quería mucho, hasta a mamá aunque le diera miedo. Hubo que preparar una nueva carta, que María Laura trajo junto con un ramo de flores y las pastillas de mandarina que le gustaban a mamá. Sí, por suerte ya habían terminado los exámenes peores, y podría irse unas semanas a descansar a San Vicente.

—El aire del campo te hará bien —dijo mamá—. En cambio a Clelia... ¿Hoy llamaste a la quinta, Pepa? Ah, sí, recuerdo que me dijiste... Bueno, ya hace tres semanas que se fue Clelia, y mirá vos...

María Laura y Rosa hicieron los comentarios del caso, vino la bandeja del té, y María Laura le leyó a mamá unos párrafos de la carta de Alejandro con la noticia de la internación provisional de todos los técnicos extranjeros, y la gracia que le hacía estar alojado en un espléndido hotel por cuenta del gobierno, a la espera de que los cancilleres arreglaran el conflicto. Mamá no hizo ninguna reflexión, bebió su taza de tilo° y se fue adormeciendo. Las muchachas siguieron charlando en la sala, más aliviadas. María Laura estaba por irse cuando se le ocurrió lo del teléfono y se lo dijo a Rosa. A Rosa le parecía que también Carlos había pensado en eso, y más tarde le habló a tío Roque, que se encogió de hombros. Frente a cosas así no quedaba más remedio que hacer un gesto y seguir leyendo el diario. Pero Rosa y Pepa se lo dijeron también a Carlos, que renunció a encontrarle explicación a menos de aceptar lo que nadie quería aceptar.

—Ya veremos —dijo Carlos—. Todavía puede ser que se le ocurra y nos lo pida. En ese caso...

Pero mamá no pidió nunca que le llevaran el teléfono para hablar personalmente con tía Clelia. Cada mañana preguntaba si había noticias de la quinta, y después se volvía a su silencio donde el tiempo parecía contarse por dosis de remedios y tazas de tisana. No le desagradaba que tío Roque viniera con *La Razón* para leerle las últimas noticias del conflicto con el Brasil, aunque tampoco parecía preocuparse si el diariero llegaba tarde o tío Roque se entretenía más que de costumbre con un problema de ajedrez. Rosa y Pepa llegaron a convencerse de que a mamá la tenía sin cuidado° que le leyeran las noticias, o telefonearan a la quinta, o trajeran una carta de Alejandro. Pero no se podía estar seguro porque a veces mamá levantaba la cabeza y las miraba con la mirada profunda de siempre, en la que no había ningún cambio, ninguna aceptación. La rutina los abarcaba a todos, y para Rosa telefonear a un agujero negro en el extremo del hilo era tan simple y cotidiano como para tío Roque seguir leyendo falsos telegramas sobre un fondo de anuncios de remates o noticias de fútbol, o para Carlos entrar con las anécdotas de su visita a la quinta de Olavarría y los paquetes de frutas que les mandaban Manolita y tía Clelia. Ni siquiera durante los últimos meses de mamá cambiaron las costumbres, aunque poca importancia tuvieran ya. El doctor Bonifaz les dijo que por suerte mamá no sufriría nada y que se apagaría° sin sentirlo. Pero mamá se mantuvo lúcida hasta el fin, cuando ya los hijos la rodeaban sin poder fingir lo que sentían.

linden tea

la dejaba indiferente

moriría

—Qué buenos fueron conmigo —dijo mamá—. Todo ese trabajo que se tomaron para que no sufriera.

Tío Roque estaba sentado junto a ella y le acarició jovialmente la mano, tratándola de° tonta. Pepa y Rosa, fingiendo buscar algo en la cómoda, sabían ya que María Laura había tenido razón; sabían lo que de alguna manera habían sabido siempre.

—Tanto cuidarme... —dijo mamá, y Pepa apretó la mano de Rosa, porque al fin y al cabo esas dos palabras volvían a poner todo en orden, restablecían la larga comedia necesaria. Pero Carlos, a los pies de la cama, miraba a mamá como si supiera que iba a decir algo más.

—Ahora podrán descansar —dijo mamá—. Ya no les daremos más trabajo.

Tío Roque iba a protestar, a decir algo, pero Carlos se le acercó y le apretó violentamente el hombro. Mamá se perdía poco a poco en una modorra, y era mejor no molestarla.

Tres días después del entierro llegó la última carta de Alejandro, donde como siempre preguntaba por la salud de mamá y de tía Clelia. Rosa, que la había recibido, la abrió y empezó a leerla sin pensar, y cuando levantó la vista porque de golpe las lágrimas la cegaban, se dio cuenta de que mientras la leía había estado pensado en cómo habría que darle a Alejandro la noticia de la muerte de mamá.

diciéndole

En torno al texto

● Hay que fijarse bien

Lea otra vez el cuento y con un/a compañero/a conteste o complete lo siguiente.

1. ¿Más o menos qué edad tendrá cada uno de los personajes? ¿Cómo llegó a esta conclusión?

2. ¿Cómo sabemos que mamá y Roque son hermanos? Y tía Clelia, ¿es hermana de ellos también? Copie las citas textualmente. ¿Conoce Ud. a otros hermanos parecidos? ¿Cómo son?

3. ¿A qué hora cree Ud. que es la hora del té (o café), de ciertas pastillas, de la tisana en esta casa? ¿Qué función tienen estas horas? ¿Qué horas se definen de esta manera en su casa? ¿Por qué?

4. Complete las frases siguientes. Para que la madre no supiera que Alejandro había muerto, se tomaron las siguientes medidas específicas.

  a. El tío Roque arregló lo de conseguir a alguien que...

  b. Pepa arregló lo de conseguir que...

  c. El doctor Bonifaz se hizo cargo de lo de...

  d. La tía Clelia se encargó de lo de...

  e. La pobre María Laura se encargó de...

5. Complete las frases siguientes. Para que la madre no supiera que la tía Clelia estaba enferma, se tomaron las siguientes medidas.

  a. A Rosa se le ocurrió lo de la...

  b. Un compañero de Carlos se encargó de lo de...

  c. La tía Clelia insistió en lo de...

6. ¿Cómo se expresan las siguientes nociones e ideas en el cuento? Con tres compañeros ubiquen dónde y cómo se dice lo siguiente: *(páginas 54–56)*

  a. la madre tenía dos problemas serios de salud: presión arterial muy alta y diabetes

  b. tío Roque encontraba siempre una solución a todos los problemas

  c. estar en cama enfermo

  d. aunque mamá era mayor, todavía oía muy bien todo

  e. saber algo por intuición, sin poderlo ver

  f. el teléfono que estaba en el segundo piso

  g. las cosas se calmaron tarde por la tarde

  h. Pepa nunca vio a su hermano muerto

  i. el hijo menor de la familia

  j. la pobre señora vivía con dolores y molestias

  k. la gente compra remedios que se anuncian por la radio y que no sirven

  (páginas 57–60)

  l. de tanto vivir la mentira ya casi la creían

  m. qué cosas tan ricas había en Brasil

  n. el chico de los Marolda colecciona estampillas

  o. mamá se enfermó más que nunca y todos se sentían culpables

  p. no puedo creer que Alejandro no me haya escrito a mano sino a máquina

  q. Alejandro, este hijo malito

  (página 67)

  r. ni yo, ni Alejandro, ni Clelia les daremos más trabajo ya

En términos generales

1. Haga un diagrama de esta familia. Lea el cuento otra vez, una o dos veces si es necesario, para saber quiénes son hermanos, quiénes son los tíos y quiénes los amigos (y de quién son amigos). Si tiene dudas —y es muy posible que las tenga— júntese con dos compañeros/as y aclare la situación.

2. Si Ud. es un poco pintor/a, haga un dibujo de la casa de esta familia. O bien, haga un dibujo del dormitorio de la enferma. Ud. puede usar estos dibujos para explicar ciertos aspectos del cuento más adelante.

3. ¿Cuándo se usa el voseo en este cuento? ¿Qué sugiere esto?

4. ¿Quién narra este cuento? ¿Carlos, una de las chicas u otra persona? ¿Cómo lo sabe Ud.?

5. ¿Dónde vivían los hijos, el tío y la tía? ¿Cómo lo descubrió?

6. ¿Dónde trabajaban Alejandro, Carlos y sus dos hermanas? ¿Trabajaba el tío Roque? ¿Cómo se sabe?

7. ¿Por qué produce tantos problemas la enfermedad de la tía Clelia?

8. ¿Por qué le prohibió leer los diarios a la madre el doctor Bonifaz?

9. ¿Dónde fueron los velorios de los muertos? ¿Por qué?

10. ¿Está realmente enferma la madre o no? ¿Por qué?

Los personajes y sus papeles

1. ¿Qué función importante tiene el tío Roque? ¿Cuándo no pudo cumplir su función y por qué?

2. ¿Qué papel desempeña María Laura en el cuento? Señale específicamente en qué líneas se pueden encontrar ejemplos de su función.

3. ¿Qué papel tiene Carlos? ¿Qué piensa la madre de él? ¿Es él el mayor de los hermanos o no? ¿Cómo lo sabe?

4. ¿Qué papel tienen las hermanas y la tía Clelia? ¿A qué cosas han renunciado ellas en la vida? Nombre por los menos tres cosas, excepto que han renunciado a tener una familia porque, a la manera de ver hispana, ellas sí tienen familia y viven con ella.

5. ¿Qué función tienen el médico y los remedios naturales en este cuento? Nombre por lo menos dos remedios y diga para qué son. ¿Dónde se guardaban los remedios?

6. Finalmente, ¿qué papel desempeña mamá? ¿Qué influencia tiene sobre los demás? ¿Qué estrategias usa para conseguir lo que quiere?

Más allá del texto

1. **La medicina no-tradicional.** En las culturas tradicionales europeas e hispanoamericanas, la gente no sólo usa remedios modernos, sino remedios tradicionales también. Haga una lista de los remedios que usaba o recomendaba la enferma de este cuento y después haga otra lista de los que Ud. conozca. ¿Hay alguna semejanza entre las dos listas o no?

2. **Mentiras santas.** Describa una situación en que Ud. u otra persona dijo alguna mentira santa *(white lie)* para tratar de facilitar las cosas, proteger a alguien, o protegerse a sí mismo/a. Dé las razones por las que mintió y las consecuencias.

3. **Una carta del Brasil.** Escoja un lugar que conozca un poco e imagínese que está allí ahora. Escríbales una carta a sus padres o a un/a amigo/a diciéndole/s qué está haciendo allá y cómo le va en todo. Escriba también el sobre y use una estampilla adecuada, si es posible. Vea el modelo del sobre que aparece aquí.

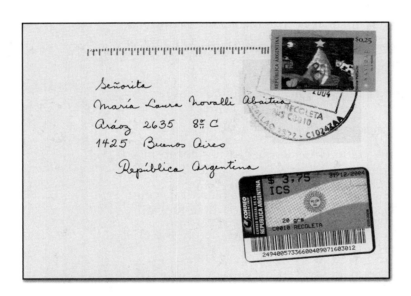

4. **De muestra, un botón.** Imagínese cómo habrá sido la situación cuando murió el marido de la enferma. Con dos compañeros/as escriban la conversación que tuvo lugar cuando murió el señor. Cuando terminen el guión, den una representación para sus compañeros.

5. **Malas noticias.** Piense en alguna mala noticia que Ud. haya recibido y en qué ocurrió en aquel momento. Escriba una descripción de lo que pasó.

6. **Nadie piensa en mí.** Escriba un pequeño cuento en que María Laura sea la protagonista. Empiece la acción después de la muerte de Alejandro, o bien, después de la muerte de la madre. Describa cuidadosamente lo que piensa María Laura.

7. **Protejamos a los mayores y a los niños.** Con dos compañeros/as prepárense para defender o atacar esta manera de proteger a los mayores/niños de la realidad. Cuando estén listos, presenten sus puntos de vista y después vean qué grupo es más convincente.

● **Temas de ensayo**

ATAJO: Grammar, Phrases, Expressing Opinion, Subjunctive, Preterite & Imperfect, Compound Tenses

Elija uno de los siguientes temas según las instrucciones de su profesor/a. Use sus apuntes sobre el texto, especialmente lo que anotó en la sección **En torno al texto.** Cada vez que copie una frase del texto, póngala entre comillas ("...") e indique en qué página aparece.

1. ¿Qué hace el personaje principal de este cuento para controlarlo todo en su casa? Describa las estrategias y sus resultados a corto y a largo plazo *(long term).*

2. Analice los dos niveles de ficción y realidad en este cuento. Use ejemplos y citas específicas del texto para respaldar sus explicaciones y su tesis.

3. Describa en detalle cómo y desde qué momento supo la madre que entre todos habían creado una ficción para ocultarle la verdad. Explique qué efectos tuvo esto en los otros personajes. Encuentre en el texto todas las citas que ilustren su punto de vista.

4. Analice la ironía del título en este cuento. Apóyese en citas del texto para demostrar cómo logra este efecto el autor.

5. Estudie el papel de la protagonista del cuento: la madre. Examine sus relaciones con los demás personajes, especialmente con sus hijos, y explique sus motivaciones y estrategias. Use citas del texto.

Mujer sentada
Adolfo Halty Dubé

SEGUNDA PARTE

Entre hombres y mujeres

Complicaciones 1938

Nombre:	Julia Álvarez (1950–)
Nacionalidad:	dominicano-estadounidense
Ocupación:	cuentista, novelista, poeta, ensayista y profesora
Obras principales:	*De cómo las chicas García perdieron su acento* (1991)
	El otro lado (1995)
	¡Yo! (1997)
	El cuento del cafecito (2002)
	En el nombre de Salomé (2002)
	Las huellas secretas (2002)
	Antes de ser libres (2004)
	Cuando Tía Lola vino (de visita) a quedarse (2004)
Otros datos:	Premio de Poesía Benjamin T. Marshall, Connecticut College, 1968, 1969
	Premio de la Academia de Poesía Americana, 1974
	Premio de la Asociación de Bibliotecarios Americanos, 1992

FICHA PERSONAL

Julia Álvarez, la segunda de cuatro hermanos, nace en Nueva York y se cría en dos países, la República Dominicana —donde pasa los diez primeros años de su vida— y Estados Unidos. Su padre, un médico dominicano, perteneció a una coalición política cuyo objetivo era derrocar al dictador Rafael Leonidas Trujillo. Cuando se entera que el gobierno lo está vigilando, la familia huye y se exilia en los Estados Unidos.

Julia Álvarez, la cual había estudiado en un colegio americano en la isla, estaba muy ilusionada porque se sentía americana. Sin embargo, la dura realidad de la vida del inmigrante, el desarraigo, la falta de sus primos y demás familiares transforman a la extrovertida pequeña en una niña introvertida que descubre su amor por la lectura. Estando en el colegio decide que quiere ser escritora. Y en Connecticut College, con el apoyo de sus profesores, empieza a tomar en serio su vocación. Después de asistir al *Breadloaf Writers' Conference* en Middlebury College, decide terminar los estudios de pregrado en esa institución (1971).

En 1974 recibe una maestría en *Creative Writing* de la Universidad de Syracuse. Luego pasa varios años enseñando en distintas instituciones, como Andover Academy, University of Vermont, George Washington University, University of Illinois y Middlebury College. Enseña en Middlebury hasta 1998, año en que renuncia a su cátedra para aceptar el puesto de escritor en residencia. Esto le permite dedicarse a escribir y dictar un curso de vez en cuando.

Es importante señalar que toda su obra fue escrita en inglés y luego traducida al español. Su primera novela titulada *De cómo las chicas García perdieron su acento* (1991) tuvo mucho éxito. Trata de la vida de cuatro hermanas dominicanas y sus padres que llegan a los Estados Unidos como inmigrantes y de los problemas de identidad que presuponen el cambio de cultura, idioma, y posición social y económica. La segunda novela, *En el tiempo de las mariposas*, nos cuenta la historia de las hermanas Mirabal, consideradas heroínas dominicanas, quienes fueron asesinadas en 1960 durante los últimos días de la dictadura de Trujillo. A éstas les siguen dos novelas más: *¡Yo!* —que sigue la historia de Yolanda, una de las hermanas de su primera novela que todavía se siente atrapada entre dos culturas— y *En el nombre de Salomé*, otra novela histórica, cuyas protagonistas son Salomé Ureña de Henríquez, una poeta dominicana del siglo XIX, y su hija Camila.

El fragmento que sigue es del principio de *En el tiempo de las mariposas* y aquí vislumbramos algunas de las restricciones bajo las cuales vivían las mujeres en una sociedad patriarcal tradicional en 1938. Otros temas importantes en su obra son el de la identidad y el enajenamiento, el desarraigo y el exilio, y el impacto de la política en la vida de los dominicanos y, por extensión, de todos los que viven bajo regímenes represivos.

De hecho, la dictadura de Trujillo dejó una huella tan trágica y violenta en la sociedad dominicana que otros escritores hispanos también la han usado para desarrollar visiones sobre el caciquismo latinoamericano (véase, por ejemplo, la novela de Mario Vargas Llosa, *"La fiesta del Chivo"*. Madrid: Alfaguara, 2000).

Aproximaciones al texto

1. **Partir.** No es fácil dejar la casa, la familia y los amigos para irse a otro lugar. En la lista que sigue, indique en qué situaciones ha tenido que dejar su casa, ciudad o estado. Escriba una frase para explicar su caso.

   ▶ **Por ejemplo:** *Cuando mis padres anunciaron que nos íbamos a San Antonio, mi hermano mayor se alegró pero yo anuncié que prefería quedarme con la abuela y cerca de mis primos.*

Cuando me anunciaron...

a. que la universidad me aceptaba en el programa de...

b. que había conseguido un trabajo en...

c. que mis padres se iban a...

d. que debía irme a otra ciudad...

2. **La libertad es relativa.** ¿Qué hace Ud. con su libertad para elegir lo que desea hacer? ¿Le cuesta decidirse o deja que otros decidan por Ud.? ¿En qué ocasiones cree Ud. que hace mejor uso de su libertad de decisión? Reflexione y escriba un párrafo sobre esto.

▶ **Por ejemplo:** *Me sorprende mucho que a veces no haga buen uso de mi libertad para tomar decisiones ahora que estoy más mayor. Muchas veces, sólo sigo lo que mis amigos dicen y otras veces no hago nada y no aprovecho la oportunidad para salir/viajar/conocer otra gente. Sin embargo,...*

Complicaciones 1938

capítulo de *En el tiempo de las mariposas*

JULIA ÁLVAREZ

No sé quién convenció a Papá a que nos mandara a estudiar afuera. Parece que hubiera sido el mismo ángel que le anunció a María que estaba embarazada de Dios, e hizo que se alegrara con la noticia.

Las cuatro teníamos que pedir permiso para todo: para ir hasta los campos a ver cómo iban creciendo los tabacales°; para llegar a la laguna y poder mojarnos los pies un día de calor; para pararnos en el frente de la tienda y acariciar los caballos cuando los hombres cargaban la mercadería en los carros.

campos de tabaco

Algunas veces, cuando observaba a los conejos° en su corral, pensaba que no era demasiado diferente de ellos, pobrecitos. Una vez abrí una jaula° para soltar una conejita. Tuve que pegarle para que saliera.

rabbits

cage

¡Pero no quería moverse! Estaba acostumbrada a su jaula. Yo no hacía más que pegarle, cada vez más fuerte, hasta que empezó a gimotear° como una niña asustada. Yo era quien la lastimaba al insistir en que fuera libre.

llorar

"Conejita tonta —pensé—. No te pareces en nada a mí".

En torno al texto

● **Hay que fijarse bien**

1. Con uno/a o dos compañeros/as copien las frases o expresiones donde aparece lo siguiente o, por lo menos, subrayen lo indicado. Luego, usen las frases identificadas en sus ejercicios de redacción y en los ensayos.

   a. Papá decidió mandarnos a estudiar a otra ciudad.

   b. el ángel que le anunció a María la concepción de Jesús convenció también a Papá

   c. el ángel alegró a la Virgen María

   d. nos gustaba ver el tabaco en los campos

   e. me parecía que yo era como un conejo encerrado

   f. aunque le pegué, la conejita no salió de la jaula

   g. la conejita empezó a llorar

   h. por liberarla, la lastimé

   i. la conejita no quiso escapar, pero la autora sí

● **En términos generales**

   Analice el fragmento usando las siguientes preguntas como guía.

   a. ¿Cuántos años tiene la autora en este episodio, más o menos? ¿Y las otras hermanas? ¿Cómo se puede saber?

   b. ¿Para qué tipo de actividades debían obtener permiso? ¿A quién le pedían permiso? ¿Por qué? ¿Cuándo tenía que pedir permiso Ud.? ¿Y su compañero/a?

   c. ¿Quién puede haber persuadido al padre para que las mande a estudiar a otro lugar? ¿Adónde se van? ¿Cómo podemos saberlo?

   d. ¿Por qué es necesaria la intervención de un ángel?

● **Los personajes y sus papeles**

1. ¿Cuántos personajes hay en este fragmento? ¿Cuál es el personaje principal?

2. ¿Qué papel tiene el padre? ¿Por qué no habla en el fragmento?

3. ¿Qué problema tiene el padre en este momento?

4. ¿Qué dice la madre de esta situación?

5. ¿Qué papel tiene la conejita? ¿En qué se parece a la autora? ¿Qué diferencias hay entre ellas?

El machismo. Toda cultura tiene y refuerza patrones de conducta y prácticas que le son característicos y que la distinguen de otras culturas. Tanto patrones como prácticas provienen de antiguas tradiciones que afectan no sólo al individuo sino también la lengua, las instituciones, las leyes, los criterios morales y la manera de gobernarse y de asociarse, entre otros. Una tendencia muy importante en la cultura hispana —y en muchas otras culturas— es la preponderancia de lo masculino o **machismo.** El machismo se basa en la idea de la superioridad del hombre y en el culto de la virilidad. Esta tendencia está presente no sólo en la tradición judeocristiana, sino también en la greco-romana y en la oriental. Por ejemplo, las madres a menudo reservan lo mejor para sus hijos varones y restringen a sus hijas; las esposas ignoran a veces las aventuras de sus maridos y hasta justifican su conducta; los hombres tienen un importante papel. Además, tanto convenciones sociales como leyes les dan más derechos a los hombres que a las mujeres. Estas prácticas pueden tener un enorme impacto social y político —sobre todo si nunca son cuestionadas en las sociedades más conservadoras.

En una sociedad machista, por ejemplo, generalmente se espera que las mujeres se ajusten a los hombres, que dependan de ellos y que sean sumisas y abnegadas. A las mujeres que se destacan por su capacidad intelectual, artística o profesional a menudo se les critica. Este ha sido el caso de muchas feministas, escritoras, artistas e intelectuales. Estas actitudes afectan profundamente los papeles de hombres y mujeres, así como la relación entre los sexos. Los hombres que crecen en culturas machistas a veces son agresivos e intransigentes en sus relaciones con otros hombres y condescendientes o agresivos en sus relaciones con las mujeres. Preste atención a estas características cuando relea esta anécdota de Álvarez y otras lecturas como los poemas de Castellanos (páginas 80 y 154) y Storni (página 88). Si desea investigar este tema, vea la Bibliografía.

Más allá del texto

1. **Papel de papá.** A veces Ud. puede hacer el papel de papá cuando cuida niños o supervisa a otra gente. Diga qué reglas pone Ud. en estas ocasiones.

   ▶ **Por ejemplo:** *Cuando yo cuido/ superviso a... los niños/ empleados... ellos tienen que pedir permiso para...*

2. **A puertas cerradas.** Con su compañero/a, escriban y actúen el diálogo entre padre y madre cuando se decide enviar a las niñas a estudiar afuera. Si desean, pueden formar un grupo más grande y agregar otros personajes como un/a abuelo/a o padrino/ madrina.

   ▶ **Por ejemplo:** **Abuela paterna:** *Enrique, venga que tenemos que hablar de las niñas y su futuro.*

   Padre: *Bueno, el futuro de las niñas es ayudar a su madre, casarse y darme muchos nietos para que hereden la tienda.*

   Abuela paterna: *Es que Ud. no puede...*

3. **Ayude a la conejita.** Imagínese que una de las niñas no quiere irse a estudiar afuera porque está enamorada de un primo. Ayúdela a formular un buen plan para quedarse en el país en dos párrafos largos.

   ▶ **Por ejemplo:** *No sé quién convenció a tu papá que... pero yo creo que debieras...*
   Creo que debieras... actuar/ llorar/ decir que... como si fueras artista/ mayor...
   Promete... ayudar en la tienda/ estudiar.../ trabajar en... como si tuvieras veinte años
   Empieza a... aprender japonés/ tocar piano/ ayudar a...

4. **Nuevo mundo.** Contraste las reglas familiares entre los tiempos de su abuela o madre y el suyo.

   ▶ **Por ejemplo:** *Antes, en los tiempos de las mariposas, ...los niños/ las chicas/ los padres no querían/ tenían que... Pero ahora, la situación ha cambiado porque...*

5. **Hermano asno/animal.** A veces, la observación de la conducta de un perro, de un gato o de otro animal ayuda a comprender la conducta de los humanos. Describa una ocasión en que Ud. participó o supo de una situación semejante.

   ▶ **Por ejemplo:** *Un día observaba a... y entonces comprendí por qué/ cómo...*

● Temas de ensayo

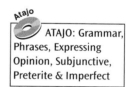

ATAJO: Grammar, Phrases, Expressing Opinion, Subjunctive, Preterite & Imperfect

Elija uno de los siguientes temas según las instrucciones de su profesor/a. Use sus apuntes sobre el texto, especialmente lo que anotó en la sección **En torno al texto.** Cada vez que copie una frase del texto, póngala entre comillas ("...") e indique en qué página aparece.

1. Analice cómo, aún en el siglo XXI, hay muchas situaciones en que todavía se usan ideas antiguas o tradicionales para controlar o juzgar a la gente. Describa la situación primero y después explique su opinión con detalles y/o déle una solución al asunto.

2. Analice el papel del que toma las decisiones en un grupo familiar o social.

3. Analice la importancia de la metáfora de la conejita en esta selección. ¿Qué nos dice acerca de la situación de la mujer en Santo Domingo en 1938? ¿Cómo cree Ud. que la narradora y sus hermanas logran irse a estudiar a la capital? ¿Le parece a Ud. que hoy día las mujeres dominicanas tienen mejores oportunidades?

Kinsey Report No 6

Nombre:	Rosario Castellanos (1925–1974)
Nacionalidad:	mexicana
Ocupación:	poeta, novelista, cuentista, dramaturgo, ensayista, profesora, diplomática
Obras principales:	*Sobre cultura femenina* (1950)
	Balún-Canán (1957)
	Oficio de tinieblas (1962), por el que recibe el premio "Sor Juana Inés de la Cruz"
	Álbum de familia (1971)
	El eterno femenino (1974)
	Poesía no eres tú (1977), volumen póstumo en el que se recoge casi toda su obra poética
Otros datos:	Fue embajadora de México en Israel. Se suicidó en 1974.

Rosario Castellanos, n.d. Photograph by Lola Álvarez Bravo

FICHA PERSONAL

Rosario Castellanos es una escritora cuya obra trata una variedad de temas que abarcan desde las condiciones de vida del indígena mexicano (como en *Balún–Canán*), hasta el papel que le es impuesto a la mujer en una sociedad tradicional (como en muchísimos de sus poemas y en el cuento "Lección de cocina"). Debido a su interés en la mujer y su papel, muchos críticos la consideran feminista, a pesar de que ella misma dijo no serlo.

A lo largo de toda su obra vemos aparecer una y otra vez la preocupación por la mujer en la sociedad mexicana contemporánea, sociedad que pretende definir a la mujer por su estado civil y por su relación con el hombre —padre, hermano, hijo o marido—, del cual se supone que depende. La mujer ve así limitados sus horizontes y se encuentra a menudo relegada al cuidado de sus hijos y del hogar, además de trabajar. Para la poeta, en cambio, el matrimonio (meta máxima de toda mujer en su sociedad) no es más que una especie de cárcel (véase "Autorretrato" en la página 154 para aprender más detalles).

"Kinsey Report"[1] es una serie de seis poemas, en cada uno de los cuales el "yo" lírico representa uno de los estereotipos sexuales y

[1]Alfred C. Kinsey (1894–1956) fue un biólogo estadounidense que se hizo famoso por sus estudios de la sexualidad humana.

sociales según los cuales se clasifican a las mujeres: la casada, la soltera "pero no virgen", la divorciada, la soltera que se autocomplace, la lesbiana y la señorita, o sea la joven pura. Los poemas son entrevistas ficticias en que sólo se nos dan las respuestas de las distintas mujeres, pero que, al mismo tiempo, nos permiten deducir tanto las preguntas como la actitud crítica e irónica de la entrevistadora. "Kinsey Report" pertenece al grupo titulado "Otros poemas" incluído en *Poesía no eres tú*.

En "Kinsey Report No 6", el "yo" es el de una muchacha joven típica, de ideas muy tradicionales y poco realistas que aspira a casarse. Es fácil ver, por ejemplo, cómo la muchacha no sólo acepta unilateralmente toda la responsabilidad por el éxito del matrimonio, sino que también está dispuesta a sacrificarse para agradar a su futuro compañero. Más aún, tiene la ilusión de poder cambiar al hombre, sean cuales fueran sus defectos, sólo por medio de su devoción.

Aproximaciones al texto

1. **Príncipes Azules y Dulcineas.** Describa en uno o dos párrafos a su Príncipe Azul *(Prince Charming)* o a su Dulcinea (mujer ideal). Luego, compare a su pareja ideal con la de otros dos compañeros/as. ¿Hay muchas semejanzas o hay diferencias? ¿Se puede ver algún estereotipo en sus descripciones? ¿Por qué?

   ▶ **Por ejemplo:** *El hombre de mis sueños es un tipo joven, pero no demasiado, muy varonil, pero no desconsiderado, que le gusten... y... Yo espero que él me dé... Si es posible, también quisiera que mi Príncipe Azul tuviera...*

2. **A cada cual lo suyo.** Con un/a compañero/a escriban dos párrafos, uno en que describen lo que le corresponde hacer a la mujer en un matrimonio y el otro sobre las responsabilidades del hombre. Luego, comparen sus ideas con las de otro grupo.

   ▶ **Por ejemplo:** *Al hombre le corresponde hacerse cargo del bienestar de la familia y de cosas como pagar... y ayudar con... Si hay un problema, él debe... para...*

3. **Antes y ahora.** Compare lo que se esperaba antes con lo que se espera hoy en cuanto a las expectativas generales sobre el matrimonio. Por ejemplo, puede comparar la época de sus padres con el presente. Anote sus ideas en la tabla que sigue y después escriba uno o dos párrafos para explicar lo que piensa.

	Antes		Ahora	
	hombres	*mujeres*	*hombres*	*mujeres*
edad para casarse:	_____	_____	_____	_____
ocupaciones:	_____	_____	_____	_____
quehaceres domésticos:	_____	_____	_____	_____
crianza de los niños:	_____	_____	_____	_____
compras:	_____	_____	_____	_____
contactos con parientes:	_____	_____	_____	_____
número de hijos:	_____	_____	_____	_____

4. **Demanda de divorcio.** Usando los números de 1 a 10 ordene las causas de divorcio que le parezcan más comunes.

crueldad mental	desconsideración	maltrato físico
adulterio	alcoholismo	pobreza
drogadicción	enfermedad	despilfarro del
abandono de	abandono de	dinero
hogar	los hijos	insensibilidad
incompatibilidad	incompatibilidad	
de caracteres	de las familias	

Es conveniente saber

Señores, señoras, señoritas. En español hay varios títulos que se usan con los nombres de la gente, pero éstos son los más comunes. Nótese que mientras el título masculino **señor** permanece igual cuando se cambia de estado civil *(marital status)*, el femenino sí cambia de **señorita** a **señora.** Además, el uso de los títulos con un nombre de pila o un apellido varía según el dialecto; en algunas partes se puede decir "señor Humberto", mientras que en otras sólo se puede decir "señor Humberto Santana" o "señor Santana". Por supuesto, también es posible usar dos títulos como "señor don Humberto Santana Mestre" o "señora Doña Hilda Alvarez Torres de Santana" cuando se escriben cartas o cuando se trata de una ocasión oficial.

Además de sus significados corrientes, estos títulos tienen otras connotaciones que reflejan la cultura y los papeles de la gente en la sociedad. Por ejemplo, **señor** y **señora** también indican prestigio o poder en la comunidad, mientras que **señorita** también se usa con la connotación de joven bien educada y/o pura y/o virgen y/o de buena familia. Según la edad de la mujer, **señorita** también se convierte en sinónimo de solterona *(spinster),* razón por la cual algunas mujeres solteras mayores se hacen llamar "señora". El valor de estos títulos está muy bien ilustrado en este primer poema de Castellanos, así como en el de la página 154.

1. ¿Sabe Ud. abreviar estos títulos? Pregunte en su grupo.
2. ¿Sabe Ud. otros títulos en español? ¿Y en inglés?

5. **Visiones del matrimonio.** En grupos de tres o cuatro, conversen sobre lo que esperan de su futuro marido o mujer. Si alguien no piensa casarse, que explique su visión de lo que debiera ser el matrimonio. Luego, resuman sus opiniones en dos párrafos y compárenlas con las de otros grupos.

Kinsey Report N° 6

ROSARIO CASTELLANOS

Señorita. Sí, insisto. Señorita.
Soy joven. Dicen que no fea. Carácter
llevadero.° Y un día   *agradable*
vendrá el Príncipe Azul, porque se lo he rogado
como un milagro° a San Antonio.[2] Entonces   *pedido especial*
vamos a ser felices. Enamorados siempre.

¿Qué importa la pobreza? Y si es borracho
lo quitaré del vicio. Si es un mujeriego°   *Don Juan*
yo voy a mantenerme siempre tan atractiva,
tan atenta° a sus gustos, tan buena ama de casa,   *alerta*
tan prolífica madre
y tan extraordinaria cocinera
que se volverá fiel° como premio a mis méritos°   *leal / cualidades*
entre los que, el mayor, es la paciencia.

Lo mismo que mis padres y los de mi marido
celebraremos nuestras bodas de oro°   *50 años de matrimonio*
con gran misa solemne.
No, no he tenido novio. No, ninguno
todavía. Mañana.

En torno al texto

● **Hay que fijarse bien**

1. Con un/a compañero/a lean otra vez el poema y ubiquen dónde se dice lo siguiente.

   a. estoy esperando casarme

   b. cuando me case vamos a ser felices siempre

[2]Por tradición, se le reza a San Antonio para encontrar novio o algo que se ha perdido.

c. si anda con otras mujeres, haré varias cosas para reconquistarlo

d. voy a darle muchos hijos para mantenerlo a mi lado

e. nunca nos separaremos ni divorciaremos

f. estoy esperando a mi Príncipe Azul

2. Haga una lista de las dificultades que la joven está dispuesta a enfrentar. Luego, indique cómo las piensa resolver.

▶ **Por ejemplo:** *desamor → tener muchos hijos*

_____

_____

_____

_____

3. Haga una lista de las cualidades de la joven, tanto explícitamente indicadas en el poema, como implícitas.

_____

_____

_____

_____

● En términos generales

1. ¿A qué se refiere el título? ¿Es importante? ¿Por qué?

2. ¿Qué tono tiene este poema?

3. ¿Qué aspectos de la vida de la mujer hispana se vislumbran aquí?

4. En este poema, ¿qué se sugiere sobre las ilusiones de la juventud? ¿Cree que esta joven vaya a ser feliz cuando se case? ¿Por qué?

● Los personajes y sus papeles

1. ¿De quién es la voz en este poema? ¿Con quién está hablando? ¿Qué técnicas usa la autora para lograr este efecto?

2. ¿Cómo es la joven entrevistada? ¿Es realista? Descríbala con detalles.

3. Según lo que Ud. sabe de la cultura hispana, ¿tiene o no tiene esta joven razón cuando describe su futuro matrimonio?

4. ¿Qué se puede deducir acerca de la actitud de la voz que interroga?

El marianismo. Esta es una tendencia cultural que tiende a delimitar el papel de la mujer en la cultura hispana. El nombre viene del culto a la Virgen María, quien es el modelo de sacrificio y devoción a los hijos y la familia. Según la tradición, una mujer debe sacrificarlo todo por su marido/padre/hermano y sus hijos/hermanos/ahijados y es por tanto unilateralmente responsable de los niños y el bienestar del hogar —a pesar de problemas como la infidelidad del marido o el desapego a la casa y los niños. En general, las mujeres piensan que los hombres deben ser perdonados porque son impulsivos y obstinados como niños, además de pecadores. Esta actitud femenina refuerza la preponderancia de los hombres (véase **El machismo** en la página 78) en las sociedades hispanas y además implica que las mujeres usan una o más de las siguientes estrategias en la vida diaria:

- esforzarse por pasar desapercibida° en presencia de los hombres   unnoticed

- concordar con las opiniones de los hombres en las situaciones que lo requieran, aún cuando se piense lo contrario

- no decir "yo", sino "nosotros" y usar otros mecanismos lingüísticos que suavizan la expresión de opiniones

- esconder, postergar o disfrazar los intereses propios

- ocuparse de la casa a la perfección (con sirvientes o familiares) para poder tener también una ocupación o carrera profesional

- seleccionar ocupaciones y carreras eminentemente "femeninas"

- agradar y defender al hombre, no importa lo que él haya hecho

¿Puede Ud. agregar otras observaciones a esta lista?

Por supuesto, las situaciones individuales varían mucho según la edad, la clase social y el lugar (urbano/rural) donde viva una mujer. La personalidad y el nivel educacional también afectan las distintas maneras de adaptarse a los valores culturales del **marianismo.** Por eso, no se puede decir que sus manifestaciones y las estrategias que usan las mujeres sean las mismas en todas las clases sociales y en distintas regiones del mundo hispano.

Sin embargo, la gran mayoría de las mujeres no son conscientes de cómo las afectan estas actitudes a nivel personal.[3] Entre las excepciones tenemos a artistas, intelectuales y luchadoras sociales que se caracterizan por su sensibilidad y, a menudo, por su extensa preparación académica (véanse *Martes, ni te cases ni te embarques...*, página 2 y el otro poema de Castellanos, página 80). Si a Ud. le interesa este tema, la Bibliografía le ofrece algunas fuentes al respecto.

Más allá del texto

1. **La joven romántica.** Complete la siguiente ficha para la joven del poema. Ponga tantos detalles como sea posible y agregue más categorías si las necesita. Luego, compare su ficha con la de otros dos compañeros/as y analicen las diferencias.

---

[3]Los lingüistas, antropólogos, sociólogos y otros especialistas estudian textos escritos y orales, el arte, etc. para descubrir este tipo de efectos.

Nombre:	
Edad:	
Nacionalidad:	
Estado civil:	
Ocupación:	
Intereses:	
Príncipe Azul:	
Otros datos:	

FICHA PERSONAL

2. **Me salió mujeriego.** Imagínese que la joven del poema lleva siete años de casada, tiene seis hijos y ha descubierto que su marido tiene una amante, "la Otra". Escriba las cartas que ella le envía a él y a la otra mujer. Las dos cartas tienen que reflejar el carácter y las metas de la joven que estudiamos en la sección anterior.

3. **¡Qué amante ni que amante!** Escríbale una carta a su Príncipe Azul o su Dulcinea, después de haberlos encontrado con "Otra u Otro". Reaccione según su propia situación y personalidad.

4. **Otra cosa es con guitarra.**[4] Con dos compañeros/as escriban una obra de teatro en que una señorita y una señora dialogan sobre el matrimonio. Usen el poema de Castellanos como base y decidan si el tono será trágico o cómico. Luego, representen su obrita en clase.

5. **La experiencia es la madre de la ciencia.** Redacte la carta que, después de diez años de matrimonio, le pudo haber escrito la joven del poema a una amiga joven suya que sueña con casarse. Contraste la actitud de la mujer cuando era joven con su actitud de esposa y madre con experiencia de la vida.

● **Temas de ensayo**

Atajo

ATAJO: Grammar, Phrases, Expressing Opinion, Subjunctive, Preterite & Imperfect

Elija uno de los siguientes temas según las instrucciones de su profesor/a. Use sus apuntes sobre el texto, especialmente lo que anotó en la sección **En torno al texto.** Cada vez que copie un verso del texto, póngalo entre comillas ("...") e indique en qué página aparece.

1. Lea otro poema de los de *Kinsey Report*, coméntelo y compárelo con éste. Use citas de ambos para ilustrar su punto de vista. Usted también puede hacer una comparación con el otro poema de la autora que aparece en la página 154 o con el de Storni (página 88).

[4]Este dicho popular quiere decir "no es lo mismo hablar sobre algo que vivirlo".

2. El "yo" lírico de este poema parece creer que a fuerza de amar se puede ejercer control sobre cualquier situación. ¿Cuál es su reacción al respecto? ¿Sobre quién cae la responsabilidad de mantener una relación amorosa a flote? Comente citando el texto.

3. Estudie el marianismo en este poema. Según esta tendencia, el papel de la mujer es sacrificarse para salvar el matrimonio y dárselo todo a los hijos. Consulte la bibliografía. Apóyese en citas de los poemas de la autora o de Storni.

4. Compare este poema de Castellanos con *Una carta de amor* de Benedetti, que aparece en la página 96. Estudie el tono, las técnicas y las ideas en ambos textos. Trate de derivar una descripción de los papeles de hombres y mujeres en la sociedad hispana. Apóyese en citas de los textos.

5. Estudie el poema como un ejemplo de poesía. Para hablar de él es necesario aprender los términos apropiados como **verso, estrofa** y **rima**. (Véanse las definiciones en el Glosario). Por ejemplo, determine cuántos versos y estrofas hay en el poema de Castellanos y qué tipo de rima usa Storni, estudiando el ejemplo que sigue.

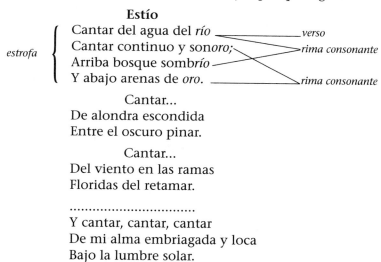

Estío

estrofa {
Cantar del agua del *río* ————— *verso*
Cantar continuo y son*oro;* ⟩ *rima consonante*
Arriba bosque som*brío*
Y abajo arenas de *oro.* ————— *rima consonante*

Cantar...
De alondra escondida
Entre el oscuro pinar.

Cantar...
Del viento en las ramas
Floridas del retamar.

....
Y cantar, cantar, cantar
De mi alma embriagada y loca
Bajo la lumbre solar.

(Juana de Ibarbourou, *Obras Completas*)

"Kinsey Report No 6" es un poema escrito en **verso libre** o **blanco,** es decir los versos no tienen esquema de rima ni medida específica. Por el contrario, otras formas poéticas como el **soneto,** obedecen a esquemas estrictos de medida y rima.

Tú me quieres blanca

Nombre:	Alfonsina Storni (1892–1938)
Nacionalidad:	argentina
Ocupación:	poeta, maestra de primaria y secundaria, oficinista
Obras principales:	*La inquietud del rosal* (1916)
	El dulce daño (1918)
	Ocre (1925)
	Mundo de siete pozos (1934)
	Mascarilla y trébol (1938)

FICHA PERSONAL

De familia suizo-italiana radicada en San Juan, Argentina, Alfonsina Storni nace en el Cantón de Ticino, durante una estadía de sus padres en Suiza. Después de regresar a la Argentina, los Storni se mudan de San Juan a Rosario. La vida familiar es dura, debido a los problemas de salud del padre, quien sufre de alcoholismo y depresión. Storni se recibe de maestra en 1910 y empieza su carrera en Rosario. Allí conoce a un hombre casado y se enamora de él. Al saberse encinta, decide irse a Buenos Aires para evitar los prejuicios del mundo provinciano que le hubieran hecho la vida imposible. Al principio, vive de empleos modestos y de sus contribuciones a la revista *Caras y caretas*. También empieza a asistir a las tertulias literarias, cosa que provoca un escándalo porque, hasta su llegada, estas reuniones habían sido exclusivamente masculinas.

Mujer enérgica, inteligente e imaginativa, a Storni se le hace muy difícil hacer amigos. En esto se parece algo a su padre, a quien ella describe en uno de sus poemas como un hombre huraño. En 1938, al enterarse de que tiene un cáncer incurable, escribe el poema "Voy a dormir" y se echa al mar en el balneario de Mar del Plata; tenía apenas 46 años.

Toda la poesía de Storni revela sus inquietudes fundamentales. En ella denuncia a la sociedad que, con sus tradiciones y normas sociales, ha colocado a la mujer en una posición de esclava del hombre —si bien tanto hombres como mujeres son seres humanos. Peor aún, Storni destaca la injusticia inherente de un sistema que considera al hombre intellectualmente superior por el sólo hecho de ser hombre. A pesar de esto y, aunque se rebela contra la idea de la sumisión de la mujer al hombre, siente la imperiosa necesidad de amar y ser amada como cualquier persona. Lamentablemente, sufre dolorosas experiencias que la llevan a refugiarse en una actitud de desengaño y hostilidad hacia el hombre que entonces se convierte en enemigo. Su frustración se revela en las siguientes palabras:

> Soy superior al término medio de los hombres que me rodean, y físicamente, como mujer soy su esclava, su molde, su arcilla. No puedo amarlo libremente: hay demasiado orgullo en mí para someterme. Me faltan medios para someterlo. [Conrado Nalé Roxlo y Mabel Mármol, Genio y figura de Alfonsina Storni (Buenos Aires: Editorial Universitaria de Buenos Aires), 1964, página 109.]

En "Tú me quieres blanca", poema del libro *El dulce daño,* Storni se queja de que no sólo existen normas de conducta distintas para hombres y mujeres, sino que éstas tienden a darles a ellos todas las licencias y a ellas todas las prohibiciones. Aquéllos le exigen a la mujer que sea pura, mientras que ellos nunca lo son. La paradoja es que el mismo hombre que trata de seducir a una mujer le exige a su vez que sea pura. Esta crítica de la actitud aparentemente contradictoria del hombre no es nueva, ya que en el siglo XVII, Sor Juana Inés de la Cruz (poeta mexicana) había hecho la misma observación en su poema "Arguye de inconsecuencia el gusto y la censura de los hombres, que en las mujeres acusan lo que causan". [Sor Juana Inés de la Cruz, Elías L. Rivers, editor, *Antología* (Madrid: Anaya, 1965), página 31.] Dignos de destacarse son el desdén y la ironía con que Storni se dirige al hombre en este poema.

Aproximaciones al texto

1. De colores. Los colores simbolizan distintas cosas en distintas culturas. Con un/a compañero/a completen la tabla que sigue con los significados de los colores en cada cultura. Después, escriban un párrafo explicando las semejanzas y diferencias que hayan encontrado. Si algún color parece no tener significado, hagan una raya en el espacio correspondiente.

Es conveniente saber

La enumeración. Es una figura retórica que se distingue de la descripción porque presenta, en rápida sucesión, una lista o serie de ideas o circunstancias que se refieren al mismo objeto. El efecto de esta acumulación es hacer resaltar más lo que se está describiendo. Fíjese en el siguiente ejemplo de Cervantes:

> El sosiego, el lugar apacible, la amenidad de los campos, la serenidad de los cielos, el murmurar de las fuentes, la quietud del espíritu, son grande parte para que las musas más estériles se muestren fecundas... [Miguel de Cervantes Saavedra, *Don Quijote de la Mancha* (Madrid: Aguilar, 1957), páginas 207–208.]

A veces, esta técnica puede crear la sensación de urgencia o de precipitación y así el escritor consigue aumentar la tensión.

	Estados Unidos	Mundo Hispano
blanco	_____	_____
negro	_____	luto, duelo _____
blanco y negro	_____	medio luto _____
rojo	_____	_____
rojo y verde	_____	_____
azul, blanco y rojo	_____	colores de Francia _
azul	_____	_____
verde	_____	esperanza _____
amarillo	_____	desprecio _____
amarillo y rojo	_____	lo español o catalán
amarillo y lila	_____	_____
morado	_____	_____

Es conveniente saber

El hombre, la mujer y los criterios morales. Uno de los problemas de la mujer en la cultura hispana tradicional —y en muchas otras— es que existen criterios morales distintos para hombres y mujeres (*double standard*). Es común que se acepte que el hombre tenga gran libertad sexual, al mismo tiempo que se exige que la mujer sea pura o virgen hasta su matrimonio. Después de casarse, aún se exige que la mujer le sea siempre fiel al marido, aunque a veces éste tenga aventuras con otras mujeres. (Véase las notas sobre **machismo** y **marianismo,** páginas 78 y 85). Todo esto lleva a una serie de contradicciones y desencuentros que definen la relación entre los sexos. En ciertas ocasiones el hombre trata de conquistar sexualmente a la mujer, sólo para despreciarla cuando tiene éxito o acusarla de fría cuanda fracasa en sus propósitos. Por eso, el hombre siempre busca casarse con una mujer virtuosa, abnegada y sumisa.

Cuando la mujer se independiza y se libera, muchos no la consideran mujer sino que dicen que actúa como hombre, porque ha perdido los atributos asociados con la femineidad: la dependencia, la sumisión, la pureza. A pesar de estas tendencias tradicionales, las actitudes cambian lentamente —como hemos señalado anteriormente, principalmente en las grandes urbes del mundo hispano. Por lo tanto, la generación de jóvenes hispanas de hoy goza de mucha más libertad que la anterior. Antes no se permitía que una joven saliera con el novio o un amigo sin que la acompañara un familiar para "proteger" su honor. Ahora es común ver parejas de jóvenes por todas partes, aún viajando juntos, sin que se considere inmorales a las chicas.

En el poema que sigue, Storni se indigna porque un hombre pretende que ella sea la mujer ideal, mientras que él es un pecador empedernido. Como verán, a principios del siglo XX, ella ya no aceptaba el uso de distintos criterios morales para hombres y mujeres.

2. **La pureza y lo puro.** Con un/a compañero/a marquen todas las palabras de la siguiente lista que asocien con la pureza y lo puro y expliquen por qué las eligieron.

los nardos	ropa blanca	agua cristalina	la tarde
la tierra	las azucenas	los colores claros	el bosque
rocas del mar	las violetas	rosas abiertas	la noche
el amanecer	flores blancas	los rubíes	el nácar
el fuego	lo blanco	las montañas	la calle
una cabaña	el mar	la espuma del mar	un río
un esqueleto	la muerte	las margaritas	lo negro
rosas rojas	un perfume suave	una tormenta	una casa
lo morado	lo verde	el hielo y la nieve	la luna

3. **Ellos y ellas.** Con un/a compañero/a trate de describir la situación actual entre hombres y mujeres después de la revolución sexual de los años sesenta. Escriban uno o dos párrafos, usando estas preguntas como guía. ¿Tienen ellos más libertad sexual que ellas? ¿Han cambiado los criterios últimamente? ¿Qué efecto han tenido las epidemias de SIDA y otras enfermedades en los últimos años? ¿Qué opinión tienen Uds.?

Tú me quieres blanca

ALFONSINA STORNI

Tú me quieres alba,°   *blanca*
me quieres de espumas,
me quieres de nácar.°   *madreperla*
Que sea azucena°   *flor*
sobre todas, casta.°   *virgen*
De perfume tenue.
Corola cerrada.°   *virgen*

Ni un rayo de luna
filtrado° me haya.   *tocado*
Ni una margarita
se diga mi hermana.
Tú me quieres nívea,°   *de nieve*
tú me quieres blanca,
tú me quieres alba.

Tú que hubiste° todas   *tuviste*
las copas a mano,
de frutos y mieles
los labios morados.
Tú que en el banquete,
cubierto de pámpanos°   tendrils
dejaste las carnes
festejando a Baco.[1]
Tú que en los jardines
negros del Engaño°   *mentira*
vestido de rojo
corriste al Estrago.°   *destrucción*

Tú que el esqueleto
conservas intacto
no sé todavía
por cuáles milagros,°   miracles
me pretendes blanca
(Dios te lo perdone),
me pretendes casta
(Dios te lo perdone),
¡me pretendes alba!

Huye° hacia los bosques;   *Escapa*
vete a la montaña;
límpiate la boca;
vive en las cǝbañas;
toca con las manos
la tierra mojada;°   *húmeda*
alimenta el cuerpo
con raíz° amarga;   roots
bebe de las rocas;
duerme sobre escarcha;°   frost
renueva tejidos
con salitre° y agua;   *nitratos*
habla con los pájaros
y lévate al alba.°   *levántate temprano*
Y cuando las carnes
te sean tornadas,°   *devueltas*
y cuando hayas puesto
en ellas el alma

[1]Baco es el dios griego del vino y la buena vida.

que por las alcobas°
se quedó enredada,°
entonces, buen hombre,
preténdeme blanca,
preténdeme nívea,
preténdeme casta.

dormitorios
perdida

En torno al texto

● Hay que fijarse bien

Vuelva a leer el poema y con un/a compañero/a...

1. Coloquen los siguientes subtítulos donde corresponda:
   a. ¡Imagínate lo que quieres!
   b. ¡Fíjate bien en lo que tú eres!
   c. ¡Ve y purifícate tú primero!

2. Copien los versos en que hay enumeraciones. Luego explique qué se está enumerando en cada caso.

3. Copien las imágenes y metáforas que tengan que ver con la pureza.

4. Copien las imágenes y metáforas que sugieran disipación y pecado.

● En términos generales

1. ¿Cuál es el tema principal de este poema? ¿Qué piensa la poeta?

2. ¿Cómo desarrolla el tema Storni? Describa las ideas y la secuencia en que aparecen.

3. ¿Qué función tienen los colores y los elementos vitales (agua, fuego, tierra, aire) en este poema?

4. En resumen, ¿qué técnicas usa la poeta para realzar sus ideas y conseguir un efecto más dramático? ¿Qué tono tiene el poema?

5. ¿Cree Ud. que la poeta estuviera realmente enamorada cuando escribió este poema? ¿Por qué piensa así?

6. Si viviera ahora, ¿cree Ud. que Storni escribiría un poema parecido o muy diferente? ¿Por qué?

● Los personajes y sus papeles

1. ¿Es femenina o masculina la voz lírica de este poema? Describa a esta persona.

2. ¿A quién se dirige la voz? ¿Qué le dice? ¿Cómo es esta persona?

3. Siendo argentina, ¿por qué prefiere el **tú** y no el **vos** la poeta para hablarle al hombre? Véase la nota sobre **tú** y **vos** en la página 53.

4. ¿Qué colores y símbolos se asocian con cada uno de los personajes?

Más allá del texto

1. **Opuestos y equivalentes.** Se dice que hay un cierto equilibrio en la vida que se basa en los opuestos. Dé una palabra asociada y una opuesta a cada una de estas nociones del poema:

esqueleto	escarcha	raíces
pecador	azucena	alba
carne	Baco	tejidos

2. **Te quiero en tecnicolor.** Elija cinco colores y escriba uno o dos versos de amor con cada uno de ellos. Luego, mándele una tarjeta en español a su enamorado/a.

   ► **Por ejemplo:** *Rojo: ¡Quiéreme con la furia del fuego!*

   Gris: ¡Déjame soñar mis sueños tranquilo!

3. **Vida sana.** Escriba un párrafo breve sobre la influencia de la naturaleza en la vida y sentimientos de la gente. Inspírese en las ideas de la autora.

   ► **Por ejemplo:** *Necesito un río que corra cerca de mi casa para purificarme porque...*

4. **Insultos poéticos.** Copie los insultos que Storni le dirige al hombre y ordénelos de menos fuerte a más fuerte. Después compare su secuencia con la de otro/a compañero/a y analicen las diferencias.

5. **Insultos II.** Piense en una ocasión en que Ud. haya sufrido un gran dolor o desengaño por culpa de otra persona. Escriba tres insultos apropiados, inspirándose en los versos de Storni.

6. **¡Ahora me toca a mí!** Imagínese que Ud. es el amor de Storni y que, ya recobrado del certero ataque, le contesta a la poeta en verso o en prosa. ¿Qué le va a decir? ¿Qué argumentos puede usar para convencerla de sus propias ideas sobre la pureza y el amor? ¿Piensa pedirle perdón?

7. **Puesta en escena.** Con uno/a o dos compañeros/as escriban una obrita de teatro en que la voz femenina y el hombre al que se dirige el poema son los protagonistas. Escojan un tono cómico o trágico y traten de resolver el problema principal que tienen estos dos personajes.

ATAJO: Grammar, Phrases, Expressing Opinion, Subjunctive, Preterite & Imperfect

● Temas de ensayo

Elija uno de los siguientes temas según las instrucciones de su profesor/a. Use sus apuntes sobre el texto, especialmente lo que anotó en la sección **En torno al texto.** Cada vez que copie un verso del texto, póngalo entre comillas ("...") e indique en qué página aparece.

1. Estudie la importancia de los colores en este poema. ¿Qué simbolizan? ¿Con quién se asocian? Ilustre con citas del texto. Compare con otro poema que haya leído si lo desea.

2. Analice el tema principal de "Tú me quieres blanca" y la actitud de Storni frente a los hombres. Compárela con las actitudes que tenemos ahora si lo desea. ¿Se espera lo mismo de hombres y mujeres actualmente? Respalde sus ideas con citas del texto.

3. Analice la técnica de Storni. ¿Qué mecanismos usa para comunicarle al lector la intensidad de sus ideas y sentimientos? Use ejemplos del texto en cada caso.

4. Estudie el papel de la naturaleza y de los elementos fundamentales como el agua, la tierra y la vegetación en este poema. Analice las imágenes y metáforas usadas y explique la visión del mundo natural que tiene Storni, según este poema. Dé ejemplos del texto en cada caso.

Una carta de amor

Nombre:	Mario Benedetti (1920–)
Nacionalidad:	uruguayo
Ocupación:	cuentista, novelista, poeta, ensayista, crítico,
	dramaturgo, político, periodista, oficinista
Obras:	*Montevideanos* (1959)
	La tregua (1960)
	Gracias por el fuego (1965)
	El cumpleaños de Juan Ángel (1971)
	Inventario. Poesía completa (1950–1980) (1980)
	Viento del exilio (1981)
	Primavera con una esquina rota (1982)
	Geografías (1984)
	El desexilio y otras conjeturas (1984)
	Mejor es meneallo (1986), con el seudónimo de "Damocles"
	La borra del café (1992)
	Andamios (1997)
Otros datos:	Premio Jristo Botev de Bulgaria (1985)
	Premio Llama de Oro
	Condecorado con la Medalla Haydée Santamaría del Consejo de
	Estado de Cuba
	Varias de sus obras han sido adaptadas a la radio,
	la televisión, el teatro y el cine.

FICHA PERSONAL

Benedetti es un importante y fértil escritor y periodista contemporáneo. En la lectura que sigue, presentamos su pluma humorística y crítica en un excelente retrato de la gente común de su país. Como periodista, Benedetti publicaba —y sigue publicando— tanto artículos serios como escritos humorísticos. Estos últimos solían aparecer en el conocido semanario *Marcha,* bajo el seudónimo de "Damocles". La "crónica humorística" que sigue apareció por primera vez a mediados de los años cincuenta y, más recientemente, en *Mejor es meneallo,* una recopilación de algunos de sus comentarios sobre diversos aspectos de la vida cotidiana en el Uruguay. Éstos incluyen toda clase de temas como la política, los deportes y los problemas cotidianos.

"Una carta de amor" refleja, con cierta ironía, muchas actitudes sociales tradicionales y la vida de la pequeña burguesía uruguaya, poblada por grandes números de funcionarios menores del gobierno y otros empleados. Estos montevideanos, que aparecen una y otra vez en las novelas y en los primeros cuentos de Benedetti, son el producto de la enorme burocracia del país (véase la página 96 para mayor información sobre Benedetti y su obra).

El texto que leerán reproduce fielmente el habla coloquial, llena de expresiones ríoplatenses típicas que realzan el tono chancero o bromista del autor de la carta. Además del tono, Benedetti usa otra estrategia en este texto humorístico. En vez de escribir una carta de presentación formal, siguiendo el rígido formato exigido en la cultura hispana, Benedetti rompe las reglas tradicionales de estilo y escribe una carta que es un jocoso monólogo coloquial.

Es conveniente saber

Un amigo de una amiga me lo/la va a presentar.
Dada la importancia de la cohesión de la red familiar y de las amistades, en las culturas hispanas no se habla directamente con alguien a quien uno no haya sido presentado formalmente. Es decir, si uno no conoce a una persona pero se interesa en ella, tiene que encontrar a alguien que sí la conozca para que se la presente a uno. Por eso, el grupo de amigos y parientes pasa a ser tan importante para el individuo de cualquier edad, porque éstos sirven de intermediarios para iniciar una nueva amistad, relación amorosa o relación de negocios. En la lectura que sigue, verán cómo el señor que escribe la carta se la da a un guarda para que éste se la entregue a una señorita. Como no tienen amigos comunes y sólo los une el ser pasajeros del mismo autobús, el guarda desempeña el papel del intermediario.

Indique el refrán que mejor represente esta tendencia cultural:

"Más vale solo que mal acompañado".
"No vales por lo que eres, sino por a quién conoces".
"Más vale pájaro en la mano que cien volando".
"Buen amigo es Don Dinero".

Aproximaciones al texto

1. **Directas indirectas.** Piense en Ud. mismo/a o en una persona que conozca bien y haga una lista de a quién, por medio de quién, qué cosa, por qué y cuándo se dice algo indirectamente. Luego, con un/a compañero/a hagan otra lista como en el ejemplo.

   ▶ **Por ejemplo:** ¿A quién? *mamá (papá)*
   ¿Por medio de quién? *mi abuela (mi hermano mayor)*
   ¿Qué cosa? *mandarme unos treinta dólares*
   ¿Por qué? *porque no me queda dinero*
   ¿Cuándo? *a fines de mes*

2. **Notas de amor.** Con un/a compañero/a hagan una lista de tipos de cartas de amor que se manda la gente ahora.

   ▶ **Por ejemplo:** *Cartas para invitar a alguien a...*
   Tarjetas para...
   Notitas electrónicas para decir que...

3. Nosotros. Haga una lista de amigos —incluyendo a su enamorado/a— y diga exactamente cómo conoció a cada uno.

▶ **Por ejemplo:** *Rosa: Estaba en una fiesta y nos pusimos a conversar.*

Una carta de amor

de *Mejor es meneallo*

MARIO BENEDETTI

Señorita: Usted y yo nunca fuimos presentados, pero tengo la esperanza de que me conozca de vista. Voy a darle un dato:° yo soy ese tipo despeinado, de corbata moñita° y saco a cuadros,° que sube todos los días frente a Villa Dolores[1] en el 141° que usted ya ha tomado en Rivera y Propios. ¿Me reconoce ahora? Como quizá se haya dado cuenta, hace cuatro años que la vengo mirando. Primero con envidia porque usted venía sentada y yo en cambio casi a upa° de ese señor panzudo° que sube en mi misma parada y que me va tosiendo en el pescuezo hasta Dieciocho y Yaguarón.° Después con curiosidad, porque, claro, usted no es como las otras: es bastante más gorda. Y por último con creciente interés porque creo modestamente que usted puede ser mi solución y yo la suya. Paso a explicarme.° Antes que nada, voy a pedirle encarecidamente que no se ofenda, porque así no vale.° Voy a expresarme con franqueza y chau.° Usted no necesita que le aclare que yo no soy lo que se dice un churro,° así como yo no necesito que Ud. me diga que no es Miss Universo. Los dos sabemos lo que somos ¿verdad? ¡Fenómeno!° Así quería empezar. Bueno, no se preocupe por eso. Si bien yo llevo la ventaja de que existe un refrán° que dice: «El hombre es como el oso, cuanto más feo más hermoso» y usted en cambio la desventaja de otro, aún no oficializado, que inventó mi sobrino: «La mujer gorda en la boda, generalmente incomoda»,° fíjese sin embargo que mi cara de pollo mojado hubiera sido un fracaso en cualquier época y en cambio su rolliza° manera de existir hubiera podido tener en otros tiempos un considerable prestigio. Pero hoy en día el mundo está regido por factores económicos, y la belleza también. Cualquier flaca perchenta° se viste con menos plata que usted, y es ésta, créame, la razón de que los hombres las prefieran. Claro

cierta información

de moño o lazo / con diseño de cuadros / autobús de un barrio popular

en la falda, como los niños / barrigón

esquina del centro y parada

Le explico bien esto

no es justo

y se acabó

hombre muy guapo (sur de Sudamérica)

¡Fantástico!, ¡Bárbaro!

proverbio

molesta

robusta, gorda

muy flaca

[1]parque zoológico viejo de Montevideo y parada de autobús

que también el cine tiene su influencia, ya que Hollywood ha gustado siempre de las flacas, pero ahora, con la pantalla ancha, quizá llegue una oportunidad para sus colegas. Si le voy a ser recontrafranco,° le confesaré que a mí también me gustan más las delgaditas; tienen no sé qué cosa viboresca y latigosa° que a uno lo pone de buen humor y en primavera lo hace relinchar.° Pero, ya que estamos en tren de confidencias,° le diré que las flacas me largan al medio,° no les caigo bien ¿sabe? ¿Recuerda ésa peinada a lo Audrey Hepburn que sube en Bulevar,° que los muchachos del ómnibus le dicen "Nacional"[2] porque adelante no tiene nada? Bueno, a ésa le quise hablar a la altura de Sarandí y Zabala y allí mismo me encajó° un codazo° en el hígado que no lo arreglo con ningún colagogo.° Yo sé que usted tiene un problema por el estilo: es evidente que le gustan los morochos° de ojos verdes. Digo que es evidente, porque he observado con cierto detenimiento las babosas° miradas de ternero° mamón que usted le consagra a cierto individuo con esas características que sube frente al David.° Ahora bien, él no le habrá dado ningún codazo pero yo tengo registrado que la única vez que se dio cuenta de que usted le consagraba su respetable interés, el tipo se encogió de hombros e hizo con las manos el clásico gesto de ula Marula.° De modo que su situación y la mía son casi gemelas.° Dicen que el que la sigue la consigue, pero usted y yo la hemos seguido y no la hemos conseguido. Así que he llegado a la conclusión de que quizá usted me convenga y vice versa. ¿No le tiene miedo a una vejez solitaria? ¿No siente pánico cuando se imagina con treinta años más de gobiernos batllistas,[3] mirándose al espejo y reconociendo sus mismas voluminosas formas de ahora, pero mucho más fofas° y esponjosas, con arruguitas aquí y allá, y acaso algún lobanillo° estratégico? ¿No sería mejor que para esa época estuviéramos uno junto al otro, leyéndonos los avisos económicos o jugando a la escoba de quince?° Yo creo sinceramente que a usted le conviene aprovechar su juventud, de la cual está jugando ahora el último alargue.° No le ofrezco pasión, pero le prometo llevarla una vez por semana al cine de barrio para que usted no descuide esa zona de su psiquis. No le ofrezco una holgada posición económica, pero mis medios no son tan reducidos como para no permitirnos interesantes domingos en la playa o en el

extremadamente franco
elástica
sonido que hace el caballo / hablando en confianza / me rechazan

Bulevar Artigas, calle importante

me dio un / golpe con el codo / remedio para el hígado / de pelo oscuro

drooling / calf

copia de la estatua de Miguel Ángel

fastidio
idénticas

blandas, esponjosas
tumor superficial

juego de cartas con naipes españoles
momento

---

[2] El Nacional es un equipo de fútbol uruguayo. Que "no tiene nada adelante" significa que la delantera del equipo es muy mala.
[3] del Partido Colorado o liberal, que se identifica con José Batlle y Ordóñez (1856–1926), arquitecto del Uruguay moderno y presidente en dos oportunidades.

Parque Rodó.[4] No le ofrezco una vasta cultura pero sí una atenta lectura de Selecciones,° que hoy en día sustituye a aquélla con apreciable ventaja. Poseo además especiales conocimientos en filatelia (que es mi hobby) y en el caso de que a usted le interese este rubro,° le prometo que tendremos al respecto amenísimas conversaciones. ¿Y usted qué me ofrece, además de sus kilos, que estimo en lo que valen? Me gustaría tanto saber algo de su vida interior, de sus aspiraciones. He observado que le gusta leer los suplementos femeninos, de modo que en el aspecto de su inquietud espiritual, estoy tranquilo. Pero ¿qué más? ¿Juega a la quiniela,° le agrada la fainá,[5] le gusta Olinda Bozán? No sé por qué, pero tengo la impresión de que vamos a congeniar° admirablemente. Esta carta se la dejo al guarda° para que se la entregue. Si su respuesta es afirmativa, traiga puestos mañana esos clips° con frutillas que le quedan tan monos.° Mientras tanto, besa sus guantes su respetuoso admirador.

Reader's Digest en español

línea

un tipo de lotería
llevarse bien
vendedor de billetes en el autobús
aretes / bonitos

En torno al texto

● Hay que fijarse bien

Lea la carta otra vez y con un/a compañero/a ubique dónde se dice lo siguiente.

a. hace tiempo que la observo

b. la misma gente toma este autobús todos los días

c. yo no soy muy atractivo y usted no es muy bonita

d. la sociedad tolera mejor a los hombres feos

e. su robustez habría sido atractiva en otra época

f. los ideales de belleza cambian

g. esa muchacha casi no tiene busto

h. cuando le hablé me dio un golpe

i. Ud. mira con adoración al hombre de pelo castaño y ojos verdes

j. al hombre le fastidió que usted lo mirara así

k. creo que podemos ayudarnos mutuamente

l. ¿no le da miedo el futuro?

[4]parque de Montevideo donde hay un lago, una biblioteca infantil en un castillo, jardines, paseos y un parque de diversiones.
[5]Mezcla de harina de garbanzos, agua y aceite que se cocina en el horno. En el Uruguay, se vende en las pizzerías.

m. le ofrezco mi compañía, una vida modesta con algunas diversiones

n. me gusta coleccionar sellos

o. cuénteme lo que le gusta

p. creo que nos vamos a llevar muy bien

● En términos generales

1. ¿Quién escribe esta carta y con qué propósito? ¿A quién va dirigida?

2. ¿Cuál es la importancia del "141"? ¿Por qué se nombran tantas calles?

3. ¿Qué piensa Ud. del título?

4. Si ya ha leído acerca del machismo (página 78), ¿cree Ud. que ésta sea otra manifestación de esta tendencia cultural o no? ¿Por qué?

● Los personajes y sus papeles

1. ¿Cómo se describe él? ¿Cómo se llama? ¿Cómo lo describiría Ud.?

2. ¿Cómo la describe a ella? ¿Cómo la describiría Ud.?

3. ¿Qué piensa él que tienen en común?

4. ¿Es cada uno de ellos la pareja ideal del otro? ¿Por qué?

5. ¿Cree Ud. que ella acepte esta propuesta matrimonial? ¿Por qué?

Más allá del texto

1. **Asociaciones.** En este texto hay un vocabulario muy pintoresco que pertenece al habla coloquial cotidiana. Ahora que Ud. ha aprendido algunos de estos términos y modismos, diga con qué o quién asocia cada uno de los siguientes. ¡Use su sentido del humor también!

   ▶ **Por ejemplo:** flaca perchenta: *Mi novio andaba antes con una flaca perchenta espantosa de fea.*

a. iba a upa de...	**g.** soy recontra...
b. voy a... y chau	**h.** en primavera me hace relinchar...
c. un churro, un churrazo	**i.** los/las... me largan al medio
d. cara de pollo mojado	**j.** me encajó un codazo en...
e. su rolliza persona	**k.** hizo un gesto de ula Marula
f. flaca perchenta	**l.** paso a explicarme

2. **Dichos, refranes y proverbios.** Lea la siguiente lista de proverbios y diga de quién son típicos. Explique por qué y dé un equivalente en inglés, si lo hay.

   ▶ **Por ejemplo:** Más vale tarde que nunca: *típico del que escribe la carta, porque no quiere quedarse soltero*

   a. El hombre es como el oso, cuanto más feo más hermoso.

   b. Aunque la mona se vista de seda, mona se queda.

   c. Si eres guapa y eres rica, ¿qué más quieres, Federica?

   d. Nadie se alabe, hasta que acabe.

   e. El hombre propone, Dios dispone y la mujer lo descompone.

   f. Dime con quién andas y te diré quién eres.

   g. Sin una mujer al lado, el hombre es un desdichado.

   h. El que escoge el amor, siempre escoge lo peor.

   i. Una mujer hermosa es un peligro; una mujer fea es un peligro y una desgracia.

   j. El vino y la mujer, el juicio hacen perder.

   k. Antes que te cases, mira lo que haces.

3. **El mundo del autobús.** Con dos compañeros/as escriban una obrita de teatro o un cuento que ocurra en el autobús. Pueden usar los mismos personajes de esta lectura o pueden crear otra situación; lo importante es que logren crear el clima que existe en el autobús por la mañana, cuando todos van a trabajar. Usen expresiones como las de las actividades anteriores.

4. La respuesta. Escriba la respuesta de la señorita a su "respetuoso admirador". Trate de imitar el tono y el estilo de Benedetti y use el mayor número posible de modismos y refranes.

5. El encuentro. La señorita se ha puesto los "clips con frutillas (fresas)" que indican algún nivel de interés. Escriba con uno o dos compañeros/as una obrita de teatro en que veamos cómo se desarrolla esta relación. ¿Se hablan en el autobús? ¿Salen juntos? ¿Adónde van? ¿De qué hablan? ¿Qué condiciones impone ella? ¿Cuál es el tono de su conversación? Luego de terminar, represéntenla para sus compañeros.

● Temas de ensayo

Elija uno de los siguientes temas según las instrucciones de su profesor/a. Use sus apuntes sobre el texto, especialmente lo que anotó en la sección **En torno al texto.** Cada vez que copie una frase del texto, póngala entre comillas ("...") e indique en qué página aparece.

> **Atajo**
>
> ATAJO: Grammar, Phrases, Expressing Opinion, Subjunctive, Preterite & Imperfect

1. Analice la importancia del título de esta crónica. ¿Es irónico o simplemente divertido? Use citas del texto para respaldar sus opiniones.

2. Discuta el uso del humor. ¿Le parece a Ud. humorística esta carta o no? Ilustre sus ideas con citas del texto.

3. Estudie la actitud hacia la mujer que se refleja en este texto. En especial, comente la visión del matrimonio que tiene él, poniéndola en la perspectiva de la preponderancia del hombre en esta cultura. Use citas del texto para defender sus ideas.

4. Analice los cánones de belleza que aparecen en esta selección. Contrástelos con los suyos propios o los de su cultura y trate de explicar las diferencias, si las hay. Apóyese en citas del texto.

5. El humor tiene sus raíces en la cultura y las costumbres de un país, así como en su uso del idioma. Analice por qué no resulta fácil comprender el sentido del humor de otra cultura (o de la propia en otra época). Dé ejemplos concretos.

Orfeo y Eurídice
Adolfo Halty Dubé

TERCERA PARTE

Desencuentros

1943, 29 de marzo

Nombre:	Milagros Mata Gil (1951–)
Nacionalidad:	venezolana
Ocupación:	cuentista, novelista
Obras principales:	*Estación y otros relatos* (1986)
	Memorias de una antigua primavera (1989)
	La casa en llamas (1989)
	Balza: el cuerpo fluvial (1989)
	Mata el caracol (1992)
	Elipse sobre una ciudad sin nombres (1994)
	Los signos de la trama : Ensayos sobre la escritura (1995)
Otros datos:	Premio Casa de la Cultura de Maracay (1986)
	Premio Miguel Otero Silva 1989
	Premio de la Bienal de Literatura Mariano Picón-Salas (1995)

FICHA PERSONAL

En la literatura venezolana no han abundado las escritoras. La más conocida es probablemente Teresa de la Parra, quien publicó sus novelas en la segunda década del siglo XX. Sin embargo, a partir de los años setenta del siglo pasado, surgieron varias escritoras, entre ellas, Milagros Mata Gil que nació en Caracas en 1951. Mata Gil es egresada del Instituto Pedagógico de Caracas. Ha sido investigadora del Centro de Estudios Latinoamericanos "Rómulo Gallegos" y también fue fundadora del Centro de Actividades Literarias de El Tigre (1991) y del centro de Estudios Literarios de la UNEG (1994–95). Además, se ha esforzado por sacar adelante la Fundación para el Fomento de la Literatura Regional "Ramón Isidro Montes". Desde 1996 es miembro del Consejo Consultivo de la Fundación Francisco Herrera Luque. De cuando en cuando, da clases a estudiantes de postgrado o seminarios sobre la "Novela Venezolana Contemporánea", que es su especialidad.

Mata Gil se dedica a la narrativa, el ensayo y la crónica. Ha escrito artículos de opinión y más de trece libros, entre ellos, cuatro novelas. Ha recibido dos premios por dos de sus libros: el Premio Casa de la Cultura de Maracay en 1986 por *Estación y otros relatos* y el Premio Miguel Otero Silva en 1989 por *Memorias de una antigua primavera*.

En *Mata el caracol*, como señala Gregory Zambrano, Mata Gil nos cuenta una sola historia, usando varios recursos narrativos: "Su característica principal es la fragmentación aparentemente caótica…donde la memoria [es] el hilo conductor." La selección que sigue es de esta novela.

Aproximaciones al texto

1. **Convenciones culturales.** Las bodas se recuerdan con al menos una fotografía, la cual marca el nacimiento de una familia. Traiga una foto a clase o describa una foto de boda que recuerde bien. Dé varios detalles.

   ▶ **Por ejemplo:** *La novia/el novio está vestido/a de blanco/gris/azul/… y los padres llevan… Los hermanos…*

2. **Mis propios padrinos.** ¿Hay alguien en su círculo familiar que haga el papel de padrino o madrina suyo? Indique qué hace por Ud. esta persona y cuándo o con qué frecuencia está presente en las reuniones familiares.

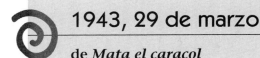

1943, 29 de marzo

de *Mata el caracol*

MILAGROS MATA GIL

Foto de boda. La novia no está vestida de blanco, porque es divorciada. Lleva un traje sastre° muy elegante. Sombrero con velo, ligeramente ladeado°. Guantes y un arreglo de flores en la solapa°. El novio va de traje oscuro y camisa blanca. Corbata. Cuidadosamente peinado. Flanqueándolos°, están los padrinos, también muy elegantes: Carmen Sarabia, costurera°. Y Roberto Sánchez Mata, contabilista, dice la leyenda escrita en el revés°.

La novia era también costurera en la casa de Genoveva Badaracco, que en esos días se encargaba de hacer los trajes a las damas de postín°, y hasta era amiga del Presidente. Era regordeta°, morena y saludable. Tenía cierta elegancia, mucha conciencia de la importancia del hogar y la experiencia de un divorcio encima. Le ofreciste una casa, rectitud°, y la solidez de tus posesiones. Ella, que tenía ya treinta años, no pensó mucho antes de aceptar.

Después ella diría que no le faltaban pretendientes. Que llevaba una vida movida y feliz, viajando y yendo a los bailes con su amiga Carmen. Que sus hermanos le reclamaban todos los días porque no se buscaba un hombre serio y responsable, y formaba una familia. Y que por eso te aceptó. Y me contaría que para ti ir al matrimonio fue como comprar un objeto útil y decorativo: que la compraste para lucirla° de vez en cuando, para que te sirviera y le tuvieras hijos. Y que de alguna manera le hacías sentir todos los días que ella estaba en deuda contigo. Que nunca le hacías una atención, ni un cariño, ni le dabas las gracias jamás por lo que hacía. Y me contaría todo eso en las tardes calurosas, mientras yo la ayudaba a coser los ruedos° y a pegar botones de los vestidos que hacía aunque ella y yo nunca fuimos en verdad buenas amigas. Ella era Leticia Cedeño, mi madre.

un traje de dos piezas

*tilted to one side /
lapel*

a los dos lados

que hace ropa

en la parte de atrás

*las señoras que salen en
los periódicos / gordita*

honesty

mostrarla

hems

En torno al texto

● Hay que fijarse bien

1. Con uno/a o dos compañeros/as copien las frases o expresiones donde aparece lo siguiente o, subrayen lo indicado. Luego, usen las frases identificadas en sus ejercicios de redacción y en los ensayos.

a. el sombrero está inclinado hacia un lado

b. al lado de los novios están los mejores amigos que les acompañaron en la boda

c. escribieron los nombres en el reverso de la foto

d. las señoras que salen retratadas en los periódicos

e. dijo que había tenido varios novios

f. dijo que tenía muchas actividades

g. los hermanos querían que se casara

h. tú te casaste para estar cómodo

i. tú le recordabas que le habías hecho un favor

j. tú nunca te preocupabas de agradarle, de agradecerle nada

k. ella siguió haciendo vestidos después de casarse

2. Haga una lista de las razones para casarse que tuvieron Leticia y su marido, según Ud.

▶ **Por ejemplo:** *Él ya tenía una casa.*

_____

_____

_____

3. Haga una lista de las razones que tuvo para escribir el/la narrador/a de esta historia, según Ud.

▶ **Por ejemplo:** *No entiendo por qué no siguió soltera mi madre.*

_____

_____

_____

4. Lea el texto otra vez y con un/a compañero/a digan cuántas partes ven Uds. en este texto. Expliquen por qué y den las frases que marcan las transiciones o el cambio de tono entre una parte y otra.

▶ **Por ejemplo:** *1943, 29 de marzo.* Aquí empieza el texto.

_____

_____

_____

En términos generales

1. Analice el texto usando las siguientes preguntas como guía.

   a. ¿Qué pasó el 29 de marzo de 1943? ¿Cómo lo sabe Ud.?

   b. ¿Qué pasó en este matrimonio? ¿Fueron buenos amigos? ¿Qué hacían juntos?

   c. ¿Quién narra esta breve historia? ¿A quién le habla el/la narrador/a?

   d. ¿Afecta la voz del narrador el desarrollo del cuento? ¿Qué opina Ud.?

   e. ¿Cuáles eran las mayores preocupaciones de las mujeres que aparecen en este cuento?

   f. ¿Por qué siguió trabajando ella si él tenía una posición sólida? ¿Qué opina Ud.?

Los personajes y sus papeles

   a. ¿Cuántos personajes hay en este cuento? ¿Cómo se llaman?

   b. ¿Cómo era la novia físicamente? ¿Cómo se vestía? ¿Cómo era su vida? ¿Qué cosas tenían mucha importancia para ella?

   c. ¿Cómo era el novio físicamente? ¿Cómo se vistió para la boda? ¿Cómo era él como persona? ¿Qué era importante para él? ¿Por qué eligió a esta novia?

   d. ¿Cómo eran los hermanos de la novia? ¿Qué era importante para ellos?

   e. Imagínese a la hija de ellos. ¿Cómo era? ¿A quién se parecía más, al padre o a la madre? ¿Qué piensa ella de sus padres?

Es conveniente saber

Diferencias de clase y la movilidad social. Tratar de subir en la escala social es una tendencia que se observa en todas las culturas, pues se gana poder y prestigio cuando se logra un estatus superior al original. Una de las maneras tradicionales de cambiar de clase social es el matrimonio y, al parecer, esto también influyó la decisión de la novia de este cuento, puesto que el novio tenía una "situación sólida", es decir, probablemente era profesional y no dependía de un salario de obrero para vivir.

Por el contrario, la novia, aunque muy feliz y contenta con su vida de soltera, era costurera, una ocupación tradicionalmente clasificada como de bajo nivel. En general, en las culturas hispanas, la clase social (a veces más que el origen étnico o racial) a la que uno pertenece abre o cierra puertas a una mejor posición en la sociedad. (Véase también "El delantal blanco", página 204.)

Más allá del texto

1. **Un mundo en una foto.** Traiga a clase una foto de una pareja y descríbala como lo hizo la autora de este cuento. Puede ser una foto de un baile de la secundaria, de una boda o de una graduación. Explique por qué están juntos en la foto e imagine lo que ellos dirían veinte años después de posar para esta foto.

2. **¡Te vas a quedar solterona!** Con un/a compañero/a escriban y actúen una conversación entre los hermanos y Leticia cuando ella les contó que no sabía si quería casarse o no.

3. **Cásate conmigo.** Aunque él seguramente dijo "Cásese conmigo", con un/a compañero/a escriban y actúen el diálogo entre los novios cuando hablaron de casarse. Si el grupo es más grande, pueden incluir a los padrinos también.

4. **Cambiemos papeles.** Escriba el cuento desde el punto de vista de un hijo, no una hija, y del marido. Termine con "Él era Manuel Robles, mi padre".

5. **Sin amor.** Muchas parejas continúan casadas a pesar de no amarse. Defienda una de las dos posiciones: permanecer juntos o divorciarse. Dé al menos tres razones para defender su punto de vista.

● Temas de ensayo

ATAJO: Grammar, Phrases, Expressing Opinion, Subjunctive, Preterite & Imperfect

Elija uno de los siguientes temas según las instrucciones de su profesor/a. Use sus apuntes sobre el texto, especialmente lo que anotó en la sección **En torno al texto.** Cada vez que copie una frase del texto, póngala entre comillas ("...") e indique en qué página aparece.

1. Analice cómo influyeron la familia y los valores de Leticia en su decisión de casarse. Explique por qué tiene estos valores y hasta qué punto el deseo de subir de clase social la llevó al matrimonio.

2. Describa a la hija y su vida. Puede presentarla como hija del desamor o de la indiferencia. Use el texto y su imaginación.

3. Analice los efectos de la voz del narrador en el desarrollo de este cuento. Demuestre la diferencia establecida por la voz de la hija, quien cuenta la historia desde afuera de la pareja.

4. Estudie los efectos de las revelaciones de la madre en su hija. ¿Está de parte de su madre o de su padre? Si desea, compare los efectos con los que experimentó el chico de "La guerra y la paz", por ejemplo.

5. Examine lo que se vislumbra acerca del padre de esta historia y el de otra lectura, como ser "La guerra y la paz", "El amante", "Este domingo", o "Martes, no te cases ni te embarques...". Establezca similitudes y diferencias. Use los conceptos culturales que ha aprendido en las secciones **Es conveniente saber.**

Imágenes Photoshop

Nombre:	Edmundo Paz Soldán (1967–)
Nacionalidad:	boliviano
Ocupación:	cuentista, novelista, profesor de literatura
	hispánica
Obras principales:	*Las máscaras de la nada* (1990)
	Días de papel (1992)
	Desapariciones (1994)
	Alrededor de la torre (1997)
	Río fugitivo (1998)
	Dochera (1998)
	Amores imperfectos (1998)
	Simulacros (1999)
	Se habla español: Voces latinas en USA (2000, coautor
	Alberto Fuguet)
	Materia del deseo (2001)
	Sueños digitales (2000)
	El delirio de Turing (2003)
Otros datos:	Finalista del Premio Rómulo Gallegos, 1999
	Premio Nacional de Novela Erich Guttentag, 1992
	Premio de Cuento Juan Rulfo, 1997

FICHA PERSONAL

Edmundo Paz Soldán nació en Cochabamba, Bolivia, en 1967. Vino a los Estados Unidos a estudiar hace quince años. Primero estuvo en la Universidad de Alabama, que le otorgó una beca de fútbol (no americano), y luego se doctoró en la Universidad de California en Berkeley en Literatura Hispanoamericana (1997). Actualmente, enseña Literatura Latinoamericana en la Universidad de Cornell. Además de haber vivido en su patria y en Estados Unidos, pasó unos años en Buenos Aires mientras todavía era estudiante, como lo indica Marcelo Damiani. [http://archives.econ.utah.edu/archives/reconquista-popular/2002w38/ msg00041.htm, p.1]

Paz Soldán pertenece a la generación de jóvenes escritores que han roto con la estética de la llamada Generación del *boom*

—Gabriel García Márquez, Mario Vargas Llosa, José Donoso, Carlos Fuentes, entre otros— y el realismo mágico, que es una de las corrientes literarias importantes de esta generación. Paz Soldán forma parte de lo que el chileno Alberto Fuguet ha denominado "la sensibilidad McOndo" —una alusión ingeniosa tanto a Macondo, el pueblo imaginario que creó Gabriel García Márquez, como a McDonald's, las Mac de Apple, y los condominios típicos de la cultura de norteamericana.

Fuguet agrega que el mundo actual es muy distinto del de los años sesenta y setenta del siglo pasado. Él sugiere que los nuevos escritores tienen que reflejar su propia realidad, incluyendo aspectos de la cultura norteamericana exportados a través de la televisión, la tecnología y la globalización de la economía. Por consiguiente, la narrativa de estos jóvenes escritores refleja la realidad urbana actual y sus cuentos o novelas se desarrollan no sólo en América Latina sino a veces también en los Estados Unidos. Muchos críticos de la vieja generación han dicho que los que forman este grupo equivalen a una versión latinoamericana de la Generación X.

Es conveniente saber

La belleza, los medios de comunicación y la imagen corporal. A lo largo de la historia, cada época ha tenido un ideal estético femenino y masculino. Esto es muy evidente cuando uno visita un museo y mira cuadros y estatuas de distintos períodos. Las mujeres de Rubens o de Botero, por ejemplo, no serían consideradas atractivas hoy porque son voluminosas. También resulta claro cuando uno se fija en las estrellas de cine de otras décadas y las compara con las de hoy. Así, Marilyn Monroe representa una concepción distinta de la belleza que Nicole Kidman, Calista Flockhart o Sarah Jessica Parker. (Véase también "Una carta de amor", página 96).

Además, en la actualidad, los medios de comunicación de masas promueven "un modelo estético corporal normativo más o menos definido en las sociedades occidentales" (Aina D. López, "La anorexia y la bulimia nerviosa en el marco de la sociedad contemporánea," http:// www.labdp.ua.es/aulab/aulab/docus/Anorexia-AL.htm, página 3). Con la globalización y la explosión de la tecnología, la influencia de los medios de comunicación ha aumentado dramáticamente. Por eso, la cirugía estética es mucho más común en una cultura que hace hincapié en ser delgado, juvenil y, como sugiere uno de los muchos artículos sobre el tema, "con el cuerpo trabajado por una diaria rutina de gimnasia."

Otro resultado es que en la última década ha surgido el problema de las enfermedades alimentarias, cuya incidencia aumenta cada día. Estas dolencias son, en gran parte, el producto del ideal que promueve la sociedad y de los problemas de auto-estima que crea en hombres y mujeres.

La tecnología, mediante programas como *Photoshop*, también permite exagerar la perfección y la delgadez de las modelos y artistas de cine, quienes constituyen el grupo cuyo *look* o apariencia es deseada e imitada. Lo trágico es que nos resulta imposible llegar a tener un cuerpo como el de las imágenes retocadas o alteradas electrónicamente que vemos en revistas y otros medios de comunicación.

Paz Soldán ha publicado, entre otros, los volúmenes de cuentos *Las máscaras de la nada*, *Desapariciones* y *Amores imperfectos* y las novelas *Días de papel*, *Río fugitivo*, *Alrededor de la torre*, *Materia del deseo*, *Sueños digitales* y *El delirio de Turing*. El cuento que sigue forma parte de *Amores imperfectos*, un libro en el cual el tema central es el amor, con todos sus dolores y angustias, debilidades y olvidos.

Aproximaciones al texto

1. **¿Cuán bello se puede ser?** Como hemos señalado, nuestras percepciones de la belleza cambian con los tiempos. A veces, ser bello exige tener una apariencia impecable, casi clásica, y no importa mucho ser muy alto o bajo, grueso o delgado si uno tiene ropa fina y elegante. Otras veces, la belleza se mide según la edad y la ausencia de arrugas y de rollos de gordura. En la lista que sigue, elija los factores que Ud. considera indispensables para ser bello a principios del siglo XXI. Escriba un párrafo para expresar su opinión.

   ▶ **Por ejemplo:** *Hoy en día, es menester verse muy joven y saludable. Por eso, mucha gente se pone inyecciones de botox y... No es bueno tener arrugas en el ceño* (brow).

Es menester...	ser delgado/ deportivo/ rubio/ moreno/ alto/ menudo/ macizo...
	verse 10 años más joven o 5 años mayor/ musculoso/ saludable...
	tener músculos bien torneados, piel clara, piel bronceada, pelo con mechas (*highlights*), pelo pintado rojo o azul, un buen corte de pelo, una barriga plana...
	no tener rollos, pecas, lunares, arrugas en la boca y el ceño, manchas en la piel, una barriga voluminosa...

2. **¿La gordura es parte de la hermosura?** Actualmente, para ser hermoso hay que ser delgado y activo, especialmente en el caso de los profesionales hispanos jóvenes y la clase media alta. Por eso, en Miami, Barcelona y Buenos Aires hay muchas clínicas especializadas

en "corregir" los estragos de la edad, una nariz grande o los pechos pequeños. Escriba lo que dice el cirujano plástico en los siguientes casos. Siga el modelo y use **retocar, sacar, subir, elevar, alterar, cambiar, colocar, agregar, implantar, borrar con láser.**

▶ **Por ejemplo:** —*Doctor, tengo demasiada barriga; no tengo cintura.*
—*Sí, ya veo. Puedo sacarle la grasa de la barriga y… También le podemos… Tenemos un procedimiento nuevo para… Yo también le retocaría la nariz.*

mis orejas son desmasiado grandes

quiero tener labios gruesos

tengo muchas venitas en las piernas

estoy muy calvo, quisiera más pelo

no quiero esta barriga tan pronunciada

tengo arrugas en los ojos

tengo una nariz muy grande

tengo manchas en la cara

Imágenes Photoshop

EDMUNDO PAZ SOLDÁN

Víctor nunca recordó con nostalgia su infancia en aquel pueblo árido, de calles estrechas y parques sin gracia y cielo plomizo°. Por eso, apenas aprendió a usar Photoshop, retocó sus fotos, ensanchó sus calles, añadió una Torre Eiffel a la desvalida plaza principal, renovó los cielos con un azul sobresaturado.

    Tampoco tuvo un interés particular en sus compañeros de curso, a quienes consideraba torpes, bulliciosos, de rostros y cuerpos para el olvido. Uno por uno, alteró sus caras en su Macintosh, de modo que al final no se asemejaban° en nada a sí mismos. Uno de sus compañeros parecía ahora un mellizo° de Michel Platini, su jugador favorito. Otro era igual a Richard Gere, su actor preferido. Cuando le hacían notar las similitudes, él sonreía.

    Nunca se llevó bien con sus padres, de quienes había heredado° su fealdad, y los cambió por seres similares a Robert Mitchum y a Gene Tierney. Hizo desaparecer a sus tres hermanos de todas las fotos, y se quedó de único hijo. Una vez que comenzó, le fue fácil seguir. Retocó su propio rostro surcado° de arrugas antes de tiempo, la papada° abusiva y la prematura calvicie°, y se prestó los ojos de Alain Delon cuando era joven, y el resto del rostro y del cuerpo de Antonio Banderas. A su gorda

de color gris

se parecían
hermano idéntico

recibido

marcado
double chin
baldness

esposa, a quien quería cada vez menos a medida que ella pasaba de la juventud a la madurez y se afeaba, la transformó en una Cameron Díaz pelirroja. A su hija, patéticamente parecida a su madre, en una aprendiz de Valeria Mazza. Mostraba con orgullo las fotos en su billetera. Cuando alguien que las llegaba a conocer en persona le hacía notar la diferencia, él decía, con solemne convicción, que ellas eran muy fotogénicas.

Cuando su esposa se enteró que él la había borrado de sus fotos, rompió con rabia las fotos que guardaba de él, en las que se hallaba sospechosamente parecido a un maduro Ricky Martin. Cuando su hija lo supo, se dijo que debía combatir la ofensa con una ofensa mayor. ¿Cómo hacerlo? Encendió la computadora y buscó en los archivos las fotos de su padre. Se le ocurrió borrar con furia ese rostro que era la sumatoria de los de Brad Pitt y Batistuta. En su lugar, colocó un intocado retrato de su padre, calvo y mofletudo°, feo y avejentado°, cruel víctima del tiempo antes de tiempo.

chubby / con cara de viejo

En torno al texto

● Hay que fijarse bien

1. Con uno/a o dos compañeros/as copien las frases o expresiones donde aparece lo siguiente o, por lo menos, subrayen lo indicado. Luego, usen las frases identificadas en sus ejercicios de redacción y en los ensayos.

   a. las caras y cuerpos de sus compañeros eran muy comunes, podían olvidarse

   b. un compañero parecía hermano idéntico de Michel Platini

   c. sus padres eran feos, así es que él era feo también

   d. su cara era arrugada y tenía doble barbilla y casi nada de pelo

   e. alteró su cara y se puso ojos de Alain Delon y cuerpo de Antonio Banderas

   f. su hija era fea como su mujer y por eso le puso cara de Valeria Mazza

   g. si alguien decía "ésta no es tu mujer", contestaba que ella salía muy bien en las fotos

   h. la hija cambió las fotos retocadas por las originales

2. Haga una lista de las frases o palabras que se refieren a cambiar las fotos.

▶ **Por ejemplo:** *hizo desaparecer*

_____

_____

● En términos generales

1. Analice el cuento usando las siguientes preguntas como guía.

    a. ¿Por qué cambió la foto de su pueblo Víctor? ¿Qué exageró más de la cuenta? ¿Por qué?

    b. ¿Por qué empezó por el pueblo? ¿Y qué hizo después?

    c. ¿Qué es el programa *Photoshop* para él?

    d. ¿Qué indica el hecho de que Víctor muestra las fotos con orgullo?

● Los personajes y sus papeles

1. ¿Quién narra este cuento? ¿Afecta la voz del narrador el desarrollo del cuento?

2. ¿Por qué está tan interesado en alterar las fotos?

3. ¿De qué otra manera pudo haber cambiado las imágenes?

4. ¿Por qué no usa una foto suya de más joven para cambiar su foto?

5. ¿Por qué no se puso la cara de Richard Gere, que es su favorito?

6. Aparte de Víctor, ¿qué otro personaje hay en este cuento?

7. ¿Qué habría hecho él sin el programa?

Más allá del texto

1. Un rostro nuevo. La idea de cambiarse la cara no es algo nuevo, puesto que se gastan miles de millones de dólares en cosméticos y, cada vez más, en cirugía estética. Describa cómo se retocaría Ud. mismo/a y por qué. Recuerde que debe evitar los posesivos cuando nombra una parte del cuerpo.

▶ **Por ejemplo:** *Creo que me cortaría un poco el/la... y también me retocaría la línea de las cejas.*

2. Archivos y documentos. Entreviste a dos compañeros/as para ver qué tipos de programas, archivos y documentos tienen en su computadora. Averigüe qué tienen en sus archivos y por qué los crearon, y cuáles piensan borrar o guardar y por qué.

▶ **Por ejemplo:** *¿Qué usas para editar las gráficas/ la música/ las fotos digitales...?*

3. **Mis álbumes.** No todas las fotos están en la computadora. Mucha gente todavía tiene álbumes o coloca fotos por toda la casa. Traiga un álbum a clase y muéstrele sus fotos a su compañero/a, describiendo a las personas que aparecen en las fotos. Siga el modelo.

▶ **Por ejemplo:** *Este es mi hermano Patricio. Se parece/ parecía mucho a... . Estudia/trabaja en... y ahora está un poco más... grueso/ gordito, delgado/ flaco, alto, moreno/ rubio, tostado/ blanco, mayor/ viejo/ viejito...*

4. **Como dos gotas de agua.** Hay familiares que se parecen muchísimo, física o sicológicamente. Desde este punto de vista, describa las similitudes entre dos o tres personas que Ud. conozca. No es necesario que estas personas sean mellizos o gemelos (hermanos idénticos).

▶ **Por ejemplo:** *Mis primos... se parecen muchísimo, aunque él/ ella es... y él/ ella... Lo interesante es que cuando hablan/ comen/ cantan/ mandan mensajes siempre... Lo malo es que... es patéticamente parecido/a a... y todos se ríen de él/ ella.*

5. **Para componer un personaje.** La computadora puede ayudar a componer un personaje para una novela o una película. Con un/a compañero/a compongan un personaje combinando características de otros personajes o de artistas de cine. Esta composición puede ser visual, si tienen *Photoshop*, o puede ser en prosa.

▶ **Por ejemplo:** *El protagonista de mi cuento tiene la cara de... y una nariz parecida a la de... Pero le voy a poner el pelo de...*

6. **Quiero ser...** Hay algo instintivo en las fotos retocadas de Víctor, un deseo de ser otra persona, de ser mejor, más atrayente y más grande en la memoria de la gente. Esto puede lograrse con *Photoshop* o con una descripción escrita de su persona.

▶ **Por ejemplo:** *Quiero ser más atrayente y más genial. Me voy a agregar el cerebro de... para poder... De rostro, quiero la cara de... porque... Y me parece que soy muy pálida, así es que quiero tener la piel de J. Lo. Además, me gustaría colocarme un implante en...*

● **Temas de ensayo**

Atajo

ATAJO: Grammar, Phrases, Expressing Opinion, Subjunctive, Preterite & Imperfect

Elija uno de los siguientes temas según las instrucciones de su profesor/a. Use sus apuntes sobre el texto, especialmente lo que anotó en la sección **En torno al texto.** Cada vez que copie una frase del texto, póngala entre comillas ("...") e indique en qué página aparece.

1. Analice la influencia tanto del cine y sus artistas como de la tecnología en la actualidad. Discuta el impacto que tienen sobre Víctor en este cuento. ¿Por qué empieza a cambiar el aspecto de su pueblo, sus compañeros, sus familiares? Si ha leído *"El hallazgo"* (página 167), incluya ejemplos y efectos de ese cuento también.

2. Discuta el poder de *Photoshop* o de otro programa o la tecnología en general sobre las percepciones o la conducta de los usuarios. Analice el abuso de estos programas y sus efectos en Víctor y otra gente. Compare a Víctor con un pirata cibernético *hacker* si desea.

3. Analice la contradicción interna de Víctor en cuanto a su relación con sus padres. No se llevaba bien con ellos, sin embargo borró a los hermanos de las fotografías para quedarse de hijo único. ¿Qué nos indica esto sobre sus deseos reprimidos o su necesidad de afecto?

4. Más grandes que los cambios físicos serían los cambios sicológicos que habría que hacerle a Víctor. Analice cuidadosamente las motivaciones de este protagonista y luego explique cómo mejoraría espiritualmente a Víctor. Indique qué características tomaría de otras personas y por qué.

5. Si le interesa esta literatura de escritores jóvenes, puede leer la novela o algún fragmento de *Por favor, rebobinar* de Alberto Fuguet (Santiago: Editorial Planeta Chilena, Biblioteca del Sur, 1994.). Luego, compare a sus protagonistas o los temas que tratan.

El amante

Nombre:	Silvina Bullrich (1915–1990)
Nacionalidad:	argentina
Ocupación:	novelista, cuentista, ensayista, periodista, profesora
Obras principales:	*Bodas de cristal* (1952)
	Los burgueses (1963)
	Los salvadores de la patria (1965)
	Tres novelas (1966)
	Mañana digo basta (1968)
	Historias inmorales (1973)
	Mal don (1973)
	La bicicleta (1986)
Otros datos:	Publicó numerosos artículos en *La Nación* de Buenos Aires y en diversas revistas. Algunos se han publicado en dos volúmenes —*La Argentina contradictoria* (1986) y *Cuando el telón cae* (1987).

FICHA PERSONAL

A pesar de (o quizás a causa de) su gran popularidad, Bullrich no ha sido muy estudiada por la crítica, aunque siempre se la menciona como una de las más prolíficas novelistas argentinas del siglo XX. En sus obras ha explorado el papel de la mujer —generalmente de la alta burguesía— dentro del matrimonio, la familia y la sociedad argentina. Sus primeras novelas reflejan las restricciones bajo las cuales vivían las mujeres de su generación, que eran vistas casi exclusivamente como hijas, esposas o madres, o sea, seres que dependían de los hombres a lo largo de su vida.

Sus últimas obras, sin embargo, nos muestran los cambios que han ocurrido en la sociedad de su país. Desde hace ya varias décadas ha habido muchísimas mujeres profesionales en el Cono Sur y, gracias a esto, la mujer argentina goza de mayor libertad y se ha ido ganando un lugar cada vez más importante en la esfera social y profesional. Según Bullrich, sin embargo, este cambio es más aparente que real.

Para sus personajes femeninos, el hombre amado es el centro de la vida y por él son capaces de sacrificarlo todo: carrera, intereses, independencia, etc. Además, aún cuando tienen carreras prestigiosas (como Alejandra de *Mañana digo basta*), ellas siguen teniendo que cumplir con los papeles y las tareas tradicionalmente delegadas a la mujer. Bullrich insiste en que la mujer no ha alcanzado ni igualdad ni poder, ya que rara vez llega a tener puestos de importancia. Actualmente, sin embargo, se piensa que esto ha cambiado muy rápidamente entre los jóvenes.

Bullrich señala también que, entre las jóvenes de la clase alta, la emancipación de la mujer parece identificarse con la libertad sexual—actitud que los hombres aprovechan y explotan. En su narrativa aparecen mujeres, tanto casadas como solteras, que tienen amantes. Esta nueva libertad sexual repercute en las relaciones familiares, en las estructuras sociales y a menudo crea tensiones entre las generaciones. En el cuento que sigue, verán ilustrados los temas de Bullrich que reflejan muchos problemas de la familia y la sociedad de nuestra época.

Aproximaciones al texto

1. **¿Una unidad monolítica?** La familia ha tomado y sigue tomando distintas formas según las épocas y las circunstancias. Con dos compañeros/as piensen en todas las familias que conozcan —tradicionales y no-tradicionales— y descríbanlas como en el ejemplo.

   ▶ **Por ejemplo:** La familia de mi amigo... *está compuesta de él, su hermano menor y la amiga o amante del hermano con su hijita de dos años. Viven en una casa antigua muy bonita.*

2. **La ciudad.** Hay cosas que se pueden hacer en una gran ciudad que no se pueden hacer en un pueblo o ciudad de provincia, donde hay que mantener las apariencias. En otras palabras, el "qué dirán" no es tan fuerte en las ciudades grandes como en las poblaciones pequeñas. Con dos compañeros/as, hagan una lista de lo que se puede hacer en una ciudad que no está permitido en un pueblo pequeño.

   ▶ **Por ejemplo:** *Se puede ir a...*
   Se puede tener cualquier amigo/a sin preocuparse de...
   Se puede vivir con...

3. **Metas y papeles.** Las expectativas que tiene la gente de su sociedad varían de una cultura a otra y de hombres a mujeres. Según su sexo y cultura, escriba dos frases sobre lo que Ud, espera de la sociedad.

▶ **Por ejemplo:** *Un hombre espera que su círculo de amigos...*
Una mujer espera trabajar, desarrollar su carrera y también tener un compañero, porque casi todo está organizado para parejas.

4. **En parejas.** Por muy emancipados que seamos, hay ciertas cosas que parecen ser sólo para parejas. Haga una lista de estas cosas.

▶ **Por ejemplo:** *comprar una casa*

5. **Diálogos escondidos.** Muchos cuentos tienen un diálogo en ciertas partes del relato, ¿verdad? En el cuento que sigue, sin embargo, el diálogo está incluído en la narración sin ninguna marca especial. Por lo tanto, vamos a aprender a identificarlo y a distinguir el diálogo de la narración. Veamos el siguiente ejemplo:

Todo esto era tan natural. Papá quería mucho a Rolo. Siempre lo palmeaba cuando lo veía llegar y después se despedía. Papá, esperame, así me dejás de paso en el coctel de Clara. Rápido porque estoy apurado. Espará que me pinte. No puedo esperar. No importa, decía Rolo, yo la llevo. Y papá gritaba: te va a llevar Rolo. Yo estaba encantada porque papá tiene un auto de cuatro puertas y Rolo un coche sport que...

El diálogo puede identificarse porque los verbos cambian de tiempo y de tercera a primera persona en la mitad del párrafo. Además, si se presta atención, se nota que hay dos o más personajes conversando. Subraye las seis frases que representan el diálogo.

Las tres primeras frases del párrafo están en el imperfecto — típico de una narración. Las que siguen, sin embargo, están en presente e imperativo como: **esperame, estoy apurado, espará, no puedo, yo la llevo.** Como no se indica quién está hablando, la autora usa sólo una frase para cada personaje. Ahora, escriba Ud. el diálogo de manera tradicional:

PATRICIA: —Papá, esperame, así me dejás de paso en el coctel de Clara.

PAPÁ: —Rápido porque estoy _____

PATRICIA: — _____

PAPÁ: —No _____

ROLO: —No _____

PAPÁ: —Te _____

Observe que los cambios de femenino a masculino y las consideraciones pragmáticas también ayudan a identificar quién habla.

▶ **Por ejemplo:** **apurado**   *sólo puede ser un hombre: papá*
                    yo **la** llevo   *se refiere a una mujer: la hija*
                    esperá que me **pinte**   *sólo las mujeres se maquillan*

El amante

SILVINA BULLRICH

Nunca le perdonaré a Rolo el daño que nos hizo; por su culpa°   *por lo que hizo*
nuestro hogar° se entristeció y ahora es casi un infierno. ¡Éramos   *casa*
tan felices, éramos tan unidos! Todos parecíamos alegres, comprensivos, considerados. No creo que en ningún hogar haya reinado una armonía tan perfecta hasta que Rolo nos hizo esto, esto que mamá no merecía y nosotros tampoco. Hay cosas que no se hacen, dijo ayer Silvia, mi tía, la hermana de mamá, al verla tan desdichada°. Tiene razón, pero no me atreví a decírselo   *infeliz*
porque ella no sabía que yo estaba escuchando. De todas maneras me adhiero° a la frase de Silvia: hay cosas que no se hacen.   *estoy de acuerdo con*
Todo tiene un límite, sería muy fácil vivir así, sin importarle a uno nada de los demás. Los seres humanos no son naranjas que se tiran después de exprimidas. Hay cosas que no se hacen, Rolo.

   Después me eché sobre mi cama y con las manos cruzadas detrás de la nuca me puse a reflexionar. ¿Cuándo empezó esto?

Por más que haga memoria no recuerdo cómo entró Rolo a nuestra casa ni cuándo fue la primera vez que me di cuenta de que comía todos los días con nosotros y almorzaba los sábados y domingos. Mamá, te llama Rolo. Y mamá desenchufaba° el teléfono y lo enchufaba en la ficha de su cuarto. Cerraba la puerta. Hablaba un poco y reía mucho. No sé de qué. Pero nunca se rió tanto. Dice Rolo que bajes que viene a buscarte° a las nueve. Llamó Rolo, dijo que lo llamaras. Rolo dejó estas flores.

desconectaba

recogerte

Todo eso era tan natural. Papá quería mucho a Rolo. Siempre lo palmeaba° cuando lo veía llegar y después se despedía. Papá, esperame, así me dejás de paso en el coctel de Clara. Rápido porque estoy apurado. Esperá que me pinte. No puedo esperar. No importa, decía Rolo, yo la llevo. Y papá gritaba: te va a llevar Rolo. Yo estaba encantada porque papá tiene un auto de cuatro puertas y Rolo un coche sport que da las doce antes de hora°.

golpeaba afectuosamente la espalda

llama la atención de la gente / desinteresado

Mamá se asomaba: ¿qué pasa? Su tono era displicente°, pero ella sabía muy bien que había llegado Rolo. Nada, que estoy aquí, decía Rolo. Mónica, me voy, gritaba papá. Pero hay que llevar a Nica y a Patricia... Las lleva Rolo... hasta luego. ¿Volvés a comer? No. Bueno.

Papá se iba y yo o Nica le servíamos un whisky a Rolo. Nos sentábamos a su lado. Él señalaba un paquete que había dejado sobre la mesa. ¿Qué es? Caviar. ¿Caviar? ¡Qué macanudo!... aquí hay champagne. Vestite que vamos a llegar tarde, decía Nica. Primero tengo que abrir esta lata. Rolo tiene hambre. La abro yo, si no, vamos a llegar tarde; yo obedecía de mala gana. Me gustaba estar con Rolo. Era mucho más buen mozo° que los chicos que salían con nosotras y más inteligente y más canchero° y se vestía mucho mejor y no tenía granos°. Si algún día me caso me casaré con Rolo, dije una vez. Mamá se echó a reír y Nica me miró con ojos desaprobadores. ¿Por qué dijiste eso?, me preguntó más tarde. ¿Dije, qué? Sabés muy bien... No sé nada... Eso de que te casarías con Rolo. ¿Y por qué no? ¿No te diste cuenta de que a mamá le cayó mal?° ¡Estás loca! Se rió a gritos. Sos una estúpida o una chiquilina°. Tengo quince años. Ya sé, entonces sos una estúpida.

guapo
cool
erupciones de acné

no le gustó
niñita

Nica tenía diecisiete años. Ella y Rolo solían hablar° en voz baja y callaban cuando yo entraba. ¿Por qué se secretean?° Nadie se secretea. Sí, vos y Rolo. No es cierto. Un día le hablé francamente a Rolo: ¿Por qué te secreteás con Nica? Rolo se echó a reír: soy su confidente°, me dijo. Y me dijo también que Nica no sabía si llevarle el apunte° o no a Juancho y que él la aconsejaba.

siempre hablaban
se dicen secretos

amigo íntimo
prestarle atención

Cuando Lalo empezó a festejarme° le pedí consejo a Rolo. Esperá a que se reciba°, me dijo. Pero Lalo estaba en primer año.

cortejarme, rondarme
se titule en la universidad

Claro que yo tenía sólo quince años. No es como Nica que había cumplido diecisiete y tenía ganas de casarse. Yo me sentía bien en casa. Era fácil vivir, y lindo.

Rolo tenía una lancha° y a veces los domingos de noviembre[1] mamá nos decía: ¿Les gustaría salir en la lancha de Rolo? ¡Claro, cómo no iba a gustarnos! ¿Puedo invitar a Lalo? Bueno. ¿Y yo a Juancho? No sé, preguntale a Rolo, quizá seamos muchos. ¿Y qué importa? Es incómodo para almorzar. Yo no almuerzo, me basta un sándwich. Ya sé, pero va Jorgito con un amigo.

pequeña embarcación

Jorgito era el hijo de Rolo. Tenía catorce años y a mí me resultaba más bien antipático°. Mamá decía que era mucho mejor educado que nosotras, y Nica afirmaba que cuando llegara a grande sería un churro°. Por el momento tenía pecas y pelo casi colorado como esos chicos de las pandillas de los films norteamericanos.

no muy agradable

extremadamente buen mozo

Rolo nos enseñaba a hacer sky acuático°. Lalo gozaba como una criatura a pesar de tener dieciocho años cumplidos. A veces creo que se quedó conmigo durante más de un año a causa de los paseos en la lancha de Rolo.

esquí en el agua

¿Rolo, salimos el domingo? Hace mucho frío, la lancha no es un programa° de invierno. Pero... ¿qué te cuesta? Y a veces Rolo decía que sí. Dependía en gran parte de la cara que ponía mamá. A mamá le gustaba poco pasear en lancha. Prefería ir con Rolo al cine y a comer a un restaurante. Y bueno, volvemos temprano, insistía yo. Pero mamá decía que era más agradable almorzar en el centro e ir a una función de las tres de la tarde porque no son numeradas° las localidades y siempre hay lugar. Eso es mentira, los días de lluvia hay que hacer cola. Por lo menos, no hay que dar propina, decía mamá. ¿Y qué te importa si la da Rolo? Me importa, porque es una inmoralidad, decía mamá. Sos siempre la misma estúpida, decía Nica; no entendés nada de nada, sos totalmente ciega, sos capaz de no ver un elefante en un pasillo. Más estúpida sos vos, si no insisto no salimos nunca en lancha. Nica se encogía de hombros.

paseo

reservadas

Cuando nosotras no salíamos en lancha, Jorgito salía con sus amigos y a mí me daba rabia porque el domingo siguiente parecía él el dueño y nos explicaba dónde estaba la soda y la coca-cola y todo, como si fuéramos gente de afuera°. Mamá le consentía todo° a Jorgito. Le daba whisky a espaldas de° Rolo y chocolates que lo hacían engordar. Rolo decía que sus caderas parecían de mujer y que en el colegio tenían orden de hacerle un

no de la familia
le aceptaba cualquier cosa / sin que supiera

[1] de primavera, ya que las estaciones en Sudamérica son al revés de las del hemisferio norte

sistema para adelgazar. Mamá siempre nos decía que le dejáramos a Jorgito hacer sky puesto que le gustaba tanto y a veces iba con Rolo a Quilmes° a verlo al colegio. Le llevaba tricotas° tejidas por ella y a nosotros nunca nos tejía nada, pero Rolo para desquitarnos° nos traía perfumes que le regalaba un amigo de él, comisario de un barco francés, y chocolates de una fábrica de Belgrano°; mamá nunca los probaba porque detesta los dulces. A veces nos daba entradas para el teatro y Juancho y Lalo se alegraban de ir gratis, porque los viejos° los tenían a rienda corta°.

    ¿Rolo, no podrías conseguirnos entradas para el ballet ruso? ¿Rolo no podrías...? Basta, dejen en paz a Rolo, protestaba mamá. Pero al día siguiente Rolo nos traía lo que le habíamos pedido.

    Mamá y Rolo salían casi todas las noches, pero siempre comían con nosotras y a veces se quedaban mirando la televisión y era cuando yo estaba más contenta.

    Si me pongo a pensar me acuerdo poco de lo que hacía papá en esa época; todo el tiempo lo veo entrar y salir como los actores de esas piezas tan malas que escribe Felipe mi tío, que uno nunca sabe ni por qué entran ni por qué salen. Parecen girar por el escenario como los muñecos del reloj de la plaza de Praga, dice Rolo. No es de Praga es de Dijon, dice mamá. Hay miles de relojes donde los muñecos giran, concede Rolo, pero tu cuñado debería pensar un poco para qué hace entrar a sus personajes. Se sirven un whisky, dice mamá. No es motivo suficiente para entrar a un escenario. Yo pienso que papá tampoco tiene motivos muy valederos° para entrar o salir de casa, ni siquiera tiene necesidad de traer plata°, porque mamá tiene mucha. De todas maneras no molesta porque siempre está de buen humor. Siempre estaba de buen humor hasta que Rolo embarró° las cosas. Nica dice que no es culpa suya, sino de esa tilinga° de Fernanda que se empeñó en conquistarlo porque es un buen partido°. Yo no creo que sea porque es un buen partido, sino porque después de haber conocido a Rolo todos los hombres resultan insulsos°. Rolo es como un sol, un sol chiquito, manuable y sonriente. Rolo era nuestro sol.

    ¿No llamó Rolo? No. ¡Ah!

    Así empezó todo. Mamá ya no se atrevía a preguntar nada cuando llegaba a casa. Después de decir: ¿No llamó Rolo?, empezó a preguntar: ¿Llamó alguien? Cuando le contestábamos que había llamado Silvia y Carlitos y abuela, ella preguntaba tímidamente: ¿Nadie más? No, nadie más. Yo hubiera dado cualquier cosa por poder decirle: llamó Rolo. Pero no había llamado y yo no podía mentir.

barrio de gente adinerada / suéteres

to get even, to retaliate

barrio antiguo de Buenos Aires

los padres / con poco dinero

buenos

dinero

echó a perder

tonta, boba

buen joven para casarse

sin gracia

¿También esta noche vas a salir? Papá la miró azorado°. Hacía ocho años que comía todas las noches en el club. El club, el club, siempre el club. ¿No podía pensar alguna vez que tenía una mujer todavía joven? Ella se aburría, estaba harta de comer siempre sola. Entraba al dormitorio lloriqueando. Papá entraba tras ella y golpeaba la puerta. Yo no oía las palabras pero percibía el tono irritado, impaciente. Papá salía sin dirigirnos la palabra y mamá tocaba el timbre y cuando venía la mucama° le decía que no se sentía bien e iba a comer en cama. Nica y yo empezamos a comer solas. Nica ponía la televisión y yo discos de Palito Ortega°. Mamá nos mandaba decir que no hiciéramos tanto ruido que le dolía la cabeza y sin embargo de su cuarto partía un murmullo incesante: hablaba por teléfono con Silvia, con Martha, decía frases en francés aunque Martha entendía el francés todavía menos que nosotras que habíamos sido educadas en un colegio inglés.

desconcertado

sirvienta

cantante popular de los años 70

Un día llamó Rolo. Vino a comer, nos preguntó como siempre por Lalo y por Juancho, nos trajo marrons glacés pero nadie tenía ganas de bromas ni de dulces. Mamá dijo que prefería comer afuera. Salieron los dos.

Como a las tres de la mañana los oí llegar. Entrá, dijo mamá. Rolo sin duda no se movía. Yo tampoco, aunque me dolía todo el cuerpo por estar acurrucada° para escuchar. Pero entrá, no te voy a violar, dijo mamá con una voz dolorida, vulgar y cruel que yo no le conocía. Dios mío, hacé que entre, pensé. Que vuelva, así somos felices como antes y mamá vuelve a reír y papá está de buen humor y mamá se queda en casa y no estamos solas Nica y yo. Pero no entró. No, Mónica, es peor, la vida es así, las cosas son lo que son, hay que tomarlas como vienen. Papá decía siempre que Rolo no era muy inteligente y esa noche pensé que podía haber encontrado frases más tiernas, argumentos más convincentes. Pero podemos ser amigos, ¿no? La voz de mamá era un gemido. Más adelante, dijo Rolo: ¿Por qué no ahora? Porque no.

doblada

¡ROLO! El nombre cortó la noche. Rolo, por favor, una vez más, siquiera una vez más, no te pido nada, sólo verte. Los pasos de Rolo volvieron a acercarse. Es peor, Mónica, ¿no ves cómo te ponés? Más adelante, cuando te tranquilices. Estoy muy tranquila. Sí, claro, pero ahora andá a dormir. Mañana te llamo. ¿Lo jurás? Sí, andá a dormir. ¿Cuándo te veo? ¡ROLO! Oí golpear la puerta del ascensor. ROLO. Mamá bajó por la escalera. Subió unos minutos después. Yo había visto el auto de Rolo arrancar° antes de que ella llegara a la vereda.

partir

Cuando me desperté me dijeron que mamá acababa de volver. ¿De dónde? Del sanatorio°, se sintió mal anoche, la llevaron pero ya está bien, lo importante es no molestarla y ser muy cariñoso con ella. Papá trajo unas rosas espléndidas y le compró una pulsera de oro. Tomen, llévenle esta pulsera a su madre, dijo, díganle que la próxima vez será de brillantes°. Mamá sonrió tristemente: Dejala sobre la mesa de luz, murmuró, y volvió a cerrar los ojos. Papá se acercó, le pasó la mano por la frente: ¡Vamos!, ¿adónde está la mujer más valiente de Buenos Aires? Mamá sonrió débilmente y le oprimió la mano. Todo se olvida, Mónica, yo también pasé las mías°, no hay más remedio que sobreponerse°. Mamá sollozó suavemente. Mariano vino, le tomó el pulso, dijo que bastarían dos o tres días de reposo°; que por suerte papá se había dado cuenta y lo había llamado a tiempo. ¿No podés llevártela a Europa? Sí, dijo papá, haré lo posible. Pero no hizo nada y no se fueron a ningún lado.

Ahora salen a veces juntos. Pero cuando papá dice que va al club mamá sale por su cuenta, vienen a buscarla montones de gente, pasa los fines de semana en la estancia de Martha o en el yatch de Carlitos. Cuando pregunta ¿quién llamó?, le damos una larga lista de nombres que a veces no comprendemos bien y algunos dejan sus números para evitar confusiones. Ella marca todos los números, hace correr el agua caliente, se viste, sale. No me esperen, coman no más.

Nica y yo comemos solas. Nica rompió con Juancho y nadie se enteró°, mamá ni se dio cuenta de que tenía los ojos chiquitos de tanto llorar. Lalo viene a veces y trata de consolarnos, pero es muy chiquilín. No tiene plata para traer cosas ricas como hacía Rolo, ni tiene auto, ni cuenta nada divertido; ponemos la televisión y para eso no necesitamos que esté él.

Rolo no debió nunca habernos hecho eso. Debió pensar en nosotras al menos, si no pensaba en mamá. Nosotras siempre fuimos macanudas° con él, nunca le hicimos nada, no sé qué podía costarle venir de tanto en tanto a comer a casa; después de todo tenemos a la mejor cocinera de Buenos Aires, la única que todavía sabe hacer postres según dice abuela, y papá compró hace años los mejores vinos del club, ¿y todo para qué? Nosotras no tomamos vinos ni comemos postres para no engordar. Con Rolo era otra cosa, uno comía sin darse cuenta y él repetía° todos los platos.

Rolo nunca debió habernos hecho esto.

clínica

diamantes

mis penas, desengaños /
sobrevivir

descanso

supo

estupendas

se servía dos veces

En torno al texto
● Hay que fijarse bien

1. Este cuento podría dividirse en secciones. Encuéntrelas y póngales subtítulos apropiados. Las secciones empiezan así:

   a. Nunca le perdonaré a Rolo el daño que nos hizo.

   b. ¿Cuándo empezó esto?

   c. Si me pongo a pensar me acuerdo poco...

   d. Así empezó todo.

   e. Ahora salen a veces juntos.

2. Lea el cuento otra vez y, con un/a compañero/a, ubiquen dónde se dice lo siguiente en otras palabras.
   (páginas 123–126)

   a. Entre los que se quieren no deben ocurrir ciertas cosas.

   b. Aunque trato de acordarme, no puedo.

   c. Hace mucho tiempo que Rolo está con nosotros.

   d. Rolo no sólo era guapísimo, sino listo y tenía mucha experiencia.

   e. Nica le contaba sus secretos a Rolo, no a su mamá.

   f. Nica quería casarse para irse de casa.

   g. No me gustaba mucho Jorgito; era pelirrojo y parecía pandillero.

   h. A Lalo le encantaba hacer esquí en el agua.

   i. Eres tan boba que no verías un elefante en un corredor pequeño.

   j. Mamá quería muchísimo a Jorgito y le daba lo que quisiera.

   k. Jorgito estaba interno en un colegio; no vivía en casa con su papá.

   l. Rolo les traía perfumes para recompensarlas por las cosas que su madre hacía por Jorgito.
   (páginas 126–127)

   m. Siempre le pedíamos todo a Rolo y él siempre nos complacía.

   n. Papá era un extraño personaje en nuestras vidas porque nunca estaba ahí.

   o. Además, no necesitaba darnos plata porque mamá era muy rica.

   p. Rolo se fue porque Fernanda lo enamoró, lo conquistó.

   q. Papá se sorprendió cuando mamá le preguntó si iba a ir al club otra vez.

   r. Papá no veía que su mujer era joven y quería salir y pasarlo bien.

   s. Él se exasperaba porque mamá le pedía que saliera con ella o la acompañara. Pero ella estaba tan aburrida.

   t. Nosotras también nos aburríamos sin Rolo; no había nada que hacer.

3. Elija un nuevo título para este cuento de la lista que sigue; explique por qué lo eligió.

   a. Condiciones del cariño

   b. La traición de Rolo

   c. Mi segundo padre

   d. Años felices; años de desgracia

● En términos generales

1. ¿Quién narra este cuento? ¿Cómo lo sabe Ud.?

2. ¿Qué indicaciones del nivel social y económico de esta gente se pueden encontrar en el texto? ¿De qué manera influye esto en el cuento?

3. Según este cuento, ¿cuáles son las horas de comida más importantes en esta ciudad? ¿Cuál es el mes más bonito? ¿Cuál es el entretenimiento preferido?

4. ¿Por qué le parece Lalo un chiquilín a la chica, en comparación con Rolo? ¿Por qué tampoco le gusta Jorgito?

5. ¿A qué hora regresó el padre la noche trágica?

6. ¿Con qué compara la chica a Rolo? ¿Por qué dice que es "manuable"? ¿Qué pasó cuando él dejó de visitar la casa?

7. ¿Por qué no se dedica la madre a sus hijas después de perder a Rolo?

8. ¿A qué suena el reclamo de la chica por la traición de Rolo? ¿Suena a haber perdido al amante de su madre o a otra cosa? ¿A qué se parece esta situación?

● Los personajes y sus papeles

1. Describa detalladamente a Rolo. ¿Cuál era su papel en esta familia? ¿Cuántos años anduvo con la madre?

2. Describa a la madre. ¿Qué impresión se formó Ud. de ella? ¿Cuál es su papel? ¿Cuántos años tiene más o menos? ¿Qué piensa ella misma de su papel en la familia?

3. Describa al padre. ¿Cuál era su papel? ¿Qué tipo de relación tenía con su mujer? ¿Con qué tono se dirige a su mujer? ¿Tiene o ha tenido él una amante también? ¿Por qué se va al club todas las noches?

4. Describa a la hija menor. ¿Cuál es su papel? ¿Cómo cambió después de la partida de Rolo? ¿Por qué escucha las conversaciones de los mayores?

5. ¿Qué personaje le pareció más simpático? ¿Por qué?

6. ¿Cómo se llamaba cada uno de los personajes? Dibuje el árbol genealógico de esta familia, incluyendo a Rolo y a su hijo.

Más allá del texto

1. **Pasarlo bien.** Hay distintas maneras de pasarlo bien y muchas veces éstas dependen de nuestra cultura. Primero, haga una lista de las cosas que hacía Rolo todos los días y los fines de semana con los chicos y Mónica para divertirse. Después, haga su propia lista y compárelas.

2. **Hijos del divorcio.** Con un/a compañero/a analicen las ventajas y desventajas de ser hijos del divorcio según lo vemos en Jorgito. Hagan una lista de cada categoría.

3. **Preguntas sin respuesta.** Con dos compañeros/as traten de encontrarle alguna explicación a lo que no se explica en el cuento. En cuanto acaben, compartan sus opiniones con otro grupo o con toda la clase.

   a. ¿Cómo era Rolo físicamente? ¿Se parecía Jorgito a su papá?

   b. ¿Por qué consentía Mónica a Jorgito y no a Nica o Patricia?

   c. ¿Era divorciado Rolo o no? ¿Cómo lo sabe Ud.?

   d. ¿Qué hacía Rolo? ¿Dónde trabajaba? ¿A qué horas trabajaba? ¿Por qué?

   e. ¿Cree Ud. que se casó con Fernanda o no? ¿Por qué?

   f. ¿Por qué iba todos los días a la casa aunque no vivía allí?

   g. ¿Sería culpa del padre que Rolo fuera tan importante en la casa?

4. **Chismes del edificio.** Escriba una conversación entre dos señoras o entre Martha y Silvia sobre Mónica y su amante. Las dos señoras están criticándola por salir con Rolo a todos lados, incluso con sus hijas. Imite el estilo del cuento de Bullrich.

5. **¿Qué chiquilina o qué estúpida?** Por lo menos dos veces vemos que Patricia no se da cuenta de lo que realmente está ocurriendo, a diferencia de su hermana. Con un/a compañero/a ubiquen dónde están estos episodios y expliquen qué fue lo que no entendió Patricia.

6. **Otro final.** Escriba otro final para este cuento. Empiece con "¿No llamó Rolo? No. ¡Ah!"

7. **Otro capítulo.** Imagínese que Nica y Patricia son mayores ahora. Escriba un relato sobre sus vidas, sus hijos, sus amores. ¿Cree Ud. que la historia se repetirá?

● **Temas de ensayo**

ATAJO: Grammar, Phrases, Expressing Opinion, Subjunctive, Preterite & Imperfect

Elija uno de los siguientes temas según las instrucciones de su profesor/a. Use sus apuntes sobre el texto, especialmente lo que anotó en la sección **En torno al texto.** Cada vez que copie una frase del texto, póngala entre comillas ("...") e indique en qué página aparece.

1. Analice el papel del padre y el del amante en este relato. Explique qué relación existe entre ellos y los demás personajes y qué impacto tienen en el desarrollo del cuento.

2. Discuta la sociedad bonaerense de la época en cuanto a las metas establecidas para chicos y chicas jóvenes. ¿Qué indicaciones de la edad apropiada para casarse o iniciar relaciones serias encuentra Ud. en este cuento? ¿Cuántos años de diferencia hay entre el padre y la madre, Rolo y la madre, los novios y las chicas? ¿Qué se puede decir acerca de los ideales y metas de estas chicas? Respalde sus opiniones con citas del texto.

3. Analice las técnicas narrativas que usa Bullrich en este relato. Discuta, por ejemplo, el punto de vista narrativo, el uso de distintos tipos de diálogo, el tono, etc. Ilustre con citas del texto.

4. Estudie la estructura de este relato. ¿Presenta las partes clásicas —*introducción, desarrollo, clímax y resolución?*

5. Analice la tensión entre hombre y mujer en este relato. Estudie cómo trata el marido a su mujer, qué le da y qué no le da. Estudie cómo trata la mujer a su marido. Explique sus motivos usando citas del texto. Contraste esta relación con la de Mónica y Rolo.

6. Analice el desarrollo sicológico de Patricia. Explique por qué considera ella que una persona no le puede hacer ciertas cosas a otra persona y su solidaridad para con su madre. Compare esto con su posición frente a Rolo, su padre y su hermana. Use citas del texto.

7. El padre de este relato parece no ser el hombre típico. Analice este personaje usando citas del texto que le ayuden a demostrar cómo controla él su situación y su posición dentro de la familia.

La guerra y la paz

Nombre:	Mario Benedetti (1920–)
Nacionalidad:	uruguayo
Ocupación:	cuentista, novelista, poeta, crítico, dramaturgo, político, periodista, oficinista.
Obras:	*Montevideanos* (1959)
	La tregua (1960)
	Gracias por el fuego (1965)
	El cumpleaños de Juan Ángel (1971)
	Inventario. Poesía completa (1950–1980) (1980)
	Viento del exilio (1981)
	Primavera con una esquina rota (1982)
	Geografías (1984)
	El desexilio y otras conjeturas (1984)
	La borra del café (1992)
	Andamios (1997)
Otros datos:	Participa activamente en la política como miembro de la coalición de izquierda Frente Amplio y por eso tiene que exiliarse por muchos años después del golpe derechista de 1973 y la sangrienta represión que siguió. Hoy en día, pasa seis meses en España y seis en el Uruguay.
	Premio Jristo Botev de Bulgaria (1985)
	Premio Llama de Oro
	Condecorado con la Medalla Haydée Santamaría del Consejo de Estado de Cuba
	Varias de sus obras han sido adaptadas a la radio, la televisión, el teatro y el cine.

FICHA PERSONAL

Benedetti es un prolífico escritor que ha publicado más de cincuenta volúmenes de cuentos, poesía, novela, teatro, ensayo y crítica literaria. Su obra temprana se caracteriza por sus descripciones de la vida monótona y algo venida a menos del oficinista y la pequeña burguesía uruguaya. Los cuentos de *Montevideanos* (1959) quizás sean el mejor ejemplo de esta vida rutinaria y algo desesperanzada en que los personajes apenas viven o "van tirando", como se dice en el Uruguay. Sin embargo, en ellos también vemos el sentido del humor, la ironía y el cariño o compasión que siente el autor por muchos de sus personajes. Después de 1959 —año importantísimo para muchos intelectuales hispanoamericanos porque es el año de la Revolución Cubana (véase página 249)— la obra de Benedetti refleja su creciente interés por la política. Así tenemos, por ejemplo, los ensayos de *El país de la cola de paja* (1960) y *El cumpleaños de Juan Ángel* (1971), novela escrita en verso cuyo protagonista se une a la guerrilla tupamara[1] uruguaya. Se agrega a lo anterior su novela experimental que trata de la separación, el encarcelamiento y el exilio, *Primavera con una esquina rota* (1984), y muchos otros libros escritos y publicados en el exilio.

"La guerra y la paz" pertenece a *Montevideanos* y trata de la disolución de un matrimonio y su efecto sobre los miembros de la familia. El divorcio, que es mucho menos aceptado en los países hispanos que en los Estados Unidos se ve con más frecuencia hoy día que hace unos años, a pesar de que Uruguay adoptó en 1907 la primera ley de divorcio de toda Latinoamérica.

Aproximaciones al texto

1. **Conflictos.** Las relaciones entre la gente no son fáciles y tienen muchos altibajos. A veces, optamos por enfrentar los problemas y otras, no. En algunos casos, la gente necesita discutir (*to argue*) o pelearse para resolver algo; paradójicamente, entonces, los problemas se resuelven por medio de un conflicto. Con un/a compañero/a decidan cuál es la manera más común de resolver los siguientes problemas. Luego compartan sus ideas con el resto de la clase.

discusión	abandono	silencio
a. Su novio/a anda con otra persona.	_____	_____
b. Ud. quiere dejar sus estudios.	_____	_____
c. Una pareja quiere divorciarse.	_____	_____
d. A Ud. le molesta el ruido de la residencia.	_____	_____
e. Ud. se sacó una nota que considera injusta.	_____	_____

[1]tupamaros: guerrilleros urbanos uruguayos de los años 60 y 70

2. **Narraciones directas e indirectas.** Cuando contamos algo en voz alta o por escrito, a veces decimos exactamente lo que dijo una persona; pero otras veces contamos lo que dijeron de una manera indirecta. Analice los ejemplos que siguen.

- Papá dijo, "La institución matrimonial está por encima de todo".
  Papá dijo que la institución matrimonial estaba por encima de todo.

- Después, papá dijo, "Ahora sí, apruebo el divorcio". Y mamá contestó, "Yo no. No me lo permite mi religión. Prefiero la separación amistosa".
  Después, papá dijo que aprobaba, ahora sí, el divorcio. Ella que no. No se lo permitía su religión. Prefería la separación amistosa.

  Ud. puede ver que para contar algo indirectamente, generalmente se cambian los verbos del presente al pasado, los pronombres y otras palabras, ¿verdad? Marque todas las palabras que cambiaron en los ejemplos anteriores. Luego, transforme el siguiente monólogo en una narración indirecta.

- Mi madre le dijo a mi padre: "¡Cuánto me fastidia que tengas Otra! No me importa que seas tan puerco como para verla; no es eso. Es la concurrencia al Jardín Botánico, del brazo; son las idas al cine y las citas en las confiterías. Lo haces para que Amelia se permita aconsejarme y para que mi hermano disfrute recordándome sus consejos prematrimoniales".

_____

_____

_____

3. **De la literatura universal.** ¿Sabía Ud. que hay una novela rusa famosa que se titula *La guerra y la paz*? Es una novela larguísima que cuenta la historia de varios personajes durante la invasión napoleónica de Rusia en 1812. Esta obra maestra es del gran escritor ruso León Tolstoi (1828–1910). ¿Por qué tendrá el mismo nombre el cuento que sigue? Léalo y después conteste la pregunta.

Es conveniente saber

El divorcio. El divorcio existe en varios países hispanos como Uruguay, España, México, la Argentina y en Chile (desde 2004). Sin embargo, puesto que la mayoría de la gente es de tradición católica y la iglesia no acepta el divorcio, muchas parejas no se divorcian, aun cuando sean muy infelices en su matrimonio. En estos casos, hay parejas que no se separan nunca, mientras otras se separan oficial o extraoficialmente, sin tramitar nunca el divorcio. A veces, las leyes también exigen un período de separación antes del divorcio, como en España.

En el cuento que sigue, Ud. va a ver una de estas variantes, en que se propone una separación legal de cuerpos y bienes *(people and material possessions)*.

La guerra y la paz

MARIO BENEDETTI

Cuando abrí la puerta del estudio, vi las ventanas abiertas como siempre y la máquina de escribir destapada y sin embargo pregunté: "¿Qué pasa?" Mi padre tenía un aire autoritario que no era el de mis exámenes perdidos. Mi madre era asaltada por espasmos de cólera° que la convertían en una cosa inútil. Me acerqué a la biblioteca y me arrojé en el sillón verde. Estaba desorientado, pero a la vez me sentía misteriosamente atraído por el menos maravilloso de los presentes. No me contestaron, pero siguieron contestándose. Las respuestas, que no precisaban el estímulo de las preguntas para saltar y hacerse añicos°, estallaban frente a mis ojos, junto a mis oídos. Yo era un corresponsal de guerra. Ella le estaba diciendo cuánto le fastidiaba la persona ausente de la Otra°. Qué importaba que él fuera tan puerco como para revolcarse con esa buscona°, que él se olvidara de su ineficiente matrimonio, del decorativo, imprescindible ritual de la familia. No era

rabia, ira

romperse

the other woman
prostituta

precisamente eso, sino la ostentación desfachatada°, la concurrencia al Jardín Botánico llevándola del brazo, las citas en el cine, en las confiterías. Todo para que Amelia, claro, se permitiera luego aconsejarla con burlona piedad (justamente ella, la buena pieza°) acerca de ciertos límites de algunas libertades. Todo para que su hermano disfrutara recordándole sus antiguos consejos prematrimoniales (justamente él, el muy cornudo°) acerca de la plenaria indignidad de mi padre. A esta altura° el tema había ganado en precisión y yo sabía aproximadamente qué pasaba. Mi adolescencia se sintió acometida por una leve sensación de estorbo y pensé en levantarme. Creo que había empezado a abandonar el sillón. Pero, sin mirarme, mi padre dijo: «Quédate». Claro, me quedé. Más hundido que antes en el pullman verde. Mirando a la derecha alcanzaba a distinguir la pluma del sombrero materno. Hacia la izquierda, la amplia frente y la calva paternas. Éstas se arrugaban y alisaban alternativamente, empalidecían y enrojecían siguiendo los tirones de la respuesta, otra respuesta sola, sin pregunta. Que no fuera falluta°. Que si él no había chistado° cuando ella galanteaba con Ricardo, no era por cornudo sino por discreto, porque en el fondo la institución matrimonial estaba por encima de todo y había que tragarse las broncas° y juntar tolerancia para que sobreviviese. Mi madre repuso que no dijera pavadas°, que ella bien sabía de dónde venía su tolerancia. De dónde, preguntó mi padre. Ella dijo que de su ignorancia; claro, él creía que ella solamente coqueteaba con Ricardo y en realidad se acostaba con él. La pluma se balanceó con gravedad, porque evidentemente era un golpe tremendo. Pero mi padre soltó una risita y la frente se le estiró, casi gozosa. Entonces ella se dio cuenta de que había fracasado, que en realidad él había aguardado eso para afirmarse mejor, que acaso siempre lo había sabido, y entonces no pudo menos que desatar unos sollozos histéricos y la pluma desapareció de la zona visible. Lentamente se fue haciendo la paz. El dijo que aprobaba, ahora sí, el divorcio. Ella que no. No se lo permitía su religión. Prefería la separación amistosa, extraoficial, de cuerpos y de bienes°. Mi padre dijo que había otras cosas que no permitía la religión, pero acabó cediendo. No se habló más de Ricardo ni de la Otra. Sólo de cuerpos y de bienes. En especial, de bienes. Mi madre dijo que prefería la casa del Prado°. Mi padre estaba de acuerdo: él también la prefería. A mí me gusta más la casa de Pocitos°. A cualquiera le gusta más la casa de Pocitos. Pero ellos querían los gritos, la ocasión del insulto. En veinte minutos la casa del Prado cambió de usufructuario° seis o siete veces. Al

desvergonzada

desvergonzada

marido engañado
en este momento

hipócrita, poco sincera /
dicho nada

reprimir la cólera sin
decir nada / estupideces,
tonterías, bobadas

posesiones, propiedades

antiguo barrio residen-
cial de Montevideo
barrio residencial sobre
la playa en Montevideo
dueño

final prevaleció la elección de mi madre. Automáticamente la casa de Pocitos se adjudicó a mi padre. Entonces entraron dos autos en juego°. El prefería el Chrysler. Naturalmente, ella también. También aquí ganó mi madre. Pero a él no pareció afectarle; era más bien una derrota táctica. Reanudaron la pugna a causa de la chacra°, de las acciones de Melisa, de los títulos hipotecarios, del depósito de leña. Ya la oscuridad invadía el estudio. La pluma de mi madre, que había reaparecido, era sólo una silueta contra el ventanal. La calva paterna ya no brillaba. Las voces se enfrentaban roncas, cansadas de golpearse; los insultos, los recuerdos ofensivos, recrudecían sin pasión, como para seguir una norma impuesta por ajenos°. Sólo quedaban números, cuentas en el aire, órdenes a dar. Ambos se incorporaron, agotados de veras, casi sonrientes. Ahora los veía de cuerpo entero. Ellos también me vieron, hecho una cosa muerta en el sillón. Entonces admitieron mi olvidada presencia y murmuró mi padre, sin mayor entusiasmo: «Ah, también queda éste». Pero yo estaba inmóvil, ajeno, sin deseo, como los otros bienes gananciales°.

le tocó el turno a dos autos

finca rústica pequeña

otra gente

propiedad común de una pareja

En torno al texto

● **Hay que fijarse bien.**

Lea otra vez el cuento y con un/a compañero/a busquen dónde se dice lo siguiente.

(página 136)

    a. mi madre tenía tanta rabia que no podía hablar coherentemente

    b. nadie me prestó atención, pero siguieron gritándose y peleándose

    c. no era necesaria una pregunta para que alguien gritara un insulto

    d. las bombas de esta guerra eran los insultos

    e. él era tan bajo como para tener una amante desvergonzada

    f. hay que mantener las apariencias de armonía, pase lo que pase
    (páginas 137–138)

    g. él se mostraba en público con la amante

    h. me dieron ganas de irme para que discutieran solos

    i. de rabia, mi padre se ponía rojo y arrugaba la frente

    j. después de todo, la familia es lo más importante

    k. ahora cambié de opinión y quiero divorciarme

l. aunque ellos pelearon por las dos casas, a mí me gustaba más la de la playa

m. los dos querían las cosas más valiosas

n. gritaron tanto que perdieron la voz

o. cuando terminaron de repartirlo todo se sintieron aliviados

p. ah, fijate, se nos olvidó nuestro hijo

q. yo me sentía indiferente ante lo que había pasado

● En términos generales

1. ¿De qué guerra trata este cuento?

2. ¿Cómo cree Ud. que se da cuenta el muchacho de que algo extraordinario está ocurriendo en el estudio? ¿Qué sintió al entrar?

3. Según el muchacho, ¿en qué se convierte la guerra entre los padres?

4. Ya sabemos que este cuento ocurre en Montevideo, pero ¿en qué estación? ¿Qué día y hora serán? ¿Cómo se puede verificar esto?

5. ¿De qué clase social será esta familia? ¿Por qué? ¿Sabemos qué profesión tiene el padre? ¿Y la madre?

6. ¿Cuándo empieza el período de la paz? ¿Por qué? Según Ud., ¿quién ganó la guerra?

● Los personajes y sus papeles

1. ¿Qué papel desempeña el adolescente en este cuento? ¿Quiso él desempeñar este papel o no? ¿Qué siente él?

2. ¿A quién cree Ud. que favorece el hijo, al padre o a la madre? ¿Por qué? ¿Qué habría hecho Ud. en esta situación?

3. ¿Qué función tienen la pluma del sombrero de la madre y la frente y la calva del padre? ¿Por qué lleva sombrero la madre?

4. ¿Qué le procupa más a la madre, que su marido tenga una aventura con una mujer o que se mantengan las apariencias? ¿Por quiénes no quiere ser criticada? ¿Qué habría hecho Ud. en esta situación?

5. ¿Por qué se conforma el padre con las cosas menos valiosas? ¿Qué función cumple su estrategia?

6. ¿Qué papel tienen la religión y la tradición cultural aquí?

7. ¿Cuál es la función de la guerra? ¿Y de la paz?

Más allá del texto

1. **Vocabulario bélico.** Para poder hablar o escribir sobre este cuento, es necesario mejorar su vocabulario "de guerra". Use su diccionario (de preferencia monolingüe) y busque sinónimos o términos relacionados con los siguientes y otros que se le ocurran a Ud.

   a. guerra, batalla, lucha, ...

   b. hablar en voz muy alta, ...

   c. estar molesto, enojado, ...

   d. tener rabia, bronca, ...

   e. molestarse, enojarse, ...

   f. darse cuenta, intuir, ...

   g. dormir con un amante, ...

2. **En la confitería.** En el Cono Sur —Uruguay, Argentina y Chile— la gente se junta a conversar en una confitería o salón de té. Allí se toma el té por la tarde entre cuatro y siete, pero todo el día se sirve café expreso, cortado (café expreso con un poco de leche caliente) o café con leche —además de pasteles, tortas, refrescos, licores, sandwiches y deliciosos helados. En este contexto, con dos compañeros/as escriba una escena en que el padre se reúne con la Otra, pero son descubiertos por una amiga de la madre.

3. **¿Cómo acabó la guerra?** Benedetti no nos dice qué pasó con el hijo de este matrimonio que se está separando. Describa Ud. la escena que habrá tenido lugar después del final de este cuento.

4. **Dramaturgos.** Con dos compañeros/as escriban el cuento en forma de obra teatral. La obra puede tener una o dos escenas con tres o más personajes. Den detalles sobre la escenografía, el vestuario y la iluminación. Después, pongan en escena su obrita y elijan las mejores versiones para representarlas en otras clases.

5. **En otro contexto.** Escriba un cuento parecido a **La guerra y la paz** pero sitúelo en otra parte, en otro país o en otra cultura. Cree otros personajes y otras normas culturales, como lo desee.

6. **Monólogo.** Escriba Ud. el monólogo interior del muchacho durante la "guerra" y su reacción durante los días que siguieron a la "guerra".

● Temas de ensayo

Elija uno de los siguientes temas según las instrucciones de su profesor/a. Use sus apuntes sobre el texto, especialmente lo que anotó en la sección **En torno al texto.** Cada vez que copie una frase del texto, póngala entre comillas ("...") e indique en qué página aparece.

ATAJO: Grammar, Phrases, Expressing Opinion, Subjunctive, Preterite & Imperfect

1. Analice el desarrollo de uno o dos personajes de este cuento. Dé ejemplos del texto.

2. Discuta los valores de la burguesía o la clase media alta vistos en este cuento. Defienda sus ideas con citas del texto y ejemplos tomados de otros cuentos si lo desea.

3. Generalmente se espera que un cuento presente una situación y la resuelva. ¿Qué opina Ud. del final de «**La guerra y la paz**»? ¿Se ha resuelto verdaderamente el problema o no? Explique usando citas del texto.

4. Estudie la estuctura de este cuento. ¿En cuántas partes se podría dividir? ¿Qué las caracteriza? ¿Qué función tiene la tensión en este cuento? ¿Cómo la crea el autor? ¿La resuelve al final o no?

5. Analice el personaje del niño. Estudie las ramificaciones que este episodio tendrá en su vida y trate de explicar lo que pueda sucederle en el futuro.

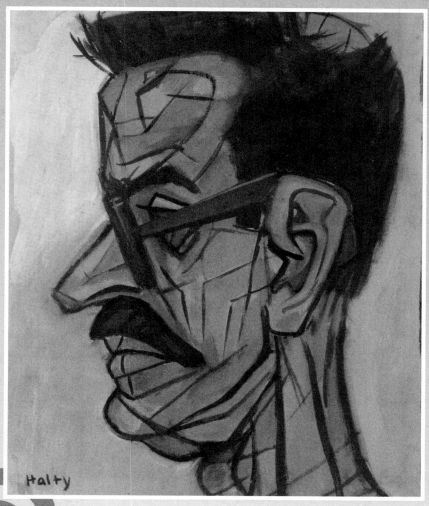

Halty

Autorretrato
Adolfo Halty Dubé

CUARTA PARTE

Identidad

Balada de los dos abuelos

Nombre:	**Nicolás Guillén** (1902–1989)
Nacionalidad:	cubano
Ocupación:	poeta, periodista
Obras principales:	*Motivos de son* (1980)
	Songoro cosongo (1931)
	West Indies, Ltd. (1934)
	El son entero (1948)
	La paloma de vuelo popular (1958)
	El gran zoo (1967)
Otros datos:	Recibió el Premio Stalin de la Paz en 1954. Fue presidente de la
	Unión de Artistas y Escritores Cubanos.

FICHA PERSONAL

Para poder hablar de Nicolás Guillén hay que comprender de dónde viene la literatura afroantillana. Ésta resulta de un deseo de renovación artística que surge en Europa a principios del siglo XX. En aquella época, se consideraba que la cultura europea estaba envejecida y que había que introducir nuevas ideas para que recobrara vigor. Gracias a los estudios de arte y cultura africana de Leo Frobenius (1873–1938, famoso antropólogo y arqueólogo alemán) muchos escritores, pintores y músicos —entre ellos Pablo Picasso— hallaron una nueva fuente de inspiración en la música rítmica, el uso del color y las formas estilizadas, las ceremonias y los ritos del África. A esta nueva influencia debe añadirse la llegada del jazz a Europa y el impacto del Renacimiento Negro estadounidense de los años 20 y 30.

Este interés por lo negro repercute en la América Hispana y da lugar al nacimiento de la literatura afroantillana. La poesía de profunda raíz popular que surge refleja, por un lado, la vida, costumbres, sentimientos y modo de hablar de negros y mulatos; por otro, se compromete políticamente a la lucha por la igualdad social y económica del negro. Digno de destacar es que tanto autores negros como blancos escriben acerca de estos temas en toda América (véase, por ejemplo, a Nicomedes Santa Cruz, página 186). Sus máximos representantes, sin embargo, son cubanos y puertorriqueños.

El poeta más conocido de este grupo es, sin duda, Nicolás Guillén. Guillén pinta la vida del negro cubano con un lenguaje poético de enorme riqueza, íntimamente ligado a la música. De hecho, Guillén inventó el son, una forma poética basada en la música popular afrocubana y lo usó como vehículo tanto de expresión lírica como de protesta social. Su poesía puede dividirse en tres categorías: la que trata lo pintoresco de la experiencia negra con fuerte influencia del folklore y de la poesía tradicional española; la que refleja su preocupación social y política; y, finalmente, la que corresponde a su veta lírica.

La "Balada de los dos abuelos" se encuentra en *West Indies Ltd.* (1934), un libro de fuerte actitud antiestadounidense, que refleja su lucha por la igualdad de los negros y su militancia en el partido comunista, del cual se hizo miembro cuando era joven. En este poema, se despliegan el lirismo y la actitud crítica de Guillén cuando les canta a los abuelos que representan las dos razas que se unen en él.

Aproximaciones al texto

1. **Mundo cálido y verde.** En estos últimos años se ha producido una gran reacción contra la explotación y la quema de las selvas tropicales. En la lista que sigue, piense en la selva y subraye aquellas palabras que Ud. asocie con ella. Luego, use algunas de las palabras subrayadas para describir la selva, tal cual se la imagina, en un párrafo.

casas	gritos	cocodrilos	estrellas	barcos
cocos	camiones	tambores	gente negra	oro
tesoros	joyas	follaje verde	gente blanca	café
trabajo	sudor	plantaciones	machetes	lluvia
humedad	peligro	caña de azúcar	islas	viento
monos	esclavos	grandes árboles	sueño	tabaco
dolor	quemazón	huracán	plátanos	noche

2. **Nuestros antepasados.** En el mundo moderno, mucha gente tiene antepasados de distintas partes del mundo. Describa Ud. el origen, nacionalidad o procedencia de sus cuatro abuelos o de sus padres. Si corresponde, indique por qué se produjeron las grandes emigraciones (de un continente a otro) de su familia. Dibuje su árbol genealógico (*family tree*) para poder ver más claramente a todos sus parientes.

3. **Dos mundos.** Como ya señalamos anteriormente (véanse las páginas 2, 74), hay mucha gente que vive en dos mundos. Con dos compañeros/as piensen en gente (o entrevístenla) que tenga

dos o más culturas para ver cuál es la dominante. Que contesten lo siguiente.

a. ¿Prefieren la cultura y el idioma maternos o la nueva cultura?

b. En el caso de tener dos culturas, ¿prefieren la cultura dominante o la cultura minoritaria? ¿la cultura de la madre o la del padre?

c. ¿Hay ciertas preferencias que dependen de lo que estemos considerando? Es decir, ¿hay quienes prefieran la comida de una cultura y las relaciones interpersonales y la religión de la otra?

d. ¿De qué factores dependen nuestras preferencias? ¿De la influencia de uno de nuestros padres o del lugar en que hemos crecido?

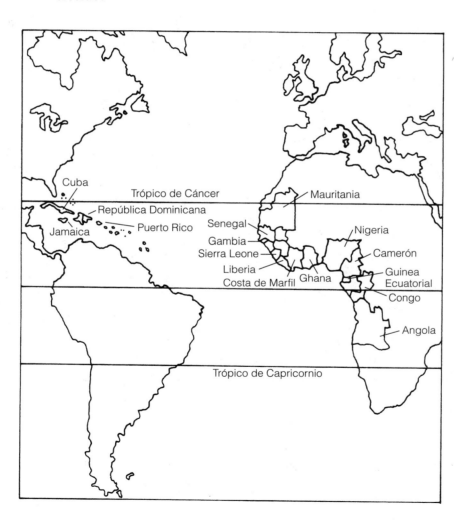

El negro en Hispanoamérica. Los primeros negros llegaron a la América Hispana con Colón y los conquistadores españoles, puesto que en la España de esa época la esclavitud era ya una institución antigua. A principios del siglo XVI, el rey autorizó el envío de esclavos negros cristianos nacidos en la Península Ibérica a América.

Unos años más tarde, en 1518, Carlos I autorizó el primer transporte de esclavos directamente de Africa a América. España fue, pues, el primer país en iniciar el tráfico de esclavos en el Atlántico y en controlarlo mediante los asientos. Estos le concedían a un individuo o a una compañía el derecho a transportar esclavos africanos a las colonias españolas. Mucho después, en 1789, se decretó la disolución de los asientos. La gran paradoja es que, sin el control del gobierno, el tráfico de esclavos aumentó extraordinariamente, precisamente en la época en que más y más naciones estaban aboliendo esta práctica inhumana.

Una vez llegados a la América Hispana, los negros se mezclaron tanto con indios como blancos y empezaron a dejar su huella en la cultura hispana del Nuevo Mundo. En la cuenca del Caribe —donde desapareció la gran mayoría de los indígenas— predomina una cultura en la cual se unen lo europeo y lo africano. Esto resulta evidente en los temas así como en las cadencias de la música y la poesía modernas. La música caribeña le debe muchísimo a la influencia africana, cosa que se ve claramente en los ritmos populares como la rumba, la conga, el calipso y, más recientemente, la salsa.

En el poema que sigue, "Balada de los dos abuelos", Ud. podrá oír y sentir las cadencias del Caribe.

Balada de los dos abuelos

NICOLÁS GUILLÉN

Sombras que sólo yo veo,
me escoltan° mis dos abuelos.   *van conmigo*
Lanza con punta de hueso,
tambor de cuero y madera:
mi abuelo negro.
Gorguera en el cuello ancho,
gris armadura guerrera:
mi abuelo blanco.

África de selvas húmedas
y de gordos gongos sordos...
—¡Me muero!
(Dice mi abuelo negro.)
Aguaprieta de° caimanes,   *Agua negra llena de*
verdes mañanas de cocos...
—¡Me canso!
(Dice mi abuelo blanco.)

Oh velas° de amargo viento,   *sails*
galeón° ardiendo en oro...   *barco de vela*
—¡Me muero!
(Dice mi abuelo negro.)
¡Oh costas de cuello virgen
engañadas de abalorios...!°   *chucherías*
—¡Me canso!
(Dice mi abuelo blanco.)
¡Oh puro sol repujado,°   *decorado, adornado*
preso en el aro del trópico;°   *línea del Trópico de*
oh luna redonda y limpia   *Cáncer*
sobre el sueño de los monos!

¡Qué de barcos, qué de barcos!
¡Qué de negros, qué de negros!
¡Qué largo fulgor de cañas!
¡Qué látigo el del negrero!
Piedra de llanto y de sangre,
venas y ojos entreabiertos,
y madrugadas° vacías   *muy temprano por la*
                                                   mañana

y atardeceres° de ingenio,°
y una gran voz, fuerte voz,
despedazando° el silencio.
¡Qué de barcos, qué de barcos,
qué de negros!

Sombras que sólo yo veo,
me escoltan mis dos abuelos.

Don Federico me grita
y Taita° Facundo calla;
los dos en la noche sueñan
y andan, andan.
Yo los junto.
—¡Federico!
¡Facundo! Los dos se abrazan.
Los dos suspiran.° Los dos
las fuertes cabezas alzan;°
los dos del mismo tamaño,
bajo las estrellas altas;
los dos del mismo tamaño,
ansia negra y ansia° blanca,
los dos del mismo tamaño,
gritan, sueñan, lloran, cantan.
Sueñan, lloran, cantan.
Lloran, cantan.
¡Cantan!

tardes/fábricas para procesar la caña de azúcar / rompiendo

abuelo/padre

*respiran hondo
levantan*

deseos

En torno al texto

● Hay que fijarse bien

1. Lea otra vez el poema y con un/a compañero/a ubiquen dónde se dice lo siguiente.

   a. en mi sueño, mi abuelo negro está vestido como los miembros de su tribu

   b. en mi sueño, mi abuelo blanco está vestido de conquistador

   c. en la selva del África se escuchan unos gongos de sonido sordo

   d. un barco español lleva tanto oro que brilla bajo el sol como un incendio

   e. los negreros cambiaban esclavos por joyas falsas en las playas de África Occidental

f. hace tanto calor en el trópico que parece que el sol estuviera fijo sobre él

g. mientras duermen los monos en la selva, la luna brilla en el cielo

h. han llegado muchísimos barcos con esclavos al puerto

i. la caña ya está muy alta, lista para la zafra (*sugar cane harvest*)

j. en la plantación de caña de azúcar, el negrero azota (*whips*) a los esclavos negros

k. sobre las piedras cae el dolor: las lágrimas de los ojos y la sangre de las venas de los negros

l. al despertar en la plantación, el negro no siente nada

m. por la tarde, después de cortar caña, hay que trabajar en el ingenio

n. siempre se escucha la fuerte voz del amo (*master*) o del negrero

2. **Otra dimensión.** Lea otra vez el poema y copie los versos que corresponden a cada uno de los siguientes subtítulos.

▶ **Por ejemplo:** Así era mi abuelo negro: *"Lanza con punta de hueso y..."*

a. Así era mi abuelo negro: _____

b. Así era mi abuelo blanco: _____

c. Así era la tierra donde vivía mi abuelo negro: _____

d. Así era la tierra que vino a conquistar mi abuelo blanco: _____

e. El comercio y el tráfico de esclavos: _____

f. La plantación y el ingenio azucarero: _____

g. Los dos abuelos: _____

h. La redención o reconciliación: _____

● En términos generales

1. ¿Quién escribió este poema? ¿A quién se lo escribió?

2. ¿Qué tierras y continentes se nombran? ¿Por qué?

3. ¿Qué cosas evocan o recuerdan el trópico?

4. ¿Qué intención tuvo el poeta cuando escribió este homenaje a sus abuelos?

5. ¿Dónde gritan, sueñan, lloran, cantan los abuelos? ¿Por qué lo hacen?

● **Los personajes y sus papeles**

Lea el poema otra vez y conteste las siguientes preguntas.

1. ¿Cómo se llama el abuelo negro? ¿Cómo se llama el abuelo blanco? ¿Cómo se dio cuenta Ud.?

2. ¿Qué caracteriza al abuelo negro? ¿Qué palabras lo describen mejor? ¿Qué colores se asocian con él?

3. ¿Qué caracteriza al abuelo blanco? ¿Qué palabras lo describen mejor? ¿Qué colores se asocian con él?

4. ¿Qué puntos de contraste hay entre los dos abuelos?

5. ¿De qué se muere el abuelo negro?

6. ¿De qué se cansa el abuelo blanco?

7. ¿Fueron amigos los dos abuelos en la vida real? ¿Son amigos ahora?

8. ¿Cree Ud. que Guillén está hablando de sus abuelos, bisabuelos o tatarabuelos o sólo de dos símbolos? ¿Por qué?

Más allá del texto

1. **De colores.** En este poema se insinúan varios colores, ideas y sentimientos. Copie todos los versos asociados con cada categoría de la lista que sigue y después vea qué simboliza cada color.

   oro: _____   negro: _____

   _____   _____

   riqueza: _____   verde: _____

   _____   _____

   dolor: _____   rojo: _____

   _____   _____

2. **Nuevo Mundo.** Todo nuevo mundo sufre no sólo la invasión de los descubridores sino la explotación de su riqueza. Haga una lista de las cosas que encontraron los europeos cuando llegaron a su región o que produjeron en su región para venderlas en otras partes.

   ▶ **Por ejemplo:** *Cuando los primeros colonizadores llegaron a mi región, encontraron grandes bosques vírgenes y por dos siglos talaron los árboles para construir casas y para exportar madera a otros países.*

3. **Mi abuelo.** Piense en una persona mayor que haya influido mucho sobre Ud., un abuelo o abuela, su padre, un tío o algún amigo de la familia. Escriba un pequeño poema en que Ud. cuenta dónde

vivía o qué hacía esta persona, cómo era y cómo reaccionaba (así como los abuelos del poema "¡me canso!, ¡me muero!").

► **Por ejemplo:** *Sombra de mi tío que sólo yo puedo ver,*
sombrero de vaquero y pistolón antigüo,
caminando por la pradera tras sus animales.
—¡Me canso!
(Dice mi tío.)
Por las llanuras frías del invierno amarillo,
cantamos las penas de las nieves que no llegan.
—¡Me muero!
(Dice mi tía.)
¡Qué largo mes de febrero!
¡Qué látigo el del viento!
Por las praderas del frío,
viajan los sueños de un niño.

4. **Mi propio homenaje.** Escriba su propio poema para recordar a sus dos abuelos. Destaque lo que le es propio a cada uno y después compárelos, sin dejar de pintar el paisaje típico de cada cual.

5. **El mundo verde.** Hay un mundo que está más allá del crisol de razas: es el mundo verde de las selvas ecuatoriales. Con dos compañeros/as hagan una lista de cinco puntos que resuman las medidas que tomarían para evitar la destrucción de este mundo.

► **Por ejemplo:** *Sería necesario que las Naciones Unidas aprobaran un decreto que prohíba...*

6. **"Mis dos abuelos".** Para salir adelante en la vida a veces tenemos que unir a nuestros "dos abuelos", es decir, tratar de reconciliar dos tendencias opuestas en nosotros. Describa los dos aspectos de su persona como en el ejemplo.

► **Por ejemplo:** *Mi "abuelo" aventurero me dice que me vaya a trabajar en el Cuerpo de Paz por unos dos años y que después... Sin embargo, mi otro "abuelo" me dice al oído que si deseo casarme... tengo que... Por supuesto, podría convencer a... que también entrara al Cuerpo de Paz, pero...*

7. **Dolor del pasado negro.** El autor pinta muy vívidamente el dolor del pasado negro en este poema. Exprésolo Ud. en prosa o haga una presentación oral en clase.

8. **Genes diferentes.** A menudo, los dos lados de nuestra familia, el paterno y el materno, son diferentes. Según lo que diga su profesor/a, escriba una redacción o prepare una presentación oral para la clase en que explica estas diferencias en su familia.

por el contrario,...

por un lado...   por el otro...

...   en cambio...

...   mientras que...

...   tanto como...

al contrario de...,   ...

● **Temas de ensayo**

Atajo

ATAJO: Grammar, Phrases, Expressing Opinion, Subjunctive, Preterite & Imperfect

Elija uno de los siguientes temas según las instrucciones de su profesor/a. Use sus apuntes sobre el texto, especialmente lo que anotó en la sección **En torno al texto**. Cada vez que copie un verso del texto, póngalo entre comillas ("...") e indique en qué página aparece.

1. Analice el papel de los dos abuelos. Explique qué simbolizan y diga si el poeta siente una preferencia por uno de ellos. Use citas del texto.

2. Estudie la obra de Guillén y/o de otros poetas afroantillanos como Luis Palés Matos y analice su temática. Consulte la Bibliografía e ilustre con citas.

3. Si Ud. conoce la obra de un autor norteamericano que haya desarrollado temas de la cultura o la experiencia negra, compárelo con Guillén. Apóyese en citas de los textos.

4. Analice la tensión entre dos mundos y los sentimientos encontrados de amor y de odio hacia ambos que siente la gente bicultural. Lea a Tino Villanueva, Julia Álvarez u otros autores biculturales que conozca y estudie este tema ilustrando sus ideas con citas de los textos.

5. En este poema hay varios contrapuntos o contrastes a distintos niveles (temperamento, color, origen, poder, misión). Analice al menos tres de ellos, usando versos del poema para respaldar sus opiniones.

Es conveniente saber

El racismo en Hispanoamérica. Desgraciadamente los hispanos no están libres del pecado del prejuicio en contra de negros e indígenas, aunque las cosas han cambiado bastante. En Cuba y otros lugares, por ejemplo, se solía preguntar si una persona tenía *pinta*, es decir, si tenía sangre negra, antes de aceptar a alguien como amigo o pariente. Además, en muchos casos, la posición económica del individuo tiene que ver con cómo se le acepte en la comunidad. Hay población de origen negro en las Antillas (Cuba, Santo Domingo, Puerto Rico), en la costa caribeña (Venezuela, Colombia, Panamá, Costa Rica, Nicaragua, México), en la costa del Pacífico de Colombia, Ecuador y Perú y también (en muy pequeños números) en Uruguay y Argentina.

Autorretrato

Esta escritora mexicana cuya extensa obra cubre diversos géneros, se preocupa mucho por el tema de la mujer en la sociedad mexicana, pero lo que nos presenta tiene resonancias para toda mujer hispana. Si ha leído "Kinsey Report No 6" (página 80), verá que los dos poemas están unidos por este hilo común.

En "Autorretrato" la poeta habla en primera persona y se describe con ironía mostrándonos el contraste que existe entre lo que la define a ella y lo que aprecia la sociedad, entre lo que ella es y lo que debiera ser según los cánones existentes. Para ella, el matrimonio (que la sociedad ve como meta máxima de toda mujer) no es más que una especie de cárcel. Sus logros profesionales, tan importantes para ella, no son valorados como lo serían si se tratara de los logros de un hombre. "Autorretrato" está escrito en verso libre, o sea tiene versos que no tienen ni rima ni medida específica. Verá que las estrofas varían; las hay de dos, tres, cuatro y hasta de diez versos.

Aproximaciones al texto

1. **Identidad.** Elija las expresiones de la siguiente lista que mejor lo/la describan a Ud. y después descríbase en un párrafo. Si no encuentra los términos que desea, pregúntele a su profesor/a. Recuerde que tiene que cambiar el género de las palabras cuando sea necesario.

▶ Por si acaso	
soy más o menos	joven/mayor; rubio/moreno; gordo/flaco; alto/bajo
soy más bien	bueno/mediocre (en lo que hago); buen/mal amigo; trabajador; sacrificado; despreocupado; alegre; vivaz/callado; impetuoso/tranquilo
sería feliz si	tuviera...; pudiera trabajar en... / viajar/...; estuviera en/con...; supiera otro idioma/ álgebra/tocar la guitarra/...; fuera más sociable/ listo/...; ....

me visto mal/bien; hago el ridículo a veces; nunca camino por el parque/...; a veces estudio o trabajo; escucho música; voy al cine-club; me gusta la pintura; prefiero leer/... en vez de salir/...

2. **Una buena mujer.** Con dos compañeros/as hagan una lista de las cualidades que la gente espera que tenga una mujer. Es verdad que algunas pueden ser estereotipos, pero traten de pensar en las expectativas de la mayoría de la gente.

   ▶ **Por ejemplo:** *Tiene que ser bonita y...*

3. **Vanidades.** Ordene las siguientes características físicas y también la ropa y/o complementos según la importancia que tengan hoy en día. Agregue otros elementos si es necesario.

   ... ojos, boca, nariz, pelo, altura, poco peso, peso mediano, maquillaje, ropa a la moda y de marca conocida, buenos zapatos, bolso o mochila a la moda, camiseta de marca...

4. **¿Qué se espera de mí?** Escriba un párrafo sobre lo que Ud. cree que se espera de Ud. a corto y a largo plazo.

   ▶ **Por ejemplo:** *Se supone que debo encontrar un buen empleo, pagar mis deudas y...*

Autorretrato

ROSARIO CASTELLANOS

Yo soy una señora: tratamiento
arduo° de conseguir, en mi caso; y más útil   *difícil*
para alternar con los demás que un título
extendido a mi nombre en cualquier academia.

Así, pues, luzco° mi trofeo y repito: *uso*
yo soy una señora. Gorda o flaca
según las posiciones de los astros,°   *estrellas*
los ciclos glandulares°   *de mis glándulas*
y otros fenómenos que no comprendo.

Rubia, si elijo una peluca° rubia.   *wig*
O morena, según la alternativa.
(En realidad, mi pelo encanece,° encanece.)   *se pone blanco*

Soy más o menos fea. Eso depende mucho
de la mano que aplica el maquillaje.°   *los cosméticos*

Mi apariencia ha cambiado a lo largo del tiempo
—aunque no tanto como dice Weininger
que cambia la apariencia del genio—. Soy mediocre.
Lo cual, por una parte, me exime° de enemigos   *me evita*
y, por la otra, me da la devoción
de algún admirador y la amistad
de esos hombres que hablan por teléfono
y envían largas cartas de felicitación.
Que beben lentamente whisky sobre las rocas
y charlan de política y de literatura.

Amigas... hmmm... a veces, raras veces
y en muy pequeñas dosis.
En general, rehúyo° los espejos.°   *evito* / mirrors
Me dirían lo de siempre: que me visto muy mal
y que hago el ridículo
cuando pretendo coquetear° con alguien.   to flirt

Soy madre de Gabriel: ya usted sabe, ese niño
que un día se erigirá en° juez inapelable   *será mi*
y que acaso,° además, ejerza de verdugo.°   *quizás* / executioner
Mientras tanto lo amo.

Escribo. Este poema. Y otros. Y otros.
Hablo desde una cátedra.°   *Soy profesora.*
Colaboro en revistas de mi especialidad
y un día a la semana publico en un periódico.

Vivo enfrente del Bosque.[1] Pero casi
nunca vuelvo los ojos para mirarlo. Y nunca
atravieso la calle que me separa de él
y paseo y respiro y acaricio
la corteza° rugosa de los árboles.   *el tronco*

Sé que es obligatorio escuchar música
pero la eludo° con frecuencia. Sé   *evito*
que es bueno ver pintura
pero no voy jamás a las exposiciones
ni al estreno teatral ni al cine-club.

Prefiero estar aquí, como ahora, leyendo
y, si apago la luz, pensando un rato
en musarañas° y otros menesteres.°   *cosas / asuntos*

Sufro más bien por hábito, por herencia, por no
diferenciarme más de mis congéneres°   *las demás mujeres*
que por causas concretas.

Sería feliz si yo supiera cómo.
Es decir, si me hubieran enseñado los gestos,
los parlamentos,° las decoraciones.   *lo que tengo que decir*

En cambio me enseñaron a llorar. Pero el llanto
es en mí un mecanismo descompuesto
y no lloro en la cámara mortuoria°   *un funeral*
ni en la ocasión sublime ni frente a la catástrofe.

Lloro cuando se quema el arroz o cuando pierdo
el último recibo del impuesto predial.°   *a la propiedad*

En torno al texto

● Hay que fijarse bien

1. ¿Cuántos versos tiene este poema? ¿Y cuántas estrofas?

2. ¿Nota usted algo que una a los versos de cada estrofa?

[1]Bosque de Chapultepec, hermoso parque de la Ciudad de México

3. Lea el poema nuevamente y, con un/a compañero/a, ubiquen los versos que dicen lo siguiente.

   a. me fue difícil encontrar marido

   b. el título de señora es más útil que mis títulos universitarios

   c. el título de señora es como un premio

   d. cambio de aspecto según la época del mes y de mi vida

   e. no soy bonita, pero los cosméticos me ayudan

   f. soy una mujer común, nada especial

   g. no me llevo muy bien con las mujeres

   h. no me gusta lo que veo en los espejos

   i. mi hijo me va a criticar algún día

   j. soy profesora; soy periodista

   k. nunca voy al parque

   l. la gente espera que uno vaya a funciones artísticas

   m. pero prefiero estar sola y pensar

   n. a las mujeres se les enseña a sufrir, pero no a ser felices

   o. sólo lloro por pequeñas tragedias sin importancia

4. Este poema cubre varios aspectos de la persona de la poeta. Ponga los siguientes subtítulos en el poema.

madre	amiga	físico
intelecto	esposa	ocupaciones
preferencias	contactos con el mundo	exterior

● En términos generales

1. ¿Qué piensa la autora de la apariencia física de la mujer? ¿Qué piensa Ud.? ¿Cree Ud. que sea de igual importancia en el hombre?

2. ¿Qué expectativas de la sociedad respecto a las mujeres han afectado la identidad de la poeta? ¿Lo/la han afectado a Ud.?

3. ¿Qué mecanismos usa Castellanos para no tener conflictos con la sociedad? ¿Se adapta a sus requisitos? ¿Se destaca mucho?

4. ¿Qué le debe la sociedad a ella?

5. ¿Qué aspectos de la sociedad critica ella en este poema? ¿Qué nos sugiere acerca de la mujer hispana en general?

● Los personajes y sus papeles

1. ¿Qué papeles tiene esta mujer? ¿Cuáles la hacen feliz? ¿Es importante ser señora para ella?

2. ¿Qué papel tiene su marido? ¿Cómo lo sabe? ¿Y su hijo?

3. ¿Qué poder tiene ella sobre su físico? ¿Qué medios puede usar para cambiarlo? ¿Tiene interés en verse bien? ¿Por qué?

4. ¿Qué ventajas le da el ser mediocre? ¿Está Ud. de acuerdo?

5. ¿Por qué no parece llevarse bien con las mujeres? ¿Con quiénes convive esta mujer? ¿Es un ser que vive rodeado de gente pero aislado?

6. En dos líneas, ¿cómo es Rosario Castellanos y qué desea?

Más allá del texto

1. **A contraluz: la verdadera Rosario.** Con un/a compañero/a lean el poema otra vez. Marquen los versos o frases que, según Uds., realmente describen a Rosario Castellanos, sin enfocarse en la crítica de su sociedad. Finalmente, escriban un párrafo o un poema que se llame "Retrato verdadero de Rosario Castellanos" y compárenlo con los poemas de otros grupos de la clase. ¿En qué se parecen? ¿En qué difieren? ¿Por qué?

2. **Mediocre: una persona del montón.** Con un/a compañero/a hagan una lista de las ventajas y las desventajas de ser una persona del montón, que no se destaca mucho por nada.

   ▶ **Por ejemplo:** *Si uno es del montón, los profesores no esperan que...*

3. **La pura verdad.** Exprese lo que Ud. piensa respecto a lo que la sociedad espera de Ud. Use la lista que hizo en la actividad de **Aproximaciones al texto.**

   ▶ **Por ejemplo:** *Todos esperan que yo..., pero la verdad es que yo quiero...*

4. **Mi propio autorretrato.** Escriba su autorretrato en unos quince a veinte versos. Divídalo en dos partes, como la autora: descripción física y descripción interior. Use las expresiones que eligió en la Actividad 1 de **Aproximaciones al texto,** si lo desea.

5. **Retrato de mi compañero/a.** Ahora escriba un retrato de un compañero/a y, cuando termine, compárelo con el autorretrato que éste/a escribió en la actividad anterior. ¿Qué semejanzas y diferencias hay? ¿Por qué?

6. **Indignación.** Use esta actividad para expresar su indignación (*outrage*) por las cosas que se esperan o exigen de nosotros que a Ud. le parecen fuera de lo razonable o lo posible.

   ▶ **Por ejemplo:** *Me indigna que la gente espere que uno se reciba, se case y compre casa, todo en un solo año. A mí me parece que... Yo no pienso hacer esto sino irme a...*

7. **Madre: ¿mito o ser humano?** Piense en la visión que tenía Ud. cuando niño de su madre o de la persona que lo/a crió y compárela con la visión que tiene hoy. ¿Qué diferencias nota? ¿Se ha vuelto Ud. "juez" de su madre o la acepta como es? Escriba un párrafo con sus ideas.

● **Temas de ensayo**

ATAJO: Grammar, Phrases, Expressing Opinion, Subjunctive, Preterite & Imperfect

Elija uno de los siguientes temas según las instrucciones de su profesor/a. Use sus apuntes sobre el texto, especialmente lo que anotó en la sección **En torno al texto.** Cada vez que copie un verso del texto, póngalo entre comillas ("...") e indique en qué página aparece.

1. Analice el tema de la soledad y el aislamiento del individuo en este poema. Explore cómo las fuerzas externas obligan a cierta gente a aislarse. Respalde sus opiniones con citas del texto.

2. Analice el efecto que tienen las costumbres y las tradiciones sobre la identidad de la mujer. ¿De qué manera afectan su concepto de sí misma según este poema? ¿Qué estrategias usa la mujer para pasar desapercibida (*unnoticed*) y evitar las críticas? Ilustre sus ideas con ejemplos concretos.

3. Compare a la madre de este poema con la madre de "La salud de los enfermos" (página 52). Estudie a fondo las ramificaciones del marianismo y de su contraparte, el machismo. Consulte las notas sobre estas tendencias (páginas 78 y 85) y la Bibliografía, si es necesario. Use citas de los textos.

4. Contraste el desdoblamiento de esta poeta y el de Borges en "Borges y yo" (página 161). Estudie el tono y los recursos usados por cada escritor para describirse. Analice también las diferencias causadas por sus papeles de hombre y mujer. Use citas de los textos y sus apuntes para respaldar sus opiniones.

Borges y yo

Jorge Luis Borges es sin duda uno de los escritores hispanos más extraordinarios del siglo XX, famosísimo en todo el mundo, no sólo en los países de habla española. Fue uno de los primeros de su generación en reaccionar contra los movimientos literarios de su juventud. Durante su estadía y estudios en Europa, estuvo en contacto con los intelectuales y escritores de la época. En Madrid se unió al grupo de los jóvenes que pretendían reformar la literatura. A su regreso a la Argentina, fue uno de los líderes de la renovación literaria en Hispanoamérica.

Hombre de enorme intelecto, agnóstico (o sea, que cree que el ser humano es incapaz de entender la noción de lo absoluto) y políticamente conservador, Borges vive en un mundo intelectual poblado de libros e ideas, no de acción. Como él mismo lo declarara, para él la única aventura es escribir. Las numerosas referencias en sus libros nos muestran que desde pequeño fue lector voraz de literatura inglesa, francesa y española, además de filosofía, historia, escandinavo antiguo, la Biblia y la Cábala. Siendo aún relativamente joven, empezó a perder la vista debido a una enfermedad congénita. No obstante y gracias a su prodigiosa memoria y a secretarios que le leían y le ayudaban con sus manuscritos, Borges siguió escribiendo. Una vez que quedó totalmente ciego, dijo que le resultaba más fácil escribir poesía porque el verso se presta más a ser recordado que la prosa.

En sus libros, Borges se complace en desplazar los elementos tradicionales del espacio, el tiempo y la identidad. En ellos es fácil ver la increíble profundidad de sus conocimientos y su predilección por los juegos del intelecto. Un estudio de su obra revela los siguientes temas: el infinito, el eterno retorno, la coincidencia de la biografía de un individuo con la historia de todos los hombres, el efecto de lo sobrenatural —o superreal— sobre lo real, el universo como laberinto caótico que sólo puede ser ordenado por medio de la inteligencia. Sus cuentos y demás escritos reflejan su enorme conocimiento y la increíble complejidad de su pensamiento.

"Borges y yo" forma parte de *El hacedor* (1960). Como lo indica su título, es un autorretrato en el que Borges presenta, de modo algo esquizofrénico, dos aspectos de sí mismo. Hay aquí un juego entre su ser y el otro; entre Borges, el hombre, y Borges, el autor o personaje famoso. En la descripción de esta dualidad, Borges también nos da su visión de la interacción entre el arte, el artista y la sociedad. Así vemos que la relación que existe entre el artista y su creación nunca es sencilla, como tampoco lo es la relación entre el artista y su público.

Aproximaciones al texto

1. **Soy complicado/a, pero sencillo/a** La personalidad de cada uno de nosotros tiene distintos aspectos. Trate Ud. de descubrir y describir los suyos. ¿Qué contrastes son evidentes en Ud. mismo/a? No se olvide de cambiar el género de las palabras cuando sea necesario.

   ▶ **Por ejemplo:** *Soy impulsivo, pero muy cuidadoso cuando trabajo.*
   Soy alegre, pero muy seria cuando estudio.
   Soy metódico sólo cuando estudio; en lo demás soy un caos.

   ▶ **Por si acaso**

   Soy un poco/bastante...

cuidadoso/a	desordenado/a	impulsivo/a	rebelde	inteligente
metódico/a	alegre	reservado/a	tímido/a	sociable
confiable	irresponsable	serio/a	desconfiado/a	torpe
ocupado/a	trabajador/a	divertido/a	perezoso/a	rápido/a

2. **Mis gustos.** Haga una lista de las cosas que más le gustan a Ud. Incluya actividades físicas e intelectuales, diversiones, comidas, cualidades humanas, etc. Luego, con dos compañeros/as comparen sus listas. ¿En qué se diferencian?

► **Por ejemplo:** *Me encanta ir al campo con una cometa cuando hay viento. Colecciono gafas de todas las épocas y de todo tamaño.*

3. **¿Cuántas personas soy yo?** Describa sus papeles en un párrafo.

► **Por ejemplo:** *Ya sé que soy una sola persona, pero yo veo en mí al/a la (hijo / hija/deportista/hombre/ mujer) profundo/a, responsable (hermano/a/madre/padre...).*

También veo al/a la (persona a quien le gusta pasarlo bien; empleado/a aburrido/a; estudiante agobiado/a; novio/a feliz; padre/madre cansado/a...).

Borges y yo

JORGE LUIS BORGES

Al otro, a Borges, es a quien le ocurren las cosas. Yo camino por Buenos Aires y me demoro,° acaso° ya mecánicamente, para mirar el arco de un zaguán° y la puerta cancel;° de Borges tengo noticias por el correo y veo su nombre en una terna° de profesores o en un diccionario biográfico. Me gustan los relojes de arena, los mapas, la tipografía del siglo XVIII, las etimologías,° el sabor del café y la prosa de Stevenson;[1] el otro comparte estas preferencias, pero de un modo vanidoso que las convierte en atributos de un actor. Sería exagerado afirmar que nuestra relación es hostil; yo vivo, yo me dejo° vivir, para que Borges pueda tramar° su literatura y esa literatura me justifica. Nada me cuesta confesar que ha logrado ciertas páginas válidas, pero esas páginas no me pueden salvar, quizá porque lo bueno ya no es de nadie, ni siquiera del otro, sino del lenguaje o la tradición. Por lo demás, yo estoy destinado a perderme, definitivamente, y sólo algún instante de mí podrá sobrevivir en el otro. Poco a poco voy cediéndole todo, aunque me consta° su perversa costumbre de falsear y magnificar.° Spinoza[2] entendió que todas

tardo / tal vez

portal de una casa / segunda puerta de una casa / tres candidatos a un empleo / estudios de los orígenes de las palabras

permito
idear, crear

yo conozco
exagerar

[1]Robert Louis Stevenson (1850–1894), escritor inglés, autor de *Treasure Island,* muy admirado —como tantos otros ingleses— por Borges.
[2]Baruch Spinoza (1632–1677) filósofo holandés de origen sefardí portugués, excomulgado por su comunidad. Promueve un racionalismo religioso y desarrolla el método cartesiano, dándole una forma rigurosamente geométrica. Su filosofía es panteísta —un sistema que identifica a Dios con el mundo. La filosofía de Spinoza le interesa muchísimo a Borges.

las cosas quieren perseverar en su ser; la piedra eternamente quiere ser piedra y el tigre un tigre. Yo he de quedar en Borges, no en mí (si es que alguien soy), pero me reconozco menos en sus libros que en muchos otros o que en el laborioso rasgueo° de una guitarra. Hace años yo traté de librarme de él y pasé de las mitologías del arrabal° a los juegos con el tiempo y con lo infinito, pero esos juegos son de Borges ahora y tendré que idear° otras cosas. Así mi vida es una fuga y todo lo pierdo y todo es del olvido, o del otro.

No sé cuál de los dos escribe esta página.

tocar

barrio pobre en las afueras de una ciudad

inventar

En torno al texto

● **Hay que fijarse bien**

1. Vuelva a leer el cuento y con un/a compañero/a ubiquen aquellas partes que dicen lo siguiente.

   a. yo soy el ser interno; Borges es la persona a quien le ocurren cosas

   b. a mí me interesa gozar de mi ciudad; a él le interesa su carrera

   c. tenemos los mismos gustos, pero en Borges se convierten en noticia

   d. yo pienso, yo existo para que Borges pueda escribir

   e. las obras de un artista no son personales; le pertenecen al mundo

   f. yo voy a morir y lo que perdurará será la obra de Borges

   g. quizás yo sea más como la música de una guitarra

   h. le doy todo lo que sé y lo que pienso a Borges

   i. el artista crea distorsionando los hechos y los acontecimientos

   j. hace años quise engañar a Borges con nuevas ideas complicadas, pero no me resultó

   k. trato de ser más yo mismo, pero Borges me quita todo lo que pienso

2. Haga una lista de lo que le gusta al "yo".

3. Haga una lista de lo que le gusta a Borges.

● **En términos generales**

1. ¿Por qué lo llama "Borges" al otro y no Jorge Luis?

2. ¿Por qué no se llama a sí mismo Jorge o Borges?

3. ¿Cree Ud. que éste sea un cuento sobre Borges realmente? ¿Por qué?

4. ¿En qué consiste la ironía de este cuento? ¿Se ríe Borges de nosotros o de sí mismo? ¿Por qué?

● Los personajes y sus papeles

1. ¿Cuáles son los personajes de este cuento?

2. ¿En qué persona está narrado el cuento? ¿Quién narra?

3. ¿Cómo se llevan el "yo" y "Borges"? ¿Tienen buenas relaciones?

4. ¿Qué papel tiene el "yo"? ¿Por qué trató de separarse de "Borges" hace años?

5. ¿Qué papel tiene Borges?

6. ¿Cuál de los dos escribió el cuento según Ud.? ¿Por qué?

7. ¿Qué papel tiene la sociedad o la tradición en el arte?

8. ¿Qué sugiere todo esto sobre el papel del artista y de su obra?

Más allá del texto

1. **Dos caras de la misma moneda.** Trate de recordar una situación en la que Ud. se haya sentido como si fuera más de una persona. Describa esta situación en un párrafo.

   ▶ **Por ejemplo:** *Una vez iba en el auto con mi madre y chocamos. Yo salí volando por la puerta. Tendida en la calle, me sentía muy débil, pero al mismo tiempo tenía la sensación de estar observando todo desde afuera. Fue muy extraño.*

2. **Nunca había querido admitirlo, pero...** Haga dos listas —una de las cosas que admite que le gustan cuando está en público y otra de las que no admitiría que le gustan.

   ▶ **Por ejemplo:**

	Lo admito en público	No lo admito
Me vuelve loco/a	*salir*	*salir a bailar*
Me fascina	*ver las telenovelas*	*leer novelas*
Me encanta		
Me gusta		

3. **El "yo" público y el "yo" íntimo.** Con dos o tres compañeros/as analícense un poco. ¿Tienen Uds. una forma distinta de comportarse en público y otra en privado? ¿Cómo cambian? ¿Por qué? ¿Creen que esto le ocurre a todo el mundo? Cuando terminen,

cuéntenle a la clase el contraste más interesante que hayan descubierto.

4. **Yo y mi otro "yo".** Descríbase en dos párrafos refiriéndose a dos aspectos de su persona o dos papeles que tenga. Use la técnica de Borges o la suya propia.

5. **Las dos mitades.** Con un/a compañero/a escriban una escena de dos páginas en que "Borges" y "yo" conversan sobre lo que quieren hacer. Traten de expresar los sentimientos de "ambos".

6. **¿Qué serías sin mí, "yo"?** Escriba un cuento semejante a éste en que el narrador es Borges, no el "yo". ¿Qué cambios habría que introducir? Si Ud. lo desea, cree otros personajes, por ejemplo un lector o un crítico de las obras de Borges.

7. **Mi vida es una fuga.** Escriba dos o tres párrafos con sus propias ideas sobre esta frase de Borges. ¿Qué perdurará de Ud.? ¿Qué le gustaría que permaneciera? ¿Por qué?

● Temas de ensayo

ATAJO: Grammar, Phrases, Expressing Opinion, Subjunctive, Preterite & Imperfect

Elija uno de los siguientes temas según las instrucciones de su profesor/a. Use sus apuntes sobre el texto, especialmente lo que anotó en la sección **En torno al texto.** Cada vez que copie una frase del texto, póngala entre comillas ("...") e indique en qué página aparece.

1. Analice los temas que aparecen en este cuento. Use citas del texto para ilustrar sus opiniones.

2. Trate de determinar cuál de "los dos" Borges escribe el cuento y analice la dualidad de la existencia humana. Use citas del texto.

3. Examine las diferencias que existen según el narrador entre "Borges" y el "yo". Ilustre con citas del texto.

4. Analice la idea de que desaparecemos con la muerte y que lo único que perdura son nuestras creaciones. ¿Está de acuerdo con esto?

5. Compare este cuento con el poema "Autorretrato" de Castellanos (página 154). ¿En qué se parecen? ¿En qué difieren? ¿Qué se puede decir acerca de la dualidad de estos escritores, del tono de sus obras, del uso de la ironía, de la distancia emocional que establecen entre su literatura y su yo?

El hallazgo

Nombre:	Sergio Ramírez (1942–)
Nacionalidad:	nicaragüense
Ocupación:	cuentista, novelista
Obras principales:	*De tropeles y tropelías* (1971)
	El pensamiento vivo de Sandino (1974)
	Castigo divino (1988)
	Cuentos completos (1997)
	Margarita está linda la mar (1998)
	Adiós muchachos. Memoria de la revolución sandinista. (1999)
	Catalina y Catalina (2001)
	Sombras y nada más (2002)
Premios:	Premio Internacional de Novela Alfaguara (1988)
	Premio Dashiell Hammett (1990)
	Premio Internacional de Novela Alfaguara (1992)
	Premio Laure-Bataillon a la Mejor Novela Extranjera
	publicada en Francia (1998)
	Premio Latinoamericano "José María Arguedas" (2000)
Otros datos:	Fundó una revista, *Ventana*, en 1960. Formó parte del
	Grupo de los Doce que luchó contra el gobierno de Somoza.
	Fue vicepresidente de Nicaragua luego de la caída de
	Somoza y miembro del Frente Sandinista hasta 1995.
	Desempeñó varios cargos administrativos universitarios en su
	país. Ha sido miembro de varias comisiones encargadas de
	estudiar temas latinoamericanos. Ha dictado cursos en varias
	universidades estadounidenses y europeas.

FICHA PERSONAL

El escritor nicaragüense Sergio Ramírez nació en Masatepe en 1942. Desde muy joven tuvo vocación de escritor como vemos en su biografía: "En 1960 fundó la revista *Ventana* y con Fernando Gordillo, encabezó el movimiento literario del mismo nombre." (http://sergioramirez.org.ni/firstbiografia.html, página 1). Tres años después publica *Cuentos*, el primero de múltiples libros. Un año más tarde se recibe de abogado de la UNAN.

Como muchos escritores e intelectuales latinoamericanos, él ha desempeñado un gran número de diversos cargos tanto en el ámbito universitario, como en el político. A partir de 1977 "encabezó el grupo de los Doce formado por intelectuales, empresarios, sacerdotes y dirigentes civiles, en lucha contra Somoza" [*Ibid.*]. Luego del triunfo de los sandinistas en 1979, formó parte de la junta de Gobierno de Reconstrucción Nacional. Luego en 1984 fue electo vicepresidente. También fue presidente del Consejo Nacional de Educación y fundó la Editorial Nueva Nicaragua en 1981.

Ramírez ha sido un escritor prolífico que ha publicado varias colecciones de cuentos, novelas, libros de ensayos, testimonios, una memoria de la revolución sandinista y crítica literaria. Como dice Mario Benedetti en su introducción a los *Cuentos completos*, Ramírez "va camino de convertirse en el mejor intérprete de la realidad específicamente centroamericana" (Sergio Ramírez, *Cuentos completos*, México: Alfaguara, 1996, página 11). Muchos de sus cuentos tratan del autoritarismo, las amenazas, la tortura, en otras palabras de los abusos del poder.

En "El hallazgo," sin embargo, vemos más bien el impacto que pueden tener el cine y sus estrellas (o la televisión) sobre la gente.

Es conveniente saber

El bar en la cultura hispana. El bar es una institución del barrio en la cultura hispana y, en general, se concibe como centro de reunión, de apoyo, y de comidas y bebidas siempre listas para calmar el hambre o la sed. Hay mucha gente que va al mismo bar todos los días, puntualmente, a tomarse el café del desayuno o el tentempié (*snack*), tacos o tapas de mediodía, la aspirina para el dolor de la rodilla reumática o simplemente a leer los periódicos que allí hay.

Sin embargo, la gente va al bar para ver y hablar con la gente que está allí y, de paso, comer o beber algo típico de ese bar. Hay gente que tiene varios bares preferidos según se desplazan por la ciudad. Y también hay otros que los días viernes o sábados por la tarde se van "de bares", o sea, tomando distintas cosas en distintos bares según sus especialidades y los parroquianos que allí acuden.

Hay bares de mala muerte también, pero en ésos la gente se reúne para beber o cerrar tratos no muy santos. El bar del barrio no es así y allí puede entrar cualquiera, niño, joven, adulto o anciano y encontrará la acogida de rutina: "¿Lo mismo?" o "¿Qué te pasa chico que vienes tarde de la escuela?" ¿Va Ud. a un lugar así todos los días?

Aproximaciones al texto

El habla en la lengua escrita. Hay muchos escritores que le transmiten al lector un ambiente, un país, una región, un grupo o una clase social reproduciendo en el diálogo o el monólogo de sus personajes el habla cotidiana, tal cual se pronuncia. Esto se puede ver en la literatura gauchesca de Argentina y Uruguay, en las obras teatrales de Florencio Sánchez, en la narrativa de los países andinos, y en la novela de la Revolución Mexicana.

El efecto de habla natural se logra cambiando la ortografía o la acentuación de las palabras, o apocopándolas, o usando un vocabulario que claramente pertenece a la lengua oral. Por ejemplo, aquí tenemos un fragmento de *La gringa* de Florencio Sánchez.

CANTALICIO: —Güenas uñas pa robar.... [Florencio Sánchez, *La gringa. M'hijo el dotor*, Buenos Aires: Troquel, 1966, página 30]

CANTALICIO: —...Vía creer que ya me has perdido el poco cariño que me tenías. [*Ibid.* página 31]

1. Señale los ejemplos de lenguaje hablado en estas citas.

2. ¿Recuerda otros ejemplos de lengua oral en algún otro texto de este libro?

3. Al leer *El hallazgo*, fíjese bien para identificar los dos ejemplos de habla natural que usa el autor.

El hallazgo°

● ● ●

SERGIO RAMÍREZ

—Amigó, ¿no le han dicho a Ud. que se parece en penca° a G. P.?

Él se sonrió de mala gana. No le gustó la comparación y apenas contestó.

—No, nunca me habían dicho...

Y siguió limpiando los vasos del bar y acomodándolos en el estante.

—Jodido°, pero sí es exacto, ¿verdad que es exacto?

El tipo le examinaba minuciosamente y llamó a los demás parroquianos para constatar su dicho. Uno de ellos sacó sus anteojos y se los colocó con cuidado y al cabo de° un rato todos afirmaban que sí era cierto, con sonrisas de descubrimiento, como si el fenómeno hubiera permanecido entre ellos durante tanto tiempo y hasta ahora alguien diera en el clavo.

No había duda que el hombre era idéntico a G. P. Como si dos gotas de agua. Y a un mozo de bar a quien alguien una vez le dice así de pronto que entre él y G. P. no hay más diferencia que entre dos y par, necesariamente le pone en un problema. Algo tiene que hacer, alguna actitud tiene que tomar. Y él comenzó por hacerse el disgustado y por sonreír de mala gana.

descubrimiento

mucho, bastante

Damn!

después de

—Jodido hombré, qué pierdo yo con parecerme a nadie. Al fin, la misma cosa es...

Pero en el bar aquél, después del gran descubrimiento, todos los visitantes asiduos° fueron haciendo su parte, para reconstruir en el mozo° de bar las formas de G.P. Así, uno le halló la enigmática sonrisa, otro los ademanes, el peinado, y sucesivamente fueron descubriendo en él las facciones, miradas, gestos, manera de caminar. Otro más osado encontró en él hasta el peso y la talla. *habituales* *camarero*

—Si no es G. P. en persona ¡que me caiga un rayo!

El tal G. P. comenzó a acosar° al mozo y le veía hasta en el fondo de los vasos que limpiaba, al abrir las llaves de la cerveza, en las botellas, en la superficie de las bandejas, al volverse para el lado del espejo. Alguna vez le había visto actuar en una de sus películas, retratado en alguna revista, pero lo mismo que a Karl Malden o a Pedro Infante, sin ninguna especialidad. Simplemente le conocía. Pero la cosa es que ahora decían que él era exacto a G. P. y eso no era así nomás. Cada día los parroquianos lo acosaban más con el tal parecido y alguien le pidió hasta que sonriera para ver si era cierto. *harass*

Después, ya no sonreía de mala gana sino que se ponía rojo de vergüenza.

—Qué me voy a parecer, son ideas suyas amigo, déjese de cosas...

—¡Pero si le digo que es cierto! ¿Quién le descubrió? ¡Este es un descubrimiento!

Cada tarde y cada noche muchos se acercaban a la barra sólo por verle y al retirarse se iban asintiendo entusiastamente con la cabeza. No había duda. Era el mismo actor en persona. Como recortado de las películas y puesto tras el mostrador.

Y así las cosas, comenzaron a hacerle vivir —primero en forma pequeñita— su vida de G. P. Le comenzó como un gusanito° tierno dentro de su yo. Los primeros síntomas los tuvo cuando al salir de su casa para el trabajo se quedaba grandes ratos frente al espejo observándose el rostro pulgada° a pulgada, probándose tímidamente su nueva personalidad. Su G. P. se acentuó cuando temiendo ser visto se metía furtivamente a los cines que pasaban películas de G. P. Y estalló definitivamente cuando buscaba ansiosamente los programas de cine para encontrar cintas de G. P. Y coleccionaba sus fotos, revistas de cine que hablaran de él, usaba su peinado o sus peinados, estudiaba sus ademanes y ensayaba cada una de sus sonrisas. Algo complicado se le había formado por dentro, agarrado en todas las direcciones de su personalidad sencilla de antes. *little worm* *inch*

Y detrás del mostrador pasó a ser, en cosa de poco tiempo, G. P. para los parroquianos por fuera y G. P. para él por dentro. Estaba embebido° en el artista, hubiera sido capaz de asegurar (si alguien se lo hubiera preguntado) que sentía las propias pasiones de aquél, que vivía sus romances y hasta el calor de los focos del set sobre su cara. Para que esto llegase a suceder fue preciso que los hombres del bar siguieran insistiendo sobre su asombroso parecido; que tuviera un espíritu muy dispuesto° para aceptarlo (como una capa de harina fácil para toda huella° espolvoreada° sobre su alma) y que por supuesto, el sujeto en comparación fuera nada menos que G. P., galán y héroe de cine en infinidad de películas en inglés, con leyendas en castellano.

Instruido abundantemente sobre su otro yo, sabía de cabo a rabo° su vida y milagros. Sus afectos, costumbres, flores y perfumes preferidos, países que le subyugaban°, tipos predilectos de vinos, mujeres y cervezas. Aprendió también su biografía —la que consideraba ya la suya propia— y tapizó su cuarto de fotografías del actor. Estudió su firma y supo de los libros que leía (pero no intentó leerlos nunca). Si alguna vez alguien ha sido víctima del culto a la personalidad, lo fue este mozo de bar (empujado obviamente por las circunstancias) o más bien víctima luego del culto a sí mismo, porque al cabo de algunos meses estaba plenamente convencido de que era G. P. en persona y comenzó a vivir tras el mostrador su nueva y excitante personalidad. Cuando algún cliente se acercaba, estaba seguro de que sonreiría y asentiría con la cabeza —¡es cierto, se parece!—, y él estaba listo ya con sus mejores gestos y giros para hacerle comprender si no lo sabía o reafirmarle si dudaba, de que delante tenía nada menos que a G. P. en carne y hueso, con sonrisa y todo.

Estudiaba sus poses hasta en la manera de voltear la cabeza, en saludar. Afectaba su voz, sus ademanes y quizá por modestia no decía algunas frases en inglés de las que el actor pronunciaba en los momentos culminantes de las innumerables películas en que le había visto actuar después que fue realizado el trascendental descubrimiento.

—¡Ni más ni menos, G. P.!

Y en la calle, juraba que era G. P. para todo el mundo. Saludaba y miraba con esa creencia aunque muchos no lo supieran y ni lo hubieran notado siquiera°. Pero la cosa es que él estaba seguro de que pasaba encima de toda la gente con su aureola de G. P. en la cabeza y que el mundo entero iba a gritar:

—¡Allí va G. P.!

immersed

willing
trace / sprayed

de principio a fin
interesaban

not even noticed

En cada mirada, en cada gesto, encontraba que alguien acababa de descubrirle entre la multitud. Al dar la vuelta° estaba seguro que se quedaban comentando su fenomenal parecido. El G. P. se le había aferrado° dentro de sí, no para dar un G. P. actor de cine, sino un mozo de bar G. P., esto es, un hombre contento de su parecido afectado hasta la coronilla° de la cabeza, pero por fuera siempre mozo de bar para los parroquianos, y G. P. tan sólo como una curiosidad.

— ¡Se parece a G. P., el artista!

Pero lo de adentro, sólo él fue capaz de vivirlo y de sentirlo, a su yo excitado y anhelante por el nuevo rostro que lucía y tratando de saltar hacia arriba como un auténtico G. P., de hacerse ver no como mozo de bar sino como algo excéntrico y luminoso. Gritándose por dentro: —¡mírenme, yo soy G. P.!— como su vida misma y no como una simple curiosidad.

Y un día se halló con que° (la expectación nunca es eterna ni mucho menos cuando se da un plato del día tan simple) las miradas de los parroquianos tuvieron que ir tornándose corrientes y usuales.

— Un whisky, joven.

Y total. Dejaron de llamarse en corrillos° para mostrar a los otros al G. P. Tras el mostrador y quizá hasta sus descubridores del principio dejaron de llegar al bar. Y el mozo empezó a morir por fuera como G. P. Y eso fue lo más grave, porque él seguía siendo tan G. P. como antes, con su misma estatura y su misma sonrisa. Buscaba en las caras la mirada de examen, los golpes con el puño en la mesa de —¡es cierto! —. Y fue hallando que todo iba olvidándose, cuando más necesitaba ser G. P. y ser G. P. para los demás. El espíritu contraído después del hallazgo le acechaba° desde los vasos, en las botellas, en los espejos. Le punzaba° por dentro, se le movía en el alma con incomodidad. Él era una resultante distinta; algo extraño que estaba allí definitivamente. Y el darse cuenta de que a nadie le importaba ya su cara de G. P., le hacía sentirse con un pedazo de sí arrancado dolorosamente. Se aferraba con desesperación a su complejo, como si éste pudiera hundirse° para siempre. Constantemente buscaba en el rostro de alguien la expresión, el gesto, que le ayudara (digámoslo así) a vivir con tranquilidad. Un solo —¡es cierto! ¡si es idéntico!— le hubiera sacado a flote de nuevo, le hubiera hecho volver sobre sí y ser de nuevo G. P. por dentro y por fuera. Ahora hasta su timidez habitual había sido apartada y hacía cosas inauditas porque le reconocieran de nuevo.

— Es como cuando a mí me decían G. P.... decían que me parecía... ¿se acuerda usted?

Se insinuaba nerviosamente a los parroquianos mientras limpiaba el mostrador.

—Ajá...

Y el parroquiano seguía en su periódico, sin levantar la cabeza.

—¡De cuando yo me parecía a G. P.! —decía, pero él sabía que aún se parecía y mucho ¡cómo no! Su rostro tenía las líneas de siempre, su voz era la misma. Y la esperanza de que de pronto todo el mundo resurgiera° de su silencio y abandonara su indiferencia, mantenía ardiendo dentro de él la llama de G. P. A la hora menos pensada alguien iba a llegar con un —¡de verdad, qué cosa más parecida!—. Tenía que ser así y no de otra manera. Cada serie de pisadas frente al mostrador era un nuevo descubridor en potencia, un tipo dispuesto a hacer ver a los demás que este muchacho del bar era una réplica de G. P., el actor de cine, sacado de los carteles a colores de la entrada de los teatros, de la escena más palpitante° de la mejor de sus películas. Y en esto vivió mucho tiempo; mucho tiempo con su cara bien afeitada y el pelo glamorosamente peinado, esperando el par de palabras que iba a suspenderle hacia arriba.

—Amigó, perdone...

Una cara ansiosa, interrogante estaba frente al mostrador. Apoyado en la barra un hombrecito serio lo miraba fijamente. Se volvió hacia el tipo y desde lo profundo de sí, recogió todas sus fuerzas el más estudiado de sus ademanes, la mejor ensayada de sus sonrisas y afectó como nunca su voz:

—Diga usted...

El hombrecito desbarató° una colilla de cigarro en el cenicero.

—Es que le estaba hallando parecido a alguien ahorita... a alguien...

Debajo del mostrador sacó un paquete de cigarrillos y ofreció uno al cliente. Tomó otro y lo encendió de la misma manera que G. P. En la cinta aquella que fuma cigarro tras cigarro en una mesa de juego.

—¿Sí...? ¿A quién?

—No, no es nada... me pareció, pero creo que estaba confundido... perdone...

Del brazo tomó al parroquiano cuando se iba.

—Diga, amigo, diga... ¿a quién?

El hombrecito se metió la gorra hasta la frente y sonrió.

—A un buen amigo que conocí en Guatemala hace como siete años, también en un bar, de mozo. No lo volví a ver desde entonces. Él era un gran tipo... Adiós.

volviera

emocionante

rompió

El hombrecito dio la vuelta y con la mirada lo siguió hasta la acera de enfrente. Con estirado ademán metió el limpiador° en los vasos y sólo se oía el ruido al irlos colocando. En el fondo de su alma estaba su desdichado° G. P. y con dolor sentía cómo ahora sí se iba hundiendo y hundiendo sin remedio.

Eso sintió, perder su fulgurante réplica de Gregory Peck. Porque por un viejo amigo de siete años atrás conocido en un cochino bar como éste, no iba a ponerse a llorar.

Detrás del mostrador, lució por última vez su amarga° sonrisa de film.

brush

infeliz

bitter

En torno al texto

● Hay que fijarse bien

1. Con uno/a o dos compañeros/as copien las distintas frases o expresiones donde se dice lo siguiente o subrayen lo indicado. Luego, usen las frases identificadas en sus ejercicios de redacción y en los ensayos.

   a. El descubrimiento del parecido a G. P.

   b. ¡Dios mío; es muy parecido a G. P.!

   c. Hombre; yo no me parezco a nadie.

   d. El mozo y G. P. son iguales.

   e. Sabía toda la vida de G. P.

2. Haga una lista de los aspectos o características que usaban los clientes para comparar al mozo y a G. P.

   ► **Por ejemplo:** *la manera de caminar, ...*

   _____

   _____

   _____

3. Haga una lista de las maneras en que el mozo estudió y preparó su papel de G. P.

   ► **Por ejemplo:** *aprendió su biografía*

   _____

   _____

   _____

4. Haga una lista de los síntomas y frases que indican "su enfermedad" de ser G. P.

▶ **Por ejemplo:** *el espíritu contraído le punzaba por dentro*

_____

_____

_____

5. Haga una lista de lo que le hacía falta al mozo cuando la gente se cansó de él. Termine las frases que siguen con *hubiera + participio*.

▶ **Por ejemplo:** *Estaba tan posesionado de su papel que... hubiera sido capaz de asegurar que sentía las pasiones de G. P.*

a. Un solo "¡es idéntico!" le hubiera sacado...

b. Una sola mirada le hubiera...

c. Vivió mucho tiempo esperando que alguien le...

d. Habría vivido mejor si alguien le...

e. No habría perdido su timidez si los parroquianos le...

f. Ojalá la cara ansiosa del hombrecito le...

g. No se habría sentido tan perdido si...

6. Lea otra vez el cuento y con un/a compañero/a elijan de las expresiones que siguen las cuatro o cinco que marcan las transiciones entre una parte del cuento y la otra. Luego, ordénenlas cronológicamente.

▶ **Por ejemplo:** Primera parte: *No había duda que el hombre era idéntico a G. P.*

a. Al cabo de algunos meses estaba plenamente convencido de que era G. P. en persona.

b. Y detrás del mostrador pasó a ser, en cosa de poco tiempo, G. P.

c. Uno de ellos sacó sus anteojos y se los colocó con cuidado.

d. Cada tarde y cada noche muchos se acercaban a la barra.

e. No había duda que el hombre era idéntico a G. P.

f. Estudió su firma y supo de los libros que leía (pero no intentó leerlos nunca).

g. Le comenzó como un gusanito tierno dentro de su yo.

h. En cada mirada, en cada gesto, encontraba que alguien acababa de descubrirle entre la multitud.

i. Y total. Dejaron de llamarse en corrillos para mostrar a los demás el G. P. tras el mostrador.

j. El hombrecito dio la vuelta y con la mirada lo siguió hasta la acera de enfrente.

k. Detrás del mostrador, lució por última vez su amarga sonrisa de film.

● En términos generales

1. Analice el cuento usando las siguientes preguntas como guía.

a. ¿A qué se refiere el título?

b. ¿Por qué era un problema que le encontraran parecido a G. P.?

c. ¿Cómo es G. P.? ¿Qué sabemos de él? ¿Qué sabía de él el mozo?

d. ¿Cuándo se hizo presente G. P. en la vida del mozo?

e. ¿Cuándo se apoderó G. P. de la vida del mozo?

f. ¿Qué condiciones se dieron para que se creyera G. P. después de un tiempo?

g. ¿Le fue difícil convertirse en G. P.? ¿Quiénes lo ayudaron? ¿Cómo lo ayudaron?

h. ¿Cuándo tuvo que volver a ser mozo?

i. ¿Por qué no sabemos el nombre de G. P. hasta el final del cuento?

j. ¿Por qué nunca sabemos el nombre del mozo?

k. ¿Cuántas partes puede ver Ud. en este cuento?

● Los personajes y sus papeles

1. ¿Quién narra este cuento? ¿Afecta la voz del narrador el desarrollo del cuento?

2. ¿Qué voz tiene el mozo en la primera parte del cuento? ¿Qué tipo de persona parece ser?

3. ¿Qué voz tiene el mozo en la parte final del cuento? ¿En qué tipo de persona se transformó?

4. ¿Qué otro personaje es muy importante en este cuento? ¿Cuánto sabe Ud. de este personaje? ¿Qué efecto tiene sobre el mozo? ¿Por qué no pudo reconocerlo después de 7 años? ¿Porque estaba más viejo o porque había cambiado?

5. ¿Cree Ud. que el mozo se convirtió en mejor persona después de sentirse como otro por un tiempo? ¿O cree Ud. que la transformación le hizo mal? ¿Por qué?

6. ¿Qué cree Ud. que pasó al día siguiente de la visita del hombrecito? ¿Qué vio el mozo en el espejo del baño? ¿Cómo se peinó ese día?

Más allá del texto

1. **Por dentro y por fuera.** Descríbase cómo siente Ud. que es en realidad, no cómo lo/la ve la gente.

   ▶ **Por ejemplo:** *Realmente soy bastante tímida, aunque la gente que me ve en el espejo no lo sabe.*

2. **Nuevos papeles.** Escriba al menos dos párrafos en que describe qué hizo Ud. para representar un papel nuevo y conseguir algo que le interesaba mucho. Describa la transformación con muchos detalles. Si desea, puede describir la transformación de otra persona según sus observaciones.

   ▶ **Por ejemplo:** *Para conseguir permiso para ir a... me convertí en otra persona para agradar a... Aprendí a sonreír a menudo y a... También me presenté/ comporté como un/a... según lo que más le gustaba a... Por casi un mes...*

3. **Otra cara en el fondo del vaso.** Explique Ud. qué ve cuando se ve a sí mismo/a en el fondo de un vaso o en una ventana. Trate de describir cómo es y qué piensa esa persona que Ud. ve. Explique también en qué se diferencia de su persona de todos los días. Si desea, puede expresar lo que ve en forma de poesía.

   ▶ **Por ejemplo:** *Dos ojos con miedo, pelo caído y una boca grande que... Ayer y mañana no sabe qué decir en la clase de inglés aunque... Tiene más ideas sobre cómo debe ser la vida que... Veo una persona que en todos los bares del mundo...*

4. **Primeros y segundos planos.** A veces, nos comportamos de distinta manera según tengamos que tomar la iniciativa o no. Explique qué hace Ud. en estos dos casos.

   ▶ **Por ejemplo:** *En un día de examen me parece que estoy en segundo plano porque...*

5. **¡Qué esperanza!** A menudo pensamos que la gente nos está observando o fijándose en nuestra ropa, peinado o manera de andar. Escriba cinco frases sobre los pensamientos de una persona que se siente observada.

   ▶ **Por ejemplo:** *Después de pasar frente a la fraternidad estoy seguro que los chicos se pusieron a comentar mi...*

6. **Una crónica.** Con un/a compañero/a usen las frases de transición que identificaron en **Hay que fijarse bien (4)** y escriba una narración que va a aparecer en el diario del pueblo al día siguiente de la muerte del mozo.

7. Al día siguiente. Con un compañero/a describan oralmente lo que sucedió en el bar al día siguiente de la visita del hombrecito. Si desean, pueden actuar una conversación entre el mozo y otro parroquiano o pueden narrar dramáticamente el estado interior del mozo.

● Temas de ensayo

ATAJO: Grammar, Phrases, Expressing Opinion, Subjunctive, Preterite & Imperfect

Elija uno de los siguientes temas según las instrucciones de su profesor/a. Use sus apuntes sobre el texto, especialmente lo que anotó en la sección **En torno al texto.** Cada vez que copie una frase del texto, póngala entre comillas ("...") e indique en qué página aparece.

1. Analice cómo una persona puede cambiar en base a lo que otros esperan de ella. Piense en un famoso político/a, un/a deportista, un actor o actriz o una persona que Ud. conozca bien. Describa los motivos del cambio, el cambio mismo y el regreso a la primera identidad, si es que hubo regreso.

2. Escriba una descripción física y sicológica del mozo antes y después del hallazgo. Use las palabras y frases que copió en **Hay que fijarse bien** como ayuda para escribir este retrato del mozo.

3. Describa y analice la tensión entre el yo interno y el yo externo del mozo. Explique cómo se desarrolló y desapareció esta tensión y qué efectos tuvo en él.

Las lavanderas
Adolfo Halty Dubé

QUINTA PARTE

La trama social

Desde muy joven la tía Eloísa...

Nombre:	Ángeles Mastretta (1949–)
Nacionalidad:	mexicana
Ocupación:	cuentista, novelista, periodista
Obras principales:	*Arráncame la vida* (1986)
	Mujeres de ojos grandes (1990)
	Puerto libre (1993)
	Mal de amores (1996)
	El mundo iluminado (1998)
	Cielo de leones (2003)
Otros datos:	Premio Mazatlán, 1985
	Premio Rómulo Gallegos, 1997
	Directora de Difusión Cultural de la ENEP-Acatlán (1975–77)
	Directora del Museo del Chopo (1978–82)
	Ha sido miembro del Consejo Editorial de *NEXOS* y de *FEM*.

FICHA PERSONAL

La escritora mexicana Ángeles Mastretta nació en 1949 en la ciudad de Puebla, donde pasó la niñez. En 1971, después de la muerte de su padre, quien tuvo mucho que ver con su decisión de estudiar periodismo, se trasladó a la Ciudad de México para estudiar en la Universidad Nacional Autónoma de México. Luego de terminar los estudios, publicó en varios periódicos mexicanos como *Ovaciones*, para el que escribía una columna titulada "Del absurdo cotidiano". Colaboró también en revistas como *Excelsior, Unomásuno, La Jornada, y Proceso*. Fue Directora de Difusión Cultural de la ENEP-Acatlán (1975–77) y del Museo del Chopo (1978–82). En 1982 apareció por primera vez en el consejo editorial de *FEM*, una revista feminista. En 1988, como lo señala Carlos M. Coria-Sánchez, Mastretta participó en un programa de televisión, "La almohada", dedicado a charlas y entrevistas. También ha escrito para varias publicaciones extranjeras como *Die Welt* y *El País* de Madrid.

Mastretta ha recibido dos premios literarios importantes: el Premio Mazatlán en 1985 por su primera novela *Arráncame la vida* y el Premio Rómulo Gallegos en 1997 por la segunda, *Mal de amores*. Varios críticos han subrayado el hecho de que fue la primera mujer a quien se le otorgó este premio, hasta entonces reservado a los hombres.

La narrativa de Mastretta se caracteriza por personajes femeninos que rompen con las normas que la sociedad patriarcal y machista suele imponerles a las mujeres. Tanto Catalina, en *Arráncame la vida*, como Emilia, en *Mal de amores*, y las diversas tías de *Mujeres de ojos grandes* se salen de los parámetros establecidos por la sociedad mexicana y subvierten el estado de opresión en que se encontraban las mujeres de sus respectivas épocas. Las tías se rebelan contra las convenciones sociales sobre el papel de la mujer, su sexualidad y la religión. A través de ellas, la escritora le lanza un desafío a la mujer actual, sugiriendo que en el pasado ya hubo mujeres rebeldes y que, en la actualidad, las mujeres debieran asumir la misma actitud independiente.

Aproximaciones al texto

1. **Convenciones sociales.** Para entender mejor la lectura que sigue, reflexione y luego escriba un párrafo sobre las convenciones o normas sociales que existen en Estados Unidos con respecto al papel de la religión en la vida, la educación, la ciencia, el arte y/o la política.

▶ **Por ejemplo:** *En Estados Unidos en general, la gente tiende a...*

2. **La religión y la familia.** Indique cuándo siente Ud. que la religión forma parte de su actitud o de sus decisiones familiares.

▶ **Por ejemplo:** *Mi religión es un factor muy importante para...*

buscar un colegio para los niños	buscar una universidad para mí
sellar acuerdos como matrimonios	organizar acciones comunitarias
ayudar a otros a superarse	organizar y unir a la familia
encontrar apoyo en la adversidad	elegir el lugar donde vivo
elegir mis alimentos y bebidas	hacer nuevos amigos
reunirme con mis familiares y amigos	votar por un candidato político
trabajar de voluntario	irme de misionero a otro país

Desde muy joven la tía Eloísa…

ÁNGELES MASTRETTA

Desde muy joven la tía Eloísa tuvo a bien° declararse atea°. No le fue fácil dar con un marido que estuviera de acuerdo con ella, pero buscando, encontró un hombre de sentimientos nobles y maneras suaves, al que nadie le había amenazado la infancia con asuntos como el temor a Dios.

decidió / que no cree en la existencia de Dios

Ambos crecieron a sus hijos sin religión, bautismo ni escapularios°. Y los hijos crecieron sanos, hermosos y valientes, a pesar de no tener detrás la tranquilidad que otorga saberse protegido por la Santísima Trinidad.

cloth necklace with a religious image

Sólo una de las hijas creyó necesitar del auxilio divino y durante los años de su tardía adolescencia buscó auxilio en la iglesia anglicana. Cuando supo de aquel Dios y de los himnos que otros le entonaban, la muchacha quiso convencer a la tía Eloísa de cuán bella y necesaria podía ser aquella fe.

—Ay, hija –le contestó su madre, acariciándola mientras hablaba—, si no he podido creer en la verdadera religión ¿cómo se te ocurre que voy a creer en una falsa?

En torno al texto

● Hay que fijarse bien

Con uno/a o dos compañeros/as copien las frases o expresiones donde aparece lo siguiente o, por lo menos, subráyenlas en el libro. Luego, usen las frases identificadas para desarrollar sus ejercicios de redacción y los ensayos.

  a. fue difícil encontrar un hombre ateo porque todos siguen la tradición religiosa

  b. como nunca le enseñaron a temer a Dios, el niño creció feliz

  c. ellos tampoco quisieron arruinar la infancia de los niños

  d. una hija se hizo anglicana porque necesitaba apoyo espiritual

  e. como le gustó el ambiente, la chica quiso llevar a su madre a la iglesia

  f. aunque era atea, la madre le dijo que la religión católica era la única válida

● En términos generales

1. ¿Por qué interesa contar la historia de la tía Eloísa?

2. ¿Por qué le costó tanto encontrar un novio ateo como ella?

3. ¿Cuándo rompió con la tradición católica por segunda vez?

4. Parece que el Dios anglicano y su iglesia son diferentes. ¿Qué los distingue?

5. A pesar de su ateísmo, ¿qué declara Eloísa al final?

6. Según ella, ¿qué hace verdadera a una religión?

● Los personajes y sus papeles

1. La madre domina el cuento. ¿Cómo se la imagina Ud.?

2. ¿Qué sabemos del padre? ¿Cómo se lo imagina Ud.?

3. Cuando él le pidió a Eloísa que se casaran, ¿qué condiciones puso ella?

4. ¿Qué papel tienen los abuelos de esta familia en la educación de los niños?

Más allá del texto

1. **Contrastes.** En este breve relato hay varios contrastes. Complete las siguientes frases para establecer cuáles son.

   a. A pesar de que Eloísa creció en una sociedad donde la gran mayoría es católica...

   b. A pesar de que era muy difícil encontrar a un novio ateo...

   c. Pese a que Eloísa y su marido no contaron con el apoyo de la religión...

   d. Pese a que la hija creció en una familia...

   e. A pesar de que era atea, Eloísa declaró que la religión anglicana...

   f. Pese a que este cuento es tan corto...

2. **Nuevos papeles.** La declaración de Eloísa seguramente produjo conmoción en la familia. Complete las frases con las amenazas para asustarla de cada persona de la familia. Siga el modelo.

   ▶ **Por ejemplo:** *La abuela materna le dijo: (descreída, irte al infierno) Descreída, ¡te irás al infierno!*

   a. La madre de Eloísa (loca, perder a todos tus amigos)

   b. El padre de Eloísa (insolente, manchar el honor de esta casa)

    c. La abuela paterna (irrespetuosa, no recibir nada de mi herencia)

    d. La madrina (la única atea del pueblo, quedarte soltera)

    e. Su mejor amiga (pobre, nunca te podrás casar en la catedral)

    f. El sacerdote de la familia (desventurada, dejar la familia del Señor)

    g. Su hermana menor (maravilla, liberarte de toda esta cháchara)

3. ¿Supiste lo que pasó con Eloísa? La verdadera fuerza de la tradición viene de todos los miembros de una sociedad, quienes actúan para protegerla y mantenerla. Esto funciona cuando ellos se cuentan lo que ha sucedido y refuerzan la crítica y las amenazas. Reescriba las frases que escribió en el ejercicio anterior según las contó una tercera persona. Siga el modelo y después trate de usar este tipo de frases en su redacción y el ensayo. Anote los verbos que se usan en este caso: decir, recalcar, sentenciar, declarar, etc.

▶ **Por ejemplo:** *¿Sabes qué le dijo la abuela a Eloísa? "Descreída, ¡te irás al infierno!".*
Le gritó que era una descreída, que se iría al infierno.

    a. La madre le dijo que era una loca, que...

    b. El padre le recalcó que era una..., que...

    c. La abuela paterna la amenazó que era una..., que...

    d. La madrina le anunció que era..., que...

    e. Su mejor amiga se dolió que...

    f. El sacerdote sentenció que...

    g. Su hermana menor se alegró que...

4. No me gusta meterme, pero... Seguramente hay amigos de Eloísa y su novio que tratan de convencerlos para que se reintegren a las actividades religiosas. Con un/a compañero/a imagínense qué consejos les dan (con subjuntivo) y escriban al menos tres.

▶ **Por ejemplo:** *Es conveniente bautizar a los niños para que...*
puedan asistir a la escuela parroquial.

    a. Es mejor seguir la tradición para que...

    b. Es conveniente casarse por la iglesia para que...

    c. Aunque no les interese, debieran ir al servicio anglicano para que...

    d. Ya sé que la Navidad no significa nada para Uds., pero debieran...

    e. Sería necesario que fueran a la misa de la abuela para que...

5. **Promesas ateas.** Con un/a compañero/a escriban la conversación que tuvieron Eloísa y su futuro marido cuando él le propuso matrimonio. Incluya el hecho que no hará ciertas cosas que todo el mundo hace como bautizar a los niños, darles padrinos y madrinas, enviarlos a las clases de catecismo, etc.

▶ **Por ejemplo:** **El ateo:** *¡Cásate conmigo, Eloísa! Te juro por mi vida que te quiero más que nada en el mundo.*

Eloísa: *Yo también te quiero mucho. Pero tenemos que discutir unas cosas muy importantes.*

El ateo: *Sí, claro. Lo que tú quieras. Sólo quiero casarme pronto.*

Eloísa: *Pero no por la iglesia, como dijo tu mamá.*

El ateo: *Es que las amigas de ella van a...*

● **Temas de ensayo**

ATAJO: Grammar, Phrases, Expressing Opinion, Subjunctive, Preterite & Imperfect

Elija uno de los siguientes temas según las instrucciones de su profesor/a. Use sus apuntes sobre el texto, especialmente lo que anotó en la sección **En torno al texto.** Cada vez que copie una frase del texto, póngala entre comillas ("...") e indique en qué página aparece.

1. ¿Cómo se rebela la tía Eloísa? ¿Qué repercusiones habrá tenido esto sobre sus padres y ahora en su propia familia? ¿Por qué cree Ud. que su hija se interesa por la religión?

2. Discuta Ud. en un ensayo la importancia de la última frase del cuento. Explique por qué dice esto Eloísa si se ha declarado atea. Saque conclusiones sobre la influencia de la tradición cultural (en este caso, la tradición religiosa) sobre los miembros de una sociedad. Pregúntese hasta qué punto puede una persona rebelarse contra la sociedad.

3. Analice el papel de la religión en la sociedad. ¿Hasta qué punto es fundamental? ¿Por qué se siguen los preceptos religiosos? ¿Qué papel desempeña la religión en el mundo de hoy? ¿Y en su vida personal?

4. ¿Se puede ser ateo y ser una persona moral y buena? O, en su opinión, ¿es preciso seguir la religión sin excepciones? ¿Hay actos inmorales que se cometen en nombre de la religión? ¿Hasta qué punto podemos imponer nuestras creencias religiosas sobre otra gente? ¿Hay forma de justificar una guerra santa?

Ritmos negros del Perú

Nombre:	Nicomedes Santa Cruz (1925–1992)
Nacionalidad:	peruano, de origen africano
Ocupación:	poeta, estudioso y recopilador de la décima peruana, músico, herrero forjador
Obras:	*Décimas* (1960)
	Cumanana (1964)
	Canto a mi Perú (1966)
	Décimas y poemas (1971)
	Ritmos negros del Perú (1973)
	La décima en el Perú (1982)
Otros datos:	Grabó muchos discos y se hizo famoso por sus éxitos en la radio y la televisión.

FICHA PERSONAL

Nicomedes Santa Cruz nace en el seno de una familia de artistas, cosa que lo prepara muy bien para la singular carrera artística que desarrolló después. Su padre era un conocido autor teatral y su madre era hija del pintor José Milagros Gamarra. Cuando era joven, su encuentro con el famoso decimista peruano Porfirio Vázquez lo hace dejar la cerrajería artística por la poesía. Después de oír declamar a Vázquez, su entusiasmo es tan grande que en ese mismo instante y lugar improvisa la siguiente cuarteta en su honor:

> Criollo, no: ¡Criollazo!
> Canta en el tono que rasques
> Le llaman "El Amigazo"
> Su nombre: Porfirio Vázquez.

[*La décima en el Perú* (Lima: Instituto de Estudios Peruanos, 1982), página 110.]

Aunque algunos intelectuales peruanos como José Carlos Mariátegui critican la explotación del indígena y lo defienden, a la misma vez, atacan al afroperuano, describiéndolo como un ser primitivo cuya influencia ha sido negativa. Hasta recientemente, ha habido pocos estudios serios sobre la cultura afroperuana.

Santa Cruz, entre otros estudiosos, ha revalorado los aportes del negro peruano a la cultura del país. Destacan las contribuciones a diversos aspectos culturales como la música, el habla, la religión y la gastronomía. El renacimiento de la cultura afroperuana data de los años 50 y 60, cuando se produce una concientización iniciada por el ballet folklórico afroperuano Perú Negro. Como lo indica Martha Ojeda en su estudio *Nicomedes Santa Cruz: Ecos de África en Perú* [Rochester: Tamesis Books, 2003], Santa Cruz y su hermana Victoria se encuentran entre los artistas que rescataron el legado africano.

La espontaneidad de su poesía —a menudo improvisada en el momento— y la negritud (*blackness*) de su voz y temas lo distinguen claramente de otros poetas. Su estudio y recopilación de la **décima** (estrofa de diez versos) es importantísimo, ya que es el primero de este tipo que aparece en el Perú. Las décimas reflejan los problemas económicos, políticos y sociales del pueblo peruano. La que aquí sigue, titulada "Ritmos negros del Perú" habla de la dura vida de los esclavos africanos traídos a trabajar en las plantaciones de caña del norte del Perú.

Aproximaciones al texto

1. **La tradición oral en una cultura.** Con un/a compañero/a nombren dos obras o textos que recibimos o heredamos por tradición oral. Den ejemplos en cada caso.

   ▶ **Por ejemplo:** *los dichos: "Más vale tarde que nunca".*

2. **Ritmos y sentimientos.** Diga qué ritmos o canciones asocia Ud. con los siguientes sentimientos y actividades.

   ▶ **Por ejemplo:** *alegría, carnaval = samba*

   a. trabajo

   b. fiesta, temprano por la noche

   c. fiesta, tarde por la noche

   d. pena y dolor

    e. exaltación religiosa

    f. narraciones de episodios del oeste

    g. historias trágicas de amor

    h. protesta política

    i. desfiles militares

    j. baile de gala

3. Salió verso, sin mayor esfuerzo. Hay dichos, proverbios y nombres que tienen una melodía interior o que riman de alguna manera. Con un/a compañero/a, nombren tres ejemplos en inglés y/o español.

	Español	**Inglés**
▶ **Por ejemplo:**	*Igual, Pascual.*	*Ronald McDonald*
	Adelante, elefante.	_____
	_____	_____
	_____	_____
	_____	_____

Es conveniente saber

    ¿Qué es la décima? Es una forma poética muy antigua que fue perfeccionada en el siglo XVI en España por Vicente Espinel (de ahí que también se le llame **espinela**). La décima es una estrofa de diez versos octosílabos (de ocho sílabas) de rima consonante con el siguiente esquema: **a b b a a c c d d c.** Esta forma llega al Perú con los conquistadores españoles y se usa desde el siglo XVI en las ciudades más importantes de la sierra del Virreinato del Perú: Quito, Cajamarca, Cuzco, La Paz, Oruro, Potosí. Según Santa Cruz, a principios del siglo XIX la décima fue quedando relegada a la costa donde había más población mestiza: Trujillo, Lima, Arequipa, Tarapacá. Sin embargo, desde la segunda mitad del siglo XIX "...fueron los núcleos de población negra los que mantuvieron viva esta tradición;" (*La décima en el Perú*, página 17). Esta forma poética es, sobre todo, una forma oral, en la que se reflejan las costumbres, tradiciones y problemática política y social del pueblo. La décima perdura a lo largo de los siglos en el folclore y en las recopilaciones como la de Santa Cruz.

Ritmos negros del Perú.

NICOMEDES SANTA CRUZ

A don Porfirio Vázquez A.

Ritmos de la esclavitud
contra amarguras y penas.
Al compás de las cadenas
ritmos negros del Perú.
...y dice así:

De África llegó mi abuela
vestida con caracoles,
la trajeron lo'epañoles
en un barco carabela.
La marcaron con candela°,   *fuego*
la carimba° fue su cruz.   *marca de esclava*
Y en América del Sur
al golpe de sus dolores
dieron los negros tambores°   drums
ritmos de la esclavitud.

Por una moneda sola
la revendieron en Lima
y en la Hacienda "La Molina"
sirvió a la gente española.
Con otros negros de Angola
ganaron por sus faenas°   *trabajo*
zancudos° para sus venas   mosquitos
para dormir duro suelo
y naíta'e consuelo°   *alivio*
contra amarguras y penas...

En la plantación de caña
nació el triste socabón°,   *décima cantada con*
en el trapiche° de ron   *guitarra / molino donde*
el negro cantó la zaña[1].   *se extrae el jugo de la*
El machete y la guadaña°   *caña de azúcar*
curtió sus manos morenas;   scythe
y los indios con sus quenas°
y el negro con tamborete   *flautas andinas*
cantaron su triste suerte
al compás de las cadenas.

[1]Probablemente contracción de **hazaña** (*deed*).

Murieron los negros viejos
pero entre la caña seca
se escucha su zamacueca°
y el panalivio° muy lejos.
Y se escuchan los festejos
que cantó en su juventud.
De Cañete a Tombuctú,
de Chancay a Mozambique
llevan sus claros repiques°
ritmos negros del Perú.

baile típico peruano
canción de trabajo

acordes

En torno al texto

● **Hay que fijarse bien**

1. Lea otra vez la segunda estrofa del poema y fíjese en la rima. Una los versos que riman con una flecha (→). ¿Ve Ud. ahora que los versos riman de esta manera?: **a bb aa cc dd c**.

2. Copie las palabras que riman para estudiar el tipo de rima.

   ▶ **Por ejemplo:** *sola/española*
   faenas/venas

   ¿Ve Ud. ahora que los versos riman repitiendo exactamente la parte final de las palabras? Ésta se llama "rima consonante".

3. Lea otra vez el poema. Con un/a compañero/a ubiquen en qué versos se dice lo siguiente.

   a. mi abuela llegó por mar con su traje típico

   b. la marcaron con fuego

   c. para olvidar sus penas ella cantaba

   d. la llevaron al mercado de esclavos

   e. trabajaba mucho y no ganaba nada

   f. los negros cantaban cuando trabajaban y para pasar las penas

   g. los indios también tocaban música

   h. los viejos murieron pero persiste la tradición musical

4. Puesto que este poema o canción es eminentemente oral, encontramos contracciones en el texto transcrito. ¿Puede Ud. entender las contracciones?

   a. naíta'e consuelo → nadita _____ _____

   b. lo'epañoles → _____ _____

1. ¿Qué tipo de poema es éste, un poema lírico o una especie de narración?

2. ¿Cuál es el propósito del autor al escribir este poema?

3. ¿Con qué asocia Ud. este poema?

4. ¿Qué nos dice el poema acerca de la situación de los esclavos negros del Perú en el pasado?

5. ¿Era semejante a la situación de los esclavos en este país? ¿Por qué?

● Los personajes y sus papeles

1. ¿Cuál es el papel de los españoles o blancos?

2. ¿Qué papel tienen los negros? ¿Es una función activa o pasiva? ¿Por qué?

3. ¿Qué papel tiene la música?

Más allá del texto

1. **Mis abuelos.** Escriba un poema sobre uno/a de sus abuelos/as en una o dos estrofas. Escoja la forma y la rima que mejor le acomoden, o trate de escribir una décima.

2. **La tradición cultural.** Todo grupo que emigra o es forzado a emigrar trata de mantener sus tradiciones, al menos por un tiempo. Con dos compañeros/as describan la situación de un grupo que Uds. conozcan en dos párrafos. Presten atención a las tradiciones que ellos han logrado conservar.

3. **Canción del estudiante.** Con dos compañeros/as escriban una estrofa de una canción para celebrar el trabajo de los estudiantes. Háganla con ritmo de *rapping* o usen una melodía que conozcan bien como "La cucaracha" o "La bamba".

4. **La tradición oral.** Con dos compañeros/as estudien algunos proverbios y dichos en español (véase la página 219). Luego escriban un informe de dos páginas en que explican lo que aprendieron de ellos. Busquen más información en la biblioteca.

5. **Mi propia décima.** Escriba una décima en que cuente algo divertido o trágico. No se preocupe mucho si la rima no le sale perfecta, pero sí trate de ser sincero/a e interesante.

6. **Los negros hispanos.** Haga un trabajo de investigación de unas tres páginas sobre los negros hispanos del Caribe, del norte de Sudamérica, Centroamérica y/o los Estados Unidos. Su trabajo puede ser histórico o de tipo social. Analice su cultura, sus problemas sociales o laborales, su arte y sus logros. Consulte la bibliografía.

7. **¡Y ahora vamos a bailar!** Prepare una presentación con dos compañeros/as sobre la influencia de los ritmos negros en la música caribeña o estadounidense. Toque algunos ejemplos de ritmos afrocubanos, colombianos, panameños o los que Ud. pueda conseguir. Consiga una pareja que baile o hágalo Ud. mismo/a.

● Temas de ensayo

ATAJO: Grammar, Phrases, Expressing Opinion, Subjunctive, Preterite & Imperfect

Elija uno de los siguientes temas según las instrucciones de su profesor/a. Use sus apuntes sobre el texto, especialmente lo que anotó en la sección **En torno al texto.** Cada vez que copie un verso del texto, póngalo entre comillas ("...") e indique en qué página aparece.

1. Analice los sentimientos y las actitudes del autor en este poema. Use citas del texto.

2. Compare esta décima con la "Balada de los dos abuelos" (página 144). Analice las semejanzas y diferencias entre los temas, los personajes, la forma poética y el tono. Ilustre con citas de los textos.

3. Compare este poema o canción de Santa Cruz con un poema o canción de los negros de los Estados Unidos. Puede ser un *spiritual*, un *rap* o cualquier otro que Ud. conozca. Estudie las semejanzas y diferencias, en especial aquéllas debidas a la influencia de la cultura dominante en el Perú y en los Estados Unidos. Respalde sus opiniones con citas de los poemas estudiados.

4. Analice la negritud y lo indígena americano usando este poema, la "Balada de los dos abuelos" (página 144) y el poema de Neruda, "La United Fruit Co." (página 238). Establezca temas y características comunes, proponiendo una tesis unificadora de estos textos (y otros que le interesen).

¿Por qué me odias tú?

Nombre:	Domitila Barrios de Chungara (1937–)
Nacionalidad:	boliviana de origen indígena
Ocupación:	luchadora por los derechos de los mineros bolivianos
Obras:	*"Si me permiten hablar..." Testimonios de Domitila,*
	una mujer de las minas de Bolivia (1977), testimonio
	recopilado por Moema Viezzer.
	¡Aquí también, Domitila! (1985), testimonio
	recopilado por David Acebey.
Otros datos:	De la oscuridad y dolor de las minas bolivianas, salta a la
	escena internacional por su labor a favor de los mineros de su
	tierra, de los trabajadores y las mujeres. En 1975, fue la única
	mujer de la clase obrera invitada a formar parte de la Tribuna
	del Año Internacional de la Mujer en México.

FICHA PERSONAL

Domitila Barrios de Chungara, al igual que la guatemalteca Rigoberta Menchú (véase la página 20), da testimonio de la vida de los indígenas en Hispanoamérica. Su padre indio fue campesino y luego minero en la mina Siglo XX —donde hubo más de una rebelión y masacre de mineros, sus mujeres y niños. En la mina, el padre se convirtió en dirigente sindical y su lucha tuvo gran influencia sobre Domitila. Muerta su mujer cuando Domitila tenía diez años, la niña se transformó en madre de cuatro hermanitas menores, mientras el padre les inculcaba a todas la idea de que las mujeres tenían los mismos derechos que los hombres y que eran capaces de "hacer las mismas hazañas que hacían los hombres" (*"Si me permiten hablar..."*, página 59). Con mucho sacrificio y luchando contra la percepción que existía en su pueblo de que las mujeres no servían para nada, Domitila terminó la escuela primaria, cosa extraordinaria en aquel tiempo y lugar.

Desde pequeñas y a pesar de su enorme pobreza, Domitila y sus hermanas compartían lo poco que tenían con otros pobres como ellas. Ya mayor, Domitila sigue el ejemplo de su padre y se dedica a luchar por el mejoramiento de las condiciones de vida y de trabajo de los mineros y, en general, por los derechos del pueblo boliviano. A raíz de sus

La vida en Siglo XX, un campamento minero. En "*Si me permiten hablar...*", Domitila habla con detenimiento de la vida en Siglo XX, el campamento minero en que pasó gran parte de su infancia y adolescencia. Su relato describe vívidamente las condiciones en que vivían los mineros y sus familias: trabajan larguísimas horas; las condiciones dentro de la mina son pésimas y peligrosas; la remuneración que reciben los empleados es mínima y, por eso, hay extrema pobreza; el clima es durísimo, sobre todo en invierno; y las viviendas que provee la compañía son completamente inadecuadas.

Peor aún, la falta de atención médica apropiada y de dinero para comprar remedios, además del frío intenso y del hambre crónica, minan la salud y producen desnutrición, acelerando la muerte de chicos y grandes. Una de las hermanitas de Domitila, por ejemplo, comió algo contaminado con veneno que encontró en la basura y murió. La muerte de su esposa y la frustración de no poder mantener a las niñas están ligadas a las borracheras del padre, quien termina por maltratarlas, a pesar de que las quiere tanto.

En vista de todas estas dificultades, son admirables el optimismo, la bondad y la generosidad de Domitila, que de niña compartía lo poco que tenía con los que tenían aún menos. Hecha ya mujer, continúa su obra y se dedica a tratar de mejorar la vida de todos los trabajadores. No sólo lucha por los derechos de los mineros y los sindicatos (*labor unions*), sino que crea el Comité de Amas de Casa de Siglo XX, que es un grupo de mujeres que tienen como objetivo lograr cambios sociales. Todo esto le vale la persecución, pero nadie logra callarla, como vemos en sus dos libros.

actividades político-sindicales, se tuvo que exiliar en Suecia, donde vivió con su familia en un campamento de refugiados.

Como en el caso de "La familia" (véase la página 20), la que sigue es **literatura testimonial.** Es decir, el texto es una recopilación o transcripción de la narración oral (testimonio) de una persona. Si Ud. lee con cuidado, se dará cuenta que Domitila está hablándole a otra persona porque de vez en cuando dice algo como "¿verdad?" o "¿no?", buscando la confirmación del que la escucha. El fragmento que sigue forma parte del Anecdotario de ¡*Aquí también, Domitila!*, libro que trata de sus actividades políticas en Bolivia, del exilio y de sus experiencias en los distintos países que ha visitado. En este fragmento, vemos ilustrados el racismo y las tensiones entre las clases sociales.

Aproximaciones al texto

1. **Estar fuera de lugar.** Hay ciertas ocasiones en que a veces nos sentimos mal o fuera de lugar. Combine un elemento de cada columna para indicar qué nos puede producir inseguridad.

La mujer en su grupo. En la cultura hispana, las mujeres suelen desempeñar sus actividades y funciones dentro de un grupo, ya sea el de la familia y los amigos o el de los compañeros de trabajo. En general, la sociedad no apoya ni el desarrollo de sus intereses personales ni su independencia. Sin embargo, es importante notar que esto cambia, en mayor o menor medida, según el nivel socio-económico de la persona. En la lectura que sigue, se puede ver con gran claridad que Domitila, siendo indígena y de la clase obrera, se siente cohibida en un ambiente lujoso y muy incómoda cuando la dejan sola.

▶ **Por ejemplo:** *Me siento fuera de lugar cuando llego a una fiesta y todos están vestidos con mucha elegancia y yo no.*

▶ **Por si acaso**

Me siento/Uno se siente fuera de lugar en/cuando...

una fiesta de mis compañeros	es demasiado elegante
una reunión con un/a profesor/a	son demasiado informales
una cena en casa de mi novio/a	todos son demasiado serios
una reunión de mi piso	hay demasiada gente
una fiesta de familia	hay mucha gente desconocida
un almuerzo en un restaurante	hay mantel y servicio fino
una fiesta de cumpleaños	no tengo suficiente dinero
una despedida	no conozco a nadie
una boda	me tratan formalmente
	es demasiado lujoso
	me siento aparte de los demás

---

2. **¿Cómo reacciona la gente?** La gente reacciona de distintas maneras cuando está en una situación nueva. Elija reacciones de la lista que sigue y explique cuándo las ha observado en otros o en Ud. mismo/a. Agregue otras si le parece.

▶ **Por ejemplo:** *Cuando no conozco a nadie, me pongo nervioso/a y hablo mucho. Otras veces, trato de seguir a un grupo y de hacer lo que hacen todos.*

▶ **Por si acaso**

Para expresarte en una situación incómoda

no digo lo que pienso	me retiro de la reunión
hablo mucho	me siento en un rincón
hablo poco	hago lo que hacen los demás
busco a otra persona como yo	me pongo a leer algo
trato de conversar con alguien	me pongo a comer tranquilamente
camino por todos lados	me pongo a mirar a la gente

---

3. **De la vida real.** Dividan la clase en grupos de 3 o 4 personas y escriban una escena usando las descripciones del problema y de los papeles principales que siguen.

Papel A: Ud. es una persona que está de visita en una ciudad y está esperando que alguien lo/a recoja. Se siente algo incómodo/a porque no conoce nada ni a nadie y está sentado/a solo/a en el salón de un hotel.

Papel B: Ud. Es empleado/a de un hotel y su jefe le ha dicho que tenga mucho cuidado, que no deje entrar a ningún desconocido y que mantenga todo muy limpio y ordenado. Entonces, Ud. ve que hay alguien en el salón.

Escriban el diálogo entre **A** y **B** y otros personajes que Uds. quieran crear. Ensayen la escena y después represéntenla en clase.

▶ **Por si acaso...**

Cómo reaccionar. Para expresar reacciones y opiniones, se usan las construcciones como **gustarle a uno.** En estas construcciones, siempre hay que usar un complemento indirecto antes del verbo; el complemento representa a la persona que reacciona o sujeto. Lo que produce la reacción viene después del verbo y concuerda con él.

▶ **Por ejemplo:** *"Les dolía que la cena era en honor mío y yo no podía comer."*
*"**Me** da rabia su actitud."*
*"No **me** agradó que me echara del comedor."*

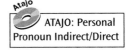

ATAJO: Personal Pronoun Indirect/Direct

a mí me	a ti te	a vos te	a Ud. le	a él/ella le
a nosotros nos	a Uds. les	a Uds. les	a Uds. les	a ellos/as les
	a vosotros os			

Reacciones de agrado:	a mí me... agrada, gusta, encanta, fascina, interesa, parece bien, vuelve loco/a
Reacciones de desagrado:	a mí me... desagrada, duele, molesta, afecta, parece mal, irrita, da rabia, indigna, cae mal

---

4. **Antepasados indígenas.** Con dos compañeros/as averigüen de qué zonas geográficas o países son cinco de los siguientes grupos de indígenas americanos. Indíquelos en un mapa. Cuando terminen, comparen sus resultados con los de otro grupo. Agreguen otros grupos que Uds. conozcan.

> **Por ejemplo:** *Los indios navajos viven principalmente en...*

quechuas	hopis
mayas	navajos
aztecas	cheyenes
chibchas	mohicanos
guaraníes	mineolas
aymaráes	pueblos
jíbaros	comanches

¿Por qué me odias° tú?   *me detestas*

Testimonio de *¡Aquí también, Domitila!*

DOMITILA BARRIOS DE CHUNGARA CON DAVID ACEBEY, RECOPILADOR

Cuando fui a la Conferencia sobre Exilio y Solidaridad Latinoamericana en Venezuela, me pasó una cosa interesante.

Me alojaron° en un hotel lujoso°, tal vez el mejor de Caracas. Me dieron un cuarto grande, con esas comodidades que aterran. Pero después reclamé° y pude conseguir que venga a dormir una compañera conmigo. Incluso les dije que si pensaban que me vendría a vivir con todos mis hijos. Porque aparte de grande y lujoso, tenía tantas camas...   *Me pusieron / elegantísimo* *protesté*

En ese hotel se realizó parte de la Conferencia, la inauguración y la clausura. Había restaurantes lujosos y en uno de ésos invitaron a una cena.

Una de las compañeras que me acompañaba era la encargada° de hacer los preparativos°. Y como le dije que no quería quedarme sola, ella me dijo que bajáramos porque tenía que hacer algunas cosas.   *la responsable de cosas que hay que hacer de antemano*

En el restaurante donde teníamos que cenar, vi una mesa servida ¡con tanto lujo!, ¡tanto detalle!, que parecía de esas películas donde se hacen los banquetes de la burguesía o las fiestas de los reyes. Yo estaba pensando, "sólo en películas se ve este tipo de cosas". Estaba mirando ahí, y en ese momento me dice la compañera:

—Tengo que ausentarme° —y que la esperara allí sentada. Incluso me dijo que si quería beber algo.   *irme*

—Sí —le dije—, me voy a servir un jugo de naranja.

Me trajo el jugo y me quedé sentada a la orilla de la mesa. Cuando de repente me ve uno de los que estaban arreglando y limpiando la mesa del lado, y me dice:

—¡Y usted! ¿qué hace aquí? —así bien alarmado° él.

inquieto

Entonces le digo:

—Le estoy esperando a la señora —pensando que él vio a la compañera, ¿no?

—Usted no puede quedarse aquí —me dice, y me agarra° del brazo y carrera° me lleva por ahí adentro. Me baja por unas gradas°, me mete a un cuarto y me dice: —aquí es donde tiene que esperar.

toma
rápido
escalones

Yo estaba desconcertada. No sabía qué pensar. Y al último° creí que la compañera había encargado que la fuera a esperar a ese otro lugar. Solamente pensé eso y me senté otra vez.

entonces

Era un cuarto grande y estuve mirando... Cuando de repente aparece un señor, abre unos cajones, saca unos platos —ahí al fondo habían habido unas ollas— y comienza a servirse comida. Busca así dónde sentarse. Y cuando me ve se viene a sentar delante de mí.

—¿Tú no comes? —me pregunta.

—¿Hay para comer? —le digo.

—Sí, claro, sírvete —me dice—. Allí están los platos.

Yo no me animaba° todavía a servirme, pero él se paró, alzó un plato y me alcanzó°. Entonces me fui a servir y empezamos a comer. Me preguntó si estaba trabajando o si buscaba trabajo.

atrevía
tomó y me lo dio

—No. No trabajo todavía —le dije.

El se empeñó° en hablar. Me dijo que tenía amigos, que me podía conseguir trabajo y todo eso. Y conforme° íbamos hablando y comiendo fue entrando más gente. Y me di cuenta que en ese lugar comía el personal del hotel.

insistió
a medida que

Ya habíamos acabado ese plato y nos servimos otro. Estábamos muy divertidos°. El me contaba muchas anécdotas de sus hijos, de su hogar. Me avisó° que su señora también trabajaba y que estaban decididos a conseguirme trabajo. Yo no me animaba a decirles qué hacía ahí, ¿no? Solamente le seguí la corriente°. Pero el señor estaba muy convencido de que me iría a trabajar con él. Incluso, me preguntó cuánto me pagaba la señora, pensando que la compañera que me acompañaba era mi patrona.

entretenidos
contó

no lo contradije

La compañera que estaba conmigo comenzó a buscarme. Y como no aparecía por ningún lado, pensaron que había sido secuestrada y movilizaron al personal del hotel, a los detectives. Cuando de repente abrieron la puerta de la cocina y gritaron:

—¡Aquí está! ¡Pero Domitila!

Y se hizo el escándalo, ¿no? Me preguntaron qué es lo que estaba haciendo ahí. Y les dije que le estaba esperando a la compañera, ¿no?

—¡Por qué! ¡Cómo! Si yo te dejé allá arriba —me dijo.

—Pero si me han dicho que venga aquí —le dije.

—¿Quién te dijo? —me preguntó.

Me fijé° rápido y reconocí al señor. Pero como escuché palabras amenazantes° del gerente° que dijo que inmediatamente lo iban a sancionar.

—¡No sé quién será! —nomás° les dije.

Entonces hicieron formar° al personal delante de mí. Pero les dije que lo único que me acordaba era que tenía un saco guindo°, pero como todo el personal tenía el mismo uniforme, con ese pretexto no lo identifiqué. Y volvió la calma.

Empezó la cena, pero yo ya no podía comer. Me dijeron que les acompañara, pero les dije que ya había comido y que me había sentido muy bien allí adentro y que no se apenaran°.

Lo que más les dolía° era que la cena era en mi honor. Entonces me dijeron que por lo menos les acompañe con un café o un refresco. Pedí un refresco. Y mala suerte, porque quien tenía que servirme era el mismo señor que me llevó a la cocina. Noté cierta actitud en él, no tenía voluntad° para servirme. Parecía que me tenía rabia°. Porque cuando me trajo el refresco, lo puso al otro lado, a la orilla de la mesa. Entonces me dolió y me hizo pensar bastante, ¿no? El estaba acostumbrado a servir a "la gente bien", como llaman a los patrones. Pero no estaba acostumbrado a servir a la gente como yo, de su clase. Entonces me dio mucha rabia. Y en ese momento quise decir que fue él el que me echó. Pero pensé y me dije "mejor no digo nada".

Por molestarle, me tomé todo el refresco y después pedí té. Y justamente cuando él estaba cerca mío le dije:

—Deseo un té más —y a él mismo le mandaron por el té.

Hizo lo mismo. Me di cuenta que realmente tenía rabia de servirme.

Bueno. Pasó el acto°. Habíamos terminado de cenar. Todo el mundo se recogía. Salían, charlaban... Yo, intencionalmente me quedé hasta el final. Este señor estaba recogiendo los platos, todo... Entonces me acerqué. Y como él me agarró del brazo, yo le agarré igual y le dije:

—¿Por qué me odias tú? ¿Tú crees que no te he reconocido? ¡Yo te he reconocido! Podía denunciarte pero no lo he hecho. ¿Tú crees que la gente como nosotros no tiene derecho a sentarse un día en un banquete así? —y le dije—: ¿por qué me odiás

miré

que dan miedo / jefe, administrador

solamente

ponerse en fila

chaqueta roja

se preocuparan

les molestaba

no quería

me detestaba

el banquete

vos? Un día, tú o tus hijos igual nos vamos a sentar en un banquete así —y el señor me miró y...

—¡Señora! —me dijo.

Pero no le di más tiempo a reaccionar y me salí.

Claro, esta actitud me dolió más porque éramos de la misma clase. Tal vez si hubiera sido el gerente no me hubiera dolido tanto. Parece que la mentalidad de alguna gente es así, servil con los patrones y rencoroso° con los de su clase.

de mala voluntad

En torno al texto

● Hay que fijarse bien

Lea el texto otra vez. Con un/a compañero/a copien tres frases del texto que indiquen que...

  a. Domitila se siente fuera de lugar
  b. al empleado que come en la cocina le encanta Domitila
  c. Domitila ha decidido estar de acuerdo en todo con el empleado
  d. al camarero no le gusta servirle a Domitila
  e. Domitila quiere molestar un poco al camarero
  f. para Domitila es muy importante que las cosas sigan su ritmo normal
  g. alguien está escuchando el relato de Domitila sin participar en la conversación

● En términos generales

1. ¿Cuál es la idea principal de esta anécdota?

2. En el hotel, ¿qué aprendió Domitila de la gente?

3. ¿Cómo habría reaccionado el empleado si él (y no el camarero) hubiera encontrado a Domitila en el comedor?

4. ¿Qué aprendió Ud. acerca de Domitila y de otras mujeres como ella en esta anécdota?

5. ¿Qué aprendió Ud. acerca de la sociedad hispana en este relato?

● Los personajes y sus papeles

1. ¿Por qué se encontró en esta situación Domitila? ¿Cómo se pudo haber ahorrado la molestia y la rabia?

2. ¿Cómo reacciona el empleado ante Domitila? ¿Por qué?

Reformas en la lengua también. Durante los años de lucha y reivindicación social que precedieron el surgimiento de las dictaduras militares de los años 60 y 70 en Hispanoamérica, se desarrolló en muchos países un cambio en el lenguaje que se caracterizaba por lo siguiente.

a. Cambio generalizado de **usted** a **vos** o **tú** en situaciones públicas entre gente que no se conocía de antes. Antes de esta época, el **vos** o el **tú** (según el dialecto) se reservaba para los amigos íntimos o los familiares exclusivamente.

b. Uso de las palabras **compañero** o **camarada** entre gran parte de la gente joven, amigos, políticos y miembros de los movimientos político-sociales cristianos o socialistas que se difundieron por el continente. El uso de estos términos identificaba a todos aquéllos que apoyaban cambios como: reforma de la universidad, reforma agraria, reforma de la previsión y garantías laborales de los trabajadores y sus sindicatos, reforma de los sistemas sociales para proteger a la madre y el niño, etc.

c. Términos tales como **burgués, vendepatrias, imperialista, colonialista** y **reaccionario** se referían en general a los conservadores y eran usados como insultos. Por el contrario, otros tales como **el pueblo, compañero trabajador, madres trabajadoras,** y **compañero/a,** adquirieron prestigio e identificaban a los que luchaban por los cambios sociales y a la gran mayoría de la juventud estudiantil. Fue en esta época que se hizo famoso el lema usado todavía en varios países: "El pueblo unido jamás será vencido".

En general, el difundido uso en público de **vos** o **tú** son los únicos cambios lingüísticos que sobrevivieron a los golpes de estado y los gobiernos represivos que sucedieron al breve período de efervescencia político-social de los años 60 y 70.

3. ¿Cómo reacciona el camarero ante Domitila? ¿Por qué?

4. ¿Qué aspectos de la personalidad de Domitila se pueden ver en este texto? Describa su personalidad. Use citas del texto para apoyar sus ideas.

5. ¿Qué tipo de persona es el empleado del hotel? ¿Cómo lo sabe Ud.? Use citas del texto.

6. ¿Qué tipo de persona es el camarero? Use citas del texto para describirlo.

7. ¿Qué papel desempeña la encargada del acto? ¿Y la gente que está en el banquete?

Más allá del texto

1. **Todo depende del cristal con que se le mire.** Al parecer, el camarero sacó a Domitila del comedor sólo por su apariencia física. Sin embargo, él pudo haber tenido otros motivos que no conocemos. Con dos compañeros/as encuentren otras dos razones que expliquen su acción. En seguida, compartan sus ideas con toda la clase y defiéndanlas.

▶ **Por ejemplo:** *Creemos que el camarero sacó a Domitila del comedor porque quería...*

2. **Metida de pata.** La mayoría de nosotros hemos cometido algún error por ignorancia, por no saber algo o por no conocer a una persona clave. Entreviste a un/a compañero/a y pregúntele sobre alguna metida de pata importante suya. En seguida, cuéntele lo que descubrió a la clase.

   ▶ **Por ejemplo:** *—¿Has metido la pata alguna vez en público?*
   —Sí, por supuesto. Una vez confundí al jefe con un cliente y le dije que no comprara en esa tienda porque era muy cara. Me echaron inmediatamente.

3. **Retrospectivamente.** Ahora que Ud. ya sabe lo que le pasó a Domitila, hay ciertas preguntas que quedan por contestar. Con un/a compañero/a elijan uno de los temas que siguen. Analícenlo usando las preguntas dadas. En seguida, presenten un resumen a toda la clase o escriban al menos dos párrafos con sus ideas, según las instrucciones de su profesor/a.

   a. ¿Por qué alojaron a Domitila en un gran hotel en vez de llevarla a casa de alguien o a un hotel pequeño? ¿Qué habrían hecho Uds.? ¿Por qué?

   b. Además de charlar con el empleado, ¿por qué comió también Domitila con él? ¿Será parte de su papel como mujer? ¿Será una cuestión cultural? ¿Qué habrían hecho Uds. en su lugar? ¿Por qué?

   c. ¿Por qué decidió Domitila enfrentarse al camarero? ¿Qué habrían hecho Uds. en su lugar? ¿Por qué? ¿Hay alguna diferencia cultural en este caso, según su parecer?

4. **No tan cerca que te queme.** Es interesante analizar la función del contacto físico entre la gente. Con dos compañeros/as analícenla en esta lectura. Usen las preguntas que siguen como guía y prepárense para defender sus ideas ante la clase.

   a. ¿Cuándo hay contacto físico entre los personajes?

   b. ¿Por qué se agarran el brazo?

   c. ¿Qué efecto tiene este contacto en cada uno de ellos?

   d. ¿Qué efecto tuvo en Uds.?

   e. ¿Hay alguna diferencia entre la cultura hispana y la estadounidense en este caso?

5. **Una perspectiva diferente.** Divídanse en grupos pequeños y presenten una pequeña obra sobre lo que pasó en el hotel. Cada persona debe tomar un papel diferente y reaccionar a su manera; es decir, debe hacer lo que le parece bien y no necesariamente lo que

hicieron Domitila, el camarero y el empleado. De esta manera, se puede ver cómo se desarrollan otros tipos de interacción en la misma situación. Después, decidan cuál es la mejor obra y por qué. Además, analicen las diferencias culturales que hayan notado entre las obras y la anécdota de Domitila.

● Temas de ensayo

ATAJO: Grammar, Phrases, Expressing Opinion, Subjunctive, Preterite & Imperfect

Elija uno de los siguientes temas según las instrucciones de su profesor/a. Use sus apuntes sobre el texto, especialmente lo que anotó en la sección **En torno al texto.** Cada vez que use una cita del texto, póngala entre comillas ("...") e indique en qué página aparece.

1. Compare la actitud de los dos hombres frente a Domitila. Analice los efectos que producen en ella y en el lector.

2. Discuta la actitud de Domitila frente a los dos hombres. Analice cuidadosamente su paso gradual de la pasividad al enfrentamiento y trate de explicar sus motivos.

3. Analice los signos lingüísticos y sus funciones en este relato. Por ejemplo, estudie el uso de distintas formas de tratamiento **(Ud., tú, vos)** y las funciones que tienen los pronombres en cada caso (acercar o distanciar a la gente). Estudie también las diferentes estrategias de interacción usadas por Domitila según la situación y según con quién está hablando (a veces sigue la corriente y a veces toma la iniciativa).

4. Comente acerca de los papeles de hombres y mujeres hispanos, según se ve en este testimonio y en las otras lecturas que haya leído hasta la fecha.

5. Compare los dos ambientes: el comedor y la cocina. Analice qué efectos producen en los personajes en conjunto y por separado.

6. Analice la sociedad hispanoamericana según se ve reflejada en este testimonio y en otros que haya leído hasta aquí. Identifique los grupos principales y describa sus características. Explique el papel de la gente como Domitila en esta sociedad.

7. Estudie a Domitila y a Rigoberta Menchú (página 20). Analice las semejanzas entre estas dos mujeres. Explique cómo fue posible que surgieran en sus respectivos contextos. Preste especial atención a la tremenda tarea de desarrollo interior que ambas llevaron a cabo para convertirse en líderes de sus pueblos.

Es conveniente saber

La Hispanoamérica indígena. Gran parte de la población de Hispanoamérica es de origen indígena. Según el país, la proporción de indígenas puede ser alta (como en Bolivia, Perú, Ecuador, Paraguay, México, Guatemala, El Salvador) o más baja (como en Colombia, Venezuela, Puerto Rico, Nicaragua). Es difícil saber exactamente cuál es la población indígena en un país, ya que ahora muchos son **mestizos** (mezcla de indio y europeo) o **zambos** (mezcla de indio y negro). Sea como sea, la influencia de las culturas indígenas y de sus idiomas está presente no sólo en los rasgos físicos de la gente, sino en las costumbres y vocabularios locales.

El delantal blanco

Nombre:	Sergio Vodanović (1926–2001)
Nacionalidad:	chileno de origen yugoslavo
Ocupaciones:	abogado, dramaturgo, profesor, periodista
Obras:	*El príncipe azul* (1947)
	El senador no es honorable (1952), Premio Municipal de Drama (Santiago)
	Mi mujer necesita marido (1953)
	La cigüeña también espera (1955)
	Deja que los perros ladren (1959), Premio Municipal de Drama (Santiago)
	Viña: Tres comedias en traje de baño (1964), Premio Municipal de Drama (Santiago)
	Los fugitivos (1965)
	Perdón,... ¡estamos en guerra! (1966)
	Nos tomamos la universidad (1971)
	El mal espíritu (1990), estrenada en Gottingen
Otros datos:	Escribió varias telenovelas y miniseries para la televisión.

FICHA PERSONAL

Sergio Vodanović es no sólo un destacado y prolífico dramaturgo chileno, sino también abogado, profesor universitario y periodista. Comenzó su larga carrera literaria con *El Príncipe Azul* (1947), su primera obra teatral, escrita antes de haber cumplido veinte años. Toda su obra se caracteriza por la crítica social y su gran preocupación ética.

La obra de Vodanović —si bien refleja el contexto sicológico, social, económico y político de Chile— encuentra resonancias en el resto de Hispanoamérica, ya que los temas que presenta son comunes en la región. Vodanović ataca la corrupción y la hipocresía, cuestiona los valores tradicionales y las instituciones sociales, examina los conflictos que existen entre las generaciones y nos muestra también la enorme distancia que a menudo existe entre nuestros sueños y la realidad.

El delantal blanco forma parte de *Viña: Tres comedias en traje de baño*, una trilogía de obras en un acto que se desarrollan en Viña del Mar, el balneario chileno más elegante y conocido en el siglo XX.

En cada una de estas obras, los personajes nos van demostrando sus prejuicios y las diferencias socioeconómicas entre las clases (de las cuales están muy conscientes). Asímismo, nos revelan sus problemas íntimos, los que generalmente están relacionados a los dos anteriores tanto como a la soledad y la falta de comunicación. "El delantal blanco" se enfoca en la relación que existe entre una señora y su empleada doméstica al igual que en la enorme importancia de las apariencias (o manera de vestirse y arreglarse) como indicación de la clase social a la que uno pertenece.

Aproximaciones al texto

1. **Uniformes.** Indique cuáles de las siguientes personas se pueden reconocer porque llevan un uniforme característico. Describa los uniformes.

abogados	empleadas	enfermeros	mineros	profesores
camareras	domésticas	estudiantes	niñeras	secretarios
choferes	empleados	médicos	pilotos	técnicos
cocineros	de correos	militares	policías	vendedores

2. **Estereotipos.** Hay telas y colores que, según dice la gente, indican a qué grupo social pertenece una persona. Elija un grupo de gente (los jóvenes universitarios o profesionales, los empleados de seguros, los muchachos de colegio, etc.) y trate de caracterizarlo por la ropa que llevan generalmente. Después, con un/a compañero/a, analicen sus descripciones y vean por qué están o no están de acuerdo.

▶ **Por ejemplo:** *Para andar a la moda, los profesionales jóvenes usan trajes de algodón o seda de colores claros, beige o gris suave.*

▶ **Por si acaso**

telas:	seda, algodón, pana, lana pura, lana con poliéster, poliéster, rayón, nailón, acetato, viscosa, microfibra
ropa:	trajes, vestidos, trajes de dos piezas, traje pantalón, blusas, blusones, camisas, poleras, polerones
colores:	negro, blanco, gris, morado, malva, rosa(do), pardo, marrón, azul (marino), azul claro (celeste), verde nilo (claro), plomizo

3. **Con una varita mágica.** Casi todos tenemos por lo menos un traje o un vestido que nos gusta mucho y que nos hace sentir especiales o distintos. Descríbalo con detalles.

▶ **Por ejemplo:** *Cuando me pongo la falda negra con la chaqueta morada que tengo, soy como otra persona porque me quedan muy bien y, por lo tanto, me siento estupenda.*

4. **¿Comodidad o molestia?** Imagínese que en su casa hubieran tenido empleada doméstica cuando Ud. estaba en el colegio, ya sea de puertas adentro o de puertas afuera. Haga dos listas, una de las ventajas y otra de las desventajas de tener una criada en casa. Use frases con *habría + participio pasado*.

▶ **Por ejemplo:** *Comodidad:*   *Me habría hecho la cama todos los días.*
                   Molestia: *Habría sabido demasiado acerca de mí.*

Atajo

ATAJO:
Compound Tenses

gafas de sol

El delantal blanco

SERGIO VODANOVIĆ

Personajes

LA SEÑORA
LA EMPLEADA
DOS JÓVENES
LA JOVENCITA
EL CABALLERO DISTINGUIDO

La playa.
Al fondo, una carpa°. tienda
Frente a ella, sentadas a su sombra, la SEÑORA y la EMPLEADA.
La SEÑORA está en traje de baño y, sobre él, usa un blusón de toalla blanca que le cubre hasta las caderas. Su tez° está tostada por piel
un largo veraneo°. La EMPLEADA viste su uniforme blanco. La vacaciones
SEÑORA es una mujer de treinta años, pelo claro, rostro° atrayente cara
aunque algo duro. La EMPLEADA tiene veinte años, tez blanca, pelo
negro, rostro plácido y agradable.

LA SEÑORA: *(Gritando hacia su pequeño hijo, a quien no ve y que se*
supone está a la orilla del mar, justamente, al borde del escenario.)
¡Alvarito! ¡Alvarito! ¡No le tire arena a la niñita! ¡Métase al
agua! Está rica°... ¡Alvarito, no! ¡No le deshaga° el castillo a la muy buena / No le
niñita! Juegue con ella... Sí, mi hijito... juegue... destruya

LA EMPLEADA: Es tan peleador°... agresivo

LA SEÑORA: Salió al° padre... Es inútil corregirlo. Tiene una per- Es como su
sonalidad dominante que le viene de su padre, de su abuelo,
de su abuela... ¡sobre todo de su abuela!

LA EMPLEADA: ¿Vendrá el caballero° mañana? su marido

LA SEÑORA: *(Se encoge de hombros con desgano°.)* ¡No sé! Ya estamos sin interés
en marzo, todas mis amigas han regresado y Alvaro me tiene
todavía aburriéndome en la playa. El dice que quiere que el
niño aproveche° las vacaciones, pero para mí que es él quien take advantage of
está aprovechando. *(Se saca el blusón y se tiende a tomar sol.)*
¡Sol! ¡Sol! Tres meses tomando sol. Estoy intoxicada de sol.
(Mirando inspectivamente a la EMPLEADA.) ¿Qué haces tú
para no quemarte?

LA EMPLEADA: He salido tan poco de la casa...

LA SEÑORA: ¿Y qué querías? Viniste a trabajar, no a veranear. Estás
recibiendo sueldo, ¿no?

LA EMPLEADA: Sí, señora. Yo sólo contestaba su pregunta...

*La SEÑORA permanece tendida recibiendo el sol. La EMPLEADA
saca de una bolsa de género° una revista de historietas fotografiadas°
y principia° a leer.*

LA SEÑORA: ¿Qué haces?

LA EMPLEADA: Leo esta revista.

LA SEÑORA: ¿La compraste tú?

LA EMPLEADA: Sí señora.

LA SEÑORA: No se te paga tan mal, entonces, si puedes comprarte
tus revistas, ¿eh?

La EMPLEADA no contesta y vuelve a mirar la revista.

LA SEÑORA: ¡Claro! Tú leyendo y que Alvarito reviente, que
se ahogue°...

LA EMPLEADA: Pero si está jugando con la niñita...

LA SEÑORA: Si te traje a la playa es para que vigilaras° a Alvarito y
no para que te pusieras a leer.

*La EMPLEADA deja la revista y se incorpora° para ir donde está
Alvarito.*

LA SEÑORA: ¡No! Lo puedes vigilar desde aquí. Quédate a mi lado,
pero observa al niño. ¿Sabes? Me gusta venir contigo a la
playa.

LA EMPLEADA: ¿Por qué?

LA SEÑORA: Bueno... no sé... Será por lo mismo que me gusta
venir en el auto, aunque la casa esté a dos cuadras. Me gusta
que vean el auto. Todos los días, hay alguien que se para al
lado de él y lo mira y comenta. No cualquiera tiene un auto
como el de nosotros... Claro, tú no te das cuenta de la diferencia. Estás demasiado acostumbrada a lo bueno... Dime...
¿Cómo es tu casa?

LA EMPLEADA: Yo no tengo casa.

LA SEÑORA: No habrás nacido empleada, supongo. Tienes que
haberte criado en alguna parte, debes haber tenido padres...
¿Eres del campo?

LA EMPLEADA: Sí.

LA SEÑORA: Y tuviste ganas de conocer la ciudad, ¿ah?

LA EMPLEADA: No. Me gustaba allá.

LA SEÑORA: ¿Por qué te viniste, entonces?

LA EMPLEADA: Tenía que trabajar.

LA SEÑORA: No me vengas con ese cuento. Conozco la vida de los
inquilinos° en el campo. Lo pasan bien. Les regalan una
cuadra para que cultiven. Tienen alimentos gratis y hasta les

Marginal glosses:
tela / fotonovelas
empieza

que muera en el agua

cuidaras

se para

campesinos

sobra° para vender. Algunos tienen hasta sus vaquitas... ¿Tus padres tenían vacas?   *tienen de más*

LA EMPLEADA: Sí, señora. Una.

LA SEÑORA: ¿Ves? ¿Qué más quieren? ¡Alvarito! ¡No se meta tan allá° que puede venir una ola! ¿Qué edad tienes?   *No vaya tan adentro*

LA EMPLEADA: ¿Yo?

LA SEÑORA: A ti te estoy hablando. No estoy loca para hablar sola.

LA EMPLEADA: Ando en° los veintiuno...   *Tengo aproximadamente*

LA SEÑORA: ¡Veintiuno! A los veintiuno yo me casé. ¿No has pensado en casarte?

La EMPLEADA baja la vista y no contesta.

LA SEÑORA: ¡Las cosas que se me ocurre preguntar! ¿Para qué querrías casarte? En la casa tienes de todo: comida, una buena pieza, delantales limpios... Y si te casaras... ¿Qué es lo que tendrías? Te llenarías de chiquillos, no más.

LA EMPLEADA: *(Como para sí.)* Me gustaría casarme...

LA SEÑORA: ¡Tonterías! Cosas que se te ocurren por leer historias de amor en las revistas baratas... Acuérdate de esto: los príncipes azules° ya no existen. No es el color lo que importa, sino el bolsillo.° Cuando mis padres no me aceptaban un pololo° porque no tenía plata, yo me indignaba, pero llegó Alvaro con sus industrias y sus fundos y no quedaron contentos hasta que lo casaron conmigo. A mí no me gustaba porque era gordo y tenía la costumbre de sorberse los mocos,° pero después en el matrimonio, uno se acostumbra a todo. Y llega a la conclusión que todo da lo mismo,° salvo° la plata. Sin la plata no somos nada. Yo tengo plata, tú no tienes. Esa es toda la diferencia entre nosotras. ¿No te parece?   *hombres ideales / cuánto dinero tienen / enamorado (chilenismo) / to sniffle / no importa nada / excepto*

LA EMPLEADA: Sí, pero...

LA SEÑORA: ¡Ah! Lo crees ¿eh? Pero es mentira. Hay algo que es más importante que la plata: la clase. Eso no se compra. Se tiene o no se tiene. Alvaro no tiene clase. Yo sí la tengo. Y podría vivir en una pocilga° y todos se darían cuenta de que soy alguien. No una cualquiera. Alguien. Te das cuenta,° ¿verdad?   *lugar para los cerdos / Comprendes*

LA EMPLEADA: Sí, señora.

LA SEÑORA: A ver... Pásame esa revista. *(La EMPLEADA lo hace. La SEÑORA la hojea. Mira algo y lanza una carcajada.)* ¿Y esto lees tú?

LA EMPLEADA: Me entretengo,° señora.   *Me divierto*

LA SEÑORA: ¡Qué ridículo! ¡Qué ridículo! Mira a este roto° vestido de smoking.° Cualquiera se da cuenta que está tan incómodo en él como un hipopótamo con faja°... *(Vuelve a mirar en la*   *hombre vulgar, obrero (chilenismo) / tuxedo / girdle revista.*) ¡Y es el conde de Lamarquina! ¡El conde de Lamarquina! A ver... ¿Qué es lo que dice el conde? (*Leyendo.*) "Hija mía, no permitiré jamás que te cases con Roberto. El es un plebeyo. Recuerda que por nuestras venas corre sangre azul". ¿Y ésta es la hija del conde?

LA EMPLEADA: Sí. Se llama María. Es una niña sencilla y buena. Está enamorada de Roberto, que es el jardinero del castillo. El conde no lo permite. Pero... ¿sabe? Yo creo que todo va a terminar bien. Porque en el número anterior Roberto le dijo a María que no había conocido a sus padres y cuando no se conoce a los padres, es seguro que ellos son gente rica y aristócrata que perdieron al niño de chico o lo secuestraron...

LA SEÑORA: ¿Y tú crees todo eso?

LA EMPLEADA: Es bonito, señora.

LA SEÑORA: ¿Qué es tan bonito?

LA EMPLEADA: Que lleguen a° pasar cosas así. Que un día cualquiera, uno sepa que es otra persona, que en vez de ser pobre, se es rica; que en vez de ser nadie se es alguien, así como dice Ud...   *puedan*

LA SEÑORA: Pero no te das cuenta que no puede ser... Mira a la hija... ¿Me has visto a mí alguna vez usando unos aros así? ¿Has visto a alguna de mis amigas con una cosa tan espantosa? ¿Y el peinado? Es detestable. ¿No te das cuenta que una mujer así no puede ser aristócrata?... ¿ A ver? Sale fotografiado aquí el jardinero...

LA EMPLEADA: Sí. En los cuadros del final. (*Le muestra en la revista. La SEÑORA ríe encantada*).

LA SEÑORA: ¿Y éste crees tú que puede ser un hijo de aristócrata? ¿Con esa nariz? ¿Con ese pelo? Mira...Imagínate que mañana me rapten a Alvarito. ¿Crees tú que va a dejar por eso de tener su aire de distinción?

LA EMPLEADA: ¡Mire, señora! Alvarito le botó° el castillo de arena a la niñita de una patada.   *le tiró abajo, le destruyó*

LA SEÑORA: ¿Ves? Tiene cuatro años y ya sabe lo que es mandar, lo que es no importarle los demás. Eso no se aprende. Viene en la sangre.

LA EMPLEADA: (*Incorporándose.*) Voy a ir a buscarlo.

LA SEÑORA: Déjalo. Se está divirtiendo.

La EMPLEADA *se desabrocha el primer botón de su delantal y hace un gesto en el que muestra estar acalorada.*

LA SEÑORA: ¿Tienes calor?

LA EMPLEADA: El sol está picando fuerte.

LA SEÑORA: ¿No tienes traje de baño?

LA EMPLEADA: No.

LA SEÑORA: ¿No te has puesto nunca traje de baño?

LA EMPLEADA: ¡Ah, sí!

LA SEÑORA: ¿Cuándo?

LA EMPLEADA: Antes de emplearme. A veces, los domingos, hacíamos excursiones a la playa en el camión del tío de una amiga.

LA SEÑORA: ¿Y se bañaban?

LA EMPLEADA: En la playa grande de Cartagena.° Arrendábamos° trajes de baño y pasábamos todo el día en la playa. Llevábamos de comer y...

balneario de obreros y clase media baja / Alquilábamos

LA SEÑORA: *(Divertida.)* ¿Arrendaban trajes de baño?

LA EMPLEADA: Sí. Hay una señora que arrienda en la misma playa.

LA SEÑORA: Una vez con Álvaro, nos detuvimos en Cartagena a echar bencina° al auto y miramos a la playa. ¡Era tan gracioso! ¡Y esos trajes de baño arrendados! Unos eran tan grandes que hacían bolsas° por todos los lados y otros quedaban tan chicos que las mujeres andaban con el traste° afuera. ¿De cuáles arrendabas tú? ¿De los grandes o de los chicos?

gasolina

colgaban
derrière

La EMPLEADA mira al suelo taimada.°

de pésimo humor

LA SEÑORA: Debe ser curioso... Mirar el mundo desde un traje de baño arrendado o envuelta en un vestido barato... o con uniforme de empleada como el que usas tú... Algo parecido le debe suceder a esta gente que se fotografía para estas historietas: se ponen smoking o un traje de baile y debe ser diferente la forma como miran a los demás, como se sienten ellos mismos... Cuando yo me puse mi primer par de medias°, el mundo entero cambió para mí. Los demás eran diferentes; yo era diferente y el único cambio efectivo era que tenía puesto un par de medias... Dime... ¿Cómo se ve el mundo cuando se está vestida con un delantal blanco?

nylons

LA EMPLEADA: *(Tímidamente.)* Igual... La arena tiene el mismo color... las nubes son iguales... Supongo.

LA SEÑORA: Pero no... Es diferente. Mira. Yo con este traje de baño, con este blusón de toalla, tendida sobre la arena, sé que estoy en «mi lugar», que esto me pertenece... En cambio tú, vestida como empleada sabes que la playa no es tu lugar, que eres diferente... Y eso, eso te debe hacer ver todo distinto.

LA EMPLEADA: No sé.

LA SEÑORA: Mira. Se me ha ocurrido algo. Préstame° tu delantal.

Déjame usar

LA EMPLEADA: ¿Cómo?

LA SEÑORA: Préstame tu delantal.

LA EMPLEADA: Pero... ¿Para qué?

LA SEÑORA: Quiero ver cómo se ve el mundo, qué apariencia tiene la playa cuando se la ve encerrada en un delantal de empleada.

LA EMPLEADA: ¿Ahora?

LA SEÑORA: Sí, ahora.

LA EMPLEADA: Pero es que... No tengo un vestido debajo.

LA SEÑORA: *(Tirándole el blusón.)* Toma... Ponte esto.

LA EMPLEADA: Voy a quedar en calzones°...   ropa interior

LA SEÑORA: Es lo suficientemente largo como para cubrirte. Y en todo caso vas a mostrar menos que lo que mostrabas con los trajes de baño que arrendabas en Cartagena. *(Se levanta y obliga a levantarse a la EMPLEADA.)* Ya. Métete en la carpa y cámbiate. *(Prácticamente obliga a la EMPLEADA a entrar a la carpa y luego lanza al interior de ella el blusón de toalla. Se dirige al primer plano y le habla a su hijo.)*

LA SEÑORA: Alvarito, métase un poco al agua. Mójese las patitas°   los pies
siquiera... No sea tan de rulo°... ¡Eso es! ¿Ves que es rica el   que le teme al agua
agüita? *(Se vuelve hacia la carpa y habla hacia dentro de ella.)*   (chilenismo)
¿Estás lista? *(Entra a la carpa.)*

Después de un instante, sale la EMPLEADA vestida con el blusón de toalla. Se ha prendido el pelo hacia atrás y su aspecto ya difiere algo de la tímida muchacha que conocemos. Con delicadeza se tiende de bruces° sobre la arena. Sale la SEÑORA abotonándose aún su   boca abajo
delantal blanco. Se va a sentar delante de la EMPLEADA, pero vuelve un poco más atrás.

LA SEÑORA: No. Adelante no. Una empleada en la playa se sienta siempre un poco más atrás que su patrona. *(Se sienta sobre sus pantorrillas° y mira, divertida, en todas direcciones.)*   calves

La EMPLEADA cambia de postura con displicencia. La SEÑORA toma la revista de la EMPLEADA y principia a leerla. Al principio, hay una sonrisa irónica en sus labios que desaparece luego al interesarse por la lectura. Al leer mueve los labios. La EMPLEADA, con naturalidad, toma de la bolsa de playa de la SEÑORA un frasco de aceite bronceador°   loción para el sol
y principia a extenderlo con lentitud por sus piernas. La SEÑORA la ve. Intenta una reacción reprobatoria, pero queda desconcertada.

LA SEÑORA: ¿Qué haces?

La EMPLEADA no contesta. La SEÑORA opta por seguir la lectura. Vigilando de vez en vez° con la vista lo que hace la EMPLEADA. Ésta ahora se ha sentado y se mira detenidamente las uñas.

de vez en cuando

LA SEÑORA: ¿Por qué te miras las uñas?

LA EMPLEADA: Tengo que arreglármelas.

LA SEÑORA: Nunca te había visto antes mirarte las uñas.

LA EMPLEADA: No se me había ocurrido.

LA SEÑORA: Este delantal acalora.°

da mucho calor

LA EMPLEADA: Son los mejores y los más durables.

LA SEÑORA: Lo sé. Yo los compré.

LA EMPLEADA: Le queda bien.

LA SEÑORA: *(Divertida.)* Y tú no te ves nada de mal con esa tenida.° *(Se ríe.)* Cualquiera se equivocaría. Más de un jovencito te podría hacer la corte°... ¡Sería como para contarlo!

conjunto de ropa (chilenismo)

cortejar

LA EMPLEADA: Alvarito se está metiendo muy adentro. Vaya a vigilarlo.

LA SEÑORA: *(Se levanta inmediatamente y se adelanta.)* ¡Alvarito! ¡Alvarito! No se vaya tan adentro... Puede venir una ola. *(Recapacita de pronto y se vuelve desconcertada hacia la EMPLEADA.)*

LA SEÑORA: ¿Por qué no fuiste tú?

LA EMPLEADA: ¿Adónde?

LA SEÑORA: ¿Por qué me dijiste que yo fuera a vigilar a Alvarito?

LA EMPLEADA: *(Con naturalidad.)* Ud. lleva el delantal blanco.

LA SEÑORA: Te gusta el juego, ¿ah?

Una pelota de goma, impulsada por un niño que juega cerca, ha caído a los pies de la EMPLEADA. Ella la mira y no hace ningún movimiento. Luego mira a la SEÑORA. Ésta, instintivamente, se dirige a la pelota y la tira en la dirección en que vino. La EMPLEADA busca en la bolsa de playa de la SEÑORA y se pone sus anteojos para el sol.

LA SEÑORA: *(Molesta°)* ¿Quién te ha autorizado para que uses mis anteojos?

upset

LA EMPLEADA: ¿Cómo se ve la playa vestida con un delantal blanco?

LA SEÑORA: Es gracioso.° ¿Y tú? ¿Cómo ves la playa ahora?

divertido

LA EMPLEADA: Es gracioso.

LA SEÑORA: *(Molesta.)* ¿Dónde está la gracia?

LA EMPLEADA: En que no hay diferencia.

LA SEÑORA: ¿Cómo?

LA EMPLEADA: Ud. con el delantal blanco es la empleada; yo con este blusón y los anteojos oscuros soy la señora.

LA SEÑORA: ¿Cómo?... ¿Cómo te atreves a decir eso?

LA EMPLEADA: ¿Se habría molestado en recoger la pelota si no estuviese vestida de empleada?

LA SEÑORA: Estamos jugando.

LA EMPLEADA: ¿Cuándo?

LA SEÑORA: Ahora.

LA EMPLEADA: ¿Y antes?

LA SEÑORA: ¿Antes?

LA EMPLEADA: Sí. Cuando yo estaba vestida de empleada...

LA SEÑORA: Eso no es juego. Es la realidad.

LA EMPLEADA: ¿Por qué?

LA SEÑORA: Porque sí.

LA EMPLEADA: Un juego... un juego más largo... como el "paco-ladrón".° A unos les corresponde ser "pacos", a otros "ladrones".

cops and robbers

LA SEÑORA: (Indignada.) ¡Ud. se está insolentando!°

no me está respetando

LA EMPLEADA: ¡No me grites! ¡La insolente eres tú!

LA SEÑORA: ¿Qué significa eso? ¿Ud. me está tuteando?°

tratando de tú

LA EMPLEADA: ¿Y acaso tú no me tratas de tú?

LA SEÑORA: ¿Yo?

LA EMPLEADA: Sí.

LA SEÑORA: ¡Basta ya! ¡Se acabó este juego!

LA EMPLEADA: ¡A mí me gusta!

LA SEÑORA: ¡Se acabó! (Se acerca violentamente a la EMPLEADA.)

LA EMPLEADA: (Firme.) ¡Retírese!°

¡Váyase!

La SEÑORA se detiene sorprendida.

LA SEÑORA: ¿Te has vuelto loca?°

¿Estás loca?

LA EMPLEADA: Me he vuelto señora.

LA SEÑORA: Te puedo despedir° en cualquier momento.

echar del trabajo

LA EMPLEADA: (Explota en grandes carcajadas, como si lo que hubiera oído fuera el chiste más gracioso que jamás ha escuchado.)

LA SEÑORA: ¿Pero de qué te ríes?

LA EMPLEADA: (Sin dejar de reír.) ¡Es tan ridículo!

LA SEÑORA: ¿Qué? ¿Qué es tan ridículo?

LA EMPLEADA: Que me despida... ¡Vestida así! ¿Dónde se ha visto a una empleada despedir a su patrona?

LA SEÑORA: ¡Sácate esos anteojos! ¡Sácate el blusón! ¡Son míos!

LA EMPLEADA: ¡Vaya a ver al niño!

LA SEÑORA: Se acabó el juego, te he dicho. O me devuelves° mis cosas o te las saco.°

me das
quito

LA SEÑORA: ¡Cuidado! No estamos solas en la playa.

LA SEÑORA: ¿Y qué hay con eso? ¿Crees que por estar vestida con un uniforme blanco no van a reconocer quién es la empleada y quién la señora?

LA EMPLEADA: *(Serena.)* No me levante la voz.°　　　　　　　　*No me grite.*

La SEÑORA exasperada se lanza sobre la EMPLEADA y trata de sacarle el blusón a viva fuerza.°　　　　　　　　*a la fuerza*

LA SEÑORA: *(Mientras forcejea.)* ¡China!° ¡Ya te voy a enseñar quién soy! ¿Qué te has creído? ¡Te voy a meter presa!°

rota
en la cárcel

Un grupo de bañistas han acudido al ver la riña.° *Dos JÓVENES, una MUCHACHA y un SEÑOR de edad madura y de apariencia muy distinguida. Antes que puedan intervenir la EMPLEADA ya ha dominado la situación manteniendo bien sujeta*° *a la SEÑORA contra la arena. Esta sigue gritando ad libitum expresiones como: «rota cochina»... «ya te las vas a ver*° *con mi marido»... «te voy a mandar presa»... «esto es el colmo»,*° *etc., etc.*

pelea

tomando firmemente

vas a tener que hablar
too much

UN JOVEN: ¿Qué sucede?

EL OTRO JOVEN: ¿Es un ataque?

LA JOVENCITA: Se volvió loca.

UN JOVEN: Puede que sea efecto de una insolación.

EL OTRO JOVEN: ¿Podemos ayudarla?

LA EMPLEADA: Sí. Por favor. Llévensela. Hay una posta° por aquí cerca...　　　　　　　　*clínica de urgencias*

EL OTRO JOVEN: Yo soy estudiante de Medicina. Le pondremos una inyección para que se duerma por un buen tiempo.

LA SEÑORA: ¡Imbéciles! ¡Yo soy la patrona°! Me llamo Patricia Hurtado, mi marido es Alvaro Jiménez, el político...　　　　　　　　*la señora*

LA JOVENCITA: *(Riéndose.)* Cree ser la señora.

UN JOVEN: Está loca.

EL OTRO JOVEN: Un ataque de histeria.

UN JOVEN: Llevémosla.

LA EMPLEADA: Yo no los acompaño... Tengo que cuidar a mi hijito... Está ahí, bañándose...

LA SEÑORA: ¡Es una mentirosa! ¡Nos cambiamos de vestido sólo por jugar! ¡Ni siquiera tiene traje de baño! ¡Debajo del blusón está en calzones! ¡Mírenla!

EL OTRO JOVEN: *(Haciéndole un gesto al JOVEN.)* ¡Vamos! Tú la tomas por los pies y yo por los brazos.

LA JOVENCITA: ¡Qué risa! ¡Dice que está en calzones!

Los dos JÓVENES toman a la SEÑORA y se la llevan, mientras ésta se resiste y sigue gritando.

LA SEÑORA: ¡Suéltenme! ¡Yo no estoy loca! ¡Es ella! ¡Llamen a Alvarito! ¡El me reconocerá!

Mutis de los dos JÓVENES llevando en peso° a la SEÑORA. La
EMPLEADA se tiende° sobre la arena, como si nada hubiera sucedido,
aprontándose para un prolongado baño de sol.

EL CABALLERO DISTINGUIDO: ¡Está Ud. bien, señora? ¿Puedo serle
  útil° en algo?

LA EMPLEADA: *(Mira inspectivamente al SEÑOR DISTINGUIDO y
  sonríe con amabilidad.)* Gracias. Estoy bien.

EL CABALLERO DISTINGUIDO: Es el símbolo de nuestro tiempo.
  Nadie parece darse cuenta, pero a cada rato, en cada momento sucede algo así.

LA EMPLEADA: ¿Qué?

EL CABALLERO DISTINGUIDO: La subversión del orden establecido.
  Los viejos quieren ser jóvenes; los jóvenes quieren ser viejos:
  los pobres quieren ser ricos y los ricos quieren ser pobres.
  Sí, señora. Asómbrese Ud. También hay ricos que quieren ser
  pobres. Mi nuera va todas las tardes a tejer con mujeres de
  poblaciones callampas.° ¡Y le gusta hacerlo! *(Transición.)*
  ¿Hace mucho tiempo que está con Ud.?

LA EMPLEADA: ¿Quién?

EL CABALLERO DISTINGUIDO: *(Haciendo un gesto hacia la dirección en
  que se llevaron a la SEÑORA.)* Su empleada.

LA EMPLEADA: *(Dudando, Haciendo memoria.)* Poco más de un año.

EL CABALLERO DISTINGUIDO: ¡Y así le paga a Ud.! ¡Queriéndose
  hacer pasar por una señora! ¡Como si no se reconociera a
  primera vista quién es quién! *(Transición.)* ¿Sabe Ud. por qué
  suceden estas cosas?

LA EMPLEADA: ¿Por qué?

EL CABALLERO DISTINGUIDO: *(Con aire misterioso.)* El comunismo...

LA EMPLEADA: ¡Ah!

EL CABALLERO DISTINGUIDO: *(Tranquilizador.)* Pero no nos inquie-
  temos.° El orden está restablecido. Al final, siempre el
  orden se restablece... Es un hecho... Sobre eso no hay dis-
  cusión... *(Transición.)* Ahora, con permiso señora. Voy a
  hacer mi footing° diario. Es muy conveniente a mi edad.
  Para la circulación ¿sabe? Y Ud. quede tranquila. El sol es el
  mejor sedante.° *(Ceremoniosamente.)* A sus órdenes, señora.
  (Inicia el mutis. Se vuelve.) Y no sea muy dura con su empleada, después que se haya tranquilizado... Después de
  todo... Tal vez tengamos algo de culpa nosotros mismos...
  ¿Quién puede decirlo? *(El CABALLERO DISTINGUIDO hace
  mutis.)*

en brazos
se acuesta

ayudarle

urban slums
(chilenismo)

nos preocupemos

mi paseo, caminata

calmante

> *La EMPLEADA cambia de posición. Se tiende de espaldas para recibir el sol en la cara. De pronto se acuerda de Alvarito. Mira hacia donde él está.*
>
> LA EMPLEADA: ¡Alvarito! ¡Cuidado con sentarse en esa roca! Se puede hacer una nana° en el pie... Eso es, corra por la arenita... Eso es, mi hijito... *(Y mientras la EMPLEADA mira con ternura y delectación maternal cómo Alvarito juega a la orilla del mar se cierra lentamente el Telón.)*

lastimar

En torno al texto

● Hay que fijarse bien

1. Lea otra vez esta obra de teatro. Luego ubique y copie las frases o los términos que usa el dramaturgo para describir y definir a:

   a. los hombres: _____

   b. las señoras: _____

   c. las empleadas: _____

   d. la gente "bien": _____

2. Anote qué pronombre (**tú/usted**) usan la señora y la empleada antes y después del cambio de ropa. Anote también qué pronombre se usa para hablarle al niño. ¿Qué generalización puede hacerse en cuanto al trato (uso de **tú** y **usted**) en esta sociedad?

   a. señora a la empleada: al principio, _____; después, _____

   b. empleada a la señora: al principio, _____; después, _____

   c. señora al niño: _____

   d. empleada al niño: _____

3. Complete los siguientes grupos de palabras asociadas.

   a. tener calor, estar _____

   b. a primera vista, bajar la _____

   c. irse de vacaciones, _____

   d. señor, patrón, _____

   e. patrona, _____

● En términos generales

1. Esta obra de teatro, ¿es una comedia o una obra seria? ¿Por qué?

2. En la sociedad que se pinta aquí, ¿hay movilidad? ¿Puede uno cambiarse de grupo social o no? ¿Por qué?

3. Según la obra, en la sociedad chilena, ¿están claramente divididas las clases sociales o no? Si lo están, ¿qué características se usan para dividirlas? ¿Se puede encontrar evidencia en la obra? Cítela.

4. Según sus respuestas a las preguntas 2 y 3, ¿qué diferencias hay entre la sociedad estadounidense y la chilena en cuanto a la posición y la movilidad sociales?

5. ¿En qué meses y dónde se debe veranear si uno es alguien de la clase alta, según la señora? ¿Qué ropa no se pondría ella jamás?

6. ¿Cuál es la intención del autor al terminar la obra como lo hace? Explique.

● Los personajes y sus papeles

1. ¿Cómo se describe la señora? ¿A qué clase social pertenece? ¿Qué le gusta hacer?

2. ¿Qué piensa la señora de su marido? ¿Se casó por amor? ¿A qué edad se casó? ¿Para qué se casa uno según ella? ¿Qué es lo más importante para ella?

3. ¿Qué cambios se producen en la empleada después de sacarse el delantal? ¿Y en la señora después de ponérselo?

4. ¿Qué sabemos acerca de la empleada? ¿Por qué está en Viña? ¿Por qué se fue de su casa? ¿Qué indica esto sobre la vida de los campesinos? ¿Cuál es el sueño de la empleada? ¿Con quién se identifica? ¿Qué es la vida para ella? ¿Qué espera para poder cambiar?

5. ¿Qué papel tiene el marido? ¿Qué es? ¿Cómo es? ¿En qué se le parece su hijo? ¿Por qué no está veraneando con su mujer?

6. ¿Qué simboliza el caballero distinguido? ¿Cómo reacciona él? ¿Qué piensa de los tiempos modernos? ¿Por qué son irónicas sus palabras "el orden está restablecido"?

7. ¿Es importante el papel de Alvarito o no? ¿Por qué?

Más allá del texto

1. ¡Qué señora tan "esnob"! Con un/a compañero/a dibujen a la señora en tenida de playa y en tenida de calle. Si prefieren, descríbanla en un párrafo.

2. **Publicidad inteligente.** Imagínese que trabaja para una agencia de publicidad y que tiene que hacer anuncios de ropa y otros productos para gente como "la señora". Escriba un anuncio comercial que le llame la atención a este grupo socioeconómico. Agréguele un buen dibujo o recorte (clipping) para que atraiga a los clientes.

3. **Los catálogos.** Existen cientos de catálogos de distintos productos y, a veces, es muy fácil adivinar para qué tipo de clientes fueron diseñados. Traiga dos o tres de estos catálogos a la clase, júntese con un/a compañero/a y discutan qué cosas les gustarían más a la señora y al caballero. Expliquen por qué.

4. **Veraneo a la moda.** Con un/a compañero/a preparen un folleto para hacerle publicidad a un balneario de moda. Después, muéstrenle el folleto al resto de la clase y escojan el mejor. Expliquen por qué es el mejor. ¿A quién está dirigido?

5. **Proverbios.** Con dos compañeros/as estudien los siguientes proverbios y después digan cuál se asocia mejor con cada uno de los personajes de la obra. Expliquen por qué.

   a. "Ojos que no ven, corazón que no siente".

   b. "Aunque la mona se vista de seda, mona se queda".

   c. "El hábito no hace al monje".

   d. "Buen amigo es Don Dinero".

   e. "No sólo de pan vive el hombre".

   f. "El que a buen árbol se arrima, buena sombra le cobija".

   g. "De tal palo, tal astilla".

   h. "El que siembra vientos, cosecha tempestades".

   i. "La mujer y la mula en casa y con la pata quebrada".

   j. "Ave de mucha pluma, poca carne".

6. **La escena final.** Escriba la escena que podría seguir al final de la obra. Trate de resolver los problemas de la llegada del marido a la playa, de la vida de la empleada haciendo otro papel y de la reacción de Alvarito.

7. **Libertadores modernos.** Describa en uno o dos párrafos la obra de un hombre o una mujer que haya luchado contra las diferencias entre las clases sociales y sus estereotipos.

   ▶ **Por ejemplo:** *Toda la vida de... fue una lucha contra las diferencias sociales. Él/Ella era de origen muy humilde, sin embargo, estudió/ trabajó en... y, además,...*

8. **De los harapos al armiño.** Con un/a compañero/a escriban una escena sobre una de las siguientes situaciones. En seguida, represéntenla para todos.
   Una de las siguientes personas entra y se sienta en clase:

   a. Una persona totalmente harapienta *(in rags)*.

   b. Una señora con un vestido largo de fiesta de los años 70.

   c. Un señor con un traje de franela gris.

9. **En mi caso.** Escriba la historia de su familia, dando especial énfasis a los períodos de cambio. Explique cómo se efectuó el paso de un nivel socioeconómico a otro (o explique la falta de movilidad). Analice los factores que influyeron en cada caso.

● Temas de ensayo

ATAJO: Grammar, Phrases, Expressing Opinion, Subjunctive, Preterite & Imperfect

Elija uno de los siguientes temas según las instrucciones de su profesor/a. Use sus apuntes sobre el texto, especialmente lo que anotó en la sección **En torno al texto.** Cada vez que use una cita del texto, póngala entre comillas ("...") e indique en qué página aparece.

1. Analice la relación entre señora y empleada antes y después del cambio de ropa. Estudie tanto los cambios sicológicos como los físicos y sociales. Ilustre sus opiniones con citas del texto.

2. Desarrolle el paralelo que existe entre la obra y la historia que se cuenta en la fotonovela. Use citas del texto para apoyar sus ideas.

3. Estudie la actitud hacia la vida de la señora y de la empleada como reflejo de la sociedad chilena.

4. Analice la crítica que hace el autor de su propia sociedad a través de la obra. Estudie la importancia del cambio de ropa y de papeles en los personajes e identifique los vicios sociales que se critican. Las opiniones del Señor Distinguido también le pueden ayudar.

5. Estudie la institución del matrimonio en esta sociedad según la vemos reflejada en esta obra. Describa la relación que se vislumbra entre hombre y mujer en las distintas clases sociales. Use citas del texto para respaldar sus argumentos.

6. Contraste esta obra con "¿Por qué me odias tú?" de Domitila Barrios, (página 193). Analice las leyes que rigen las relaciones de estos miembros de la clase baja entre sí y con sus patrones.

Convocación de palabras

Nombre:	Tino Villanueva (1941–)
Nacionalidad:	estadounidense de origen mexicano
Ocupación:	profesor universitario, poeta, crítico, editor
Obras:	*Hay otra voz* (1972)
	Chicanos: Antología histórica y literaria (1980)
	Shaking off the Dark (1984)
	Crónica de mis años peores (1987)
	Scene from the Movie 'Giant' (1993)
	Primera causa (1999)
Otros datos:	Hijo de una familia de trabajadores agrícolas migrantes de Texas, creció viajando de cosecha en cosecha con su familia. A pesar de lo irregular de su educación primaria y secundaria, se graduó en *South West Texas,* hizo una maestría en *SUNY Buffalo* y se doctoró en literatura española en *Boston University.* En Buffalo, escribe gran parte de los poemas de *Hay otra voz.* En Boston, fundó y todavía edita la revista *Imagine: International Chicano Poetry Journal.* Actualmente, enseña en Boston University.
	National Book Award (1994)
	Distinguished Alumnus Award (1995)

FICHA PERSONAL

La poesía de Villanueva tiene como temas principales el tiempo, la muerte, el silencio, el sufrimiento y la opresión, tanto a nivel personal como a nivel social. Para él —como para Neruda (página 238)— es esencial que la literatura sea comprometida o que sirva a una causa, pues sólo así logrará el escritor el desarrollo y la expresión de su propia identidad (identidad chicana en este caso).

Siempre empeñado en la identificación con su pueblo, Villanueva ha publicado una antología de literatura chicana titulada *Chicanos: Antología histórica y literaria* (1980), en cuya introducción encontramos un largo análisis del origen y desarrollo del término *chicano.* Tanto su ensayo como la antología misma constituyen un valiosísimo aporte al estudio y la diseminación del arte chicano.

Chicano. El término "chicano" ha tenido varias acepciones a lo largo de los años y ha llevado distintas cargas afectivas. Históricamente, se ha usado para referirse a los estadounidenses de ascendencia mexicana y sobre todo a aquéllos de ascendencia indígena-mexicana.

Durante los años 60 y 70, con el surgimiento del Movimiento Chicano (también llamado "La Causa" y "La Raza"), "chicano" se identifica con la toma de conciencia de este grupo. Otros aspectos importantes que caracterizan al chicano son su bilingüismo, su biculturalismo y lo que algunos llaman su "bisensibilismo" y "bivisualismo". Las dos últimas características son producto del biculturalismo, que hace que el chicano vea, sienta y reaccione a las cosas de dos maneras: con la sensibilidad de su propia cultura y con la de la cultura anglosajona que lo rodea.

Al leer su obra oímos varias voces: la del poeta, la del pueblo chicano —a menudo oprimido— y la del terrateniente *(landowner)* opresor. Por un lado, estas voces presentan el conflicto socioeconómico, político y cultural que existe entre los trabajadores chicanos y sus patrones, como vemos en los poemas de *Hay otra voz* (1972). A partir de entonces, forma parte de lo que se ha denominado *The Chicano Literary Renaissance*.

Por otro lado, en *Crónica de mis años peores* (1987), cambia su enfoque y nos habla de la lucha por su propia identidad. En este libro, Villanueva describe su autodescubrimiento y su autocreación a través del dominio de la palabra y de la reivindicación de su pueblo. El poema "Convocación de palabras" nos muestra claramente no sólo la importancia sino el poder de la palabra, tanto escrita como hablada. Una vez dominado el idioma inglés, el poeta logra dos cosas: crearse, como dice él, "en mi propia imagen" y también adquirir la libertad de participar en la sociedad. (Al respecto, véase la página 20, pues Rigoberta Menchú también tuvo que aprender otro idioma).

En "Scene From the Movie *'Giant'*" (1993), Villanueva expresa con enorme elocuencia los sentimientos y las emociones que provoca en él esta película, con sus múltiples escenas de racismo hacia los mexicanos y mexicano-americanos, cuando la vio a los catorce años en San Marcos, Texas. Este largo poema, extraordinario y conmovedor, recibió el *National Book Award* en 1994.

Aproximaciones al texto

1. Los hispanos. Según el lugar y el tiempo, los *hispanoparlantes* o *hispanófonos* (los que hablan español) reciben muchos nombres diferentes. Con un/a compañero/a expliquen qué significan para Uds. los siguientes términos. Si no conocen alguno de ellos, márquenlo con una cruz y búsquenlo en un diccionario o pregúntenle a su profesor/a.

hispano	hispano de	centroame-	nuyorrican
hispanoame-	los EE. UU.	ricano	
ricano	latino	sudamericano	español
iberoame-	mexicano-	norteameri-	
ricano	americano	cano	
latinoamericano	neorriqueño	chicano	

Si Uds. saben otros nombres, agréguenlos a la lista y expliquen su significado. Indiquen si el término es despectivo o no.

2. **Soy bilingüe.** ¿Qué palabras o frases le gusta decir en español en la vida diaria? ¿Por qué? ¿Qué efecto tienen sobre Ud.? ¿Qué connotaciones les da?

▶ **Por ejemplo:** *Me gusta decir... "amigo" y "manos a la obra" en español, porque siento que...*

Es conveniente saber

El mundo del bilingüe. El fenómeno y la experiencia del bilingüismo son fascinantes, pues no sólo se tienen dos idiomas, sino también dos mundos y dos culturas. Por lo general, uno de los idiomas es dominante y una cultura es más fuerte que la otra. Ser bilingüe, por lo tanto, no significa necesariamente que se hablen dos idiomas con la misma facilidad. Ser bilingüe también implica la agonía de identificarse con una cultura en un instante y con la otra, en el siguiente.

A menudo, los dos idiomas tienen áreas de uso bien definidas cuando uno se usa en las relaciones personales y el otro en el trabajo, uno en el colegio y el otro en la iglesia, y así por el estilo. Puesto que los bilingües se mueven en dos mundos, a menudo cambian de idioma para referirse a algo del otro mundo o para reconocer la presencia de hablantes del otro idioma. Este cambio al comienzo de una cláusula a mitad de frase se llama en inglés *code-switching* (cambio del código). Muchas veces, los bilingües y los estudiantes de idiomas también usan palabras prestadas (*loans*) del otro idioma al hablar, especialmente cuando no saben la palabra o cuando no hay un buen equivalente en el idioma que están usando.

En el Mundo Hispano hay mucha gente bilingüe. Por ejemplo, hay hispanos que hablan inglés y español (EE. UU.), catalán y español (España), vascuence y español (España), náhuatl y español (México), guaraní y español (Paraguay, Bolivia), quechua y español (Ecuador y Perú), aymará y español (Bolivia, norte de Argentina). Un grupo muy importante de bilingües son los hispanos de los Estados Unidos, que son la minoría más grande de este país.

En el poema que aparece a continuación, se pueden apreciar algunos casos de *code-switching*... y en esta nota también, por supuesto.

3. ¿Qué función tienen los dos idiomas en este poema? ¿Para qué se usa uno y no el otro, según lo señalado en la nota sobre los bilingües?

4. ¿Qué efecto tiene el cambio de un idioma al otro en Ud.? ¿Cree Ud. que puede entender mejor al poeta por el cambio de idiomas?

Es conveniente saber

Las familias de trabajadores migrantes. Tino Villanueva y muchos otros artistas chicanos pasaron por la singular experiencia de tener una casa a la que volvía la familia por unos pocos meses al año (tal como lo hacía la familia de Rigoberta Menchú, página 20). Estas familias de trabajadores agrícolas migrantes se desplazan de campo en campo y de estado en estado como **braceros** o piscadores, siguiendo las distintas cosechas de verduras, fruta y algodón. El ciclo anual de los *migrant workers* tiene graves consecuencias para los niños, cuyos estudios, intereses y amistades se interrumpen constantemente con el cambio de localidad.

Peor aún, los niños de estas familias empiezan a trabajar desde muy chicos, porque ellos también tienen que ayudar a mantener la casa. Villanueva sufrió en carne propia los resultados de esta dificilísima vida y por ello terminó la secundaria con una preparación deficiente que le impidió ingresar a la universidad por un tiempo.

En el siguiente poema, "Convocación de palabras", Villanueva habla de su lucha por dominar el inglés. **Convocar** significa to *convoke* o reunir y citar. El estudio de otro idioma es, en esencia, una "convocación de palabras" y, al tratar de dominarlo, todos pasamos por lo que ha experimentado Villanueva. Por eso, le hemos dado el mismo título a este libro, que también es una "convocación" de textos de diversos países y autores que reflejan distintos aspectos de la cultura y el arte hispanos.

5. ¿Qué papel tiene la educación en la vida descrita aquí? ¿Por qué? ¿Qué dice el poeta acerca de quién tiene éxito o no en la escuela? ¿Qué puede deducir Ud. sobre este tipo de educación?

6. ¿Hay otro personaje en este poema? ¿Qué evidencia hay?

Convocación de palabras

TINO VILLANUEVA

Yo no era mío todavía.
Era 1960...
y lo recuerdo bien
porque equivocaba a diario
el sentido° de los párrafos;   significado
en la umbría° de una tarde   sombra
enmugrecida° con aire desvalido°   sucia / desamparado
asistía a la vergüenza
de no entender del todo
lo que el televisor
estaba resonando en blanquinegro.°   blanco y negro
Desharás,° me dije,   Eliminarás
las sanciones en tu contra.
Irresoluto adolescente,
recién graduado
y tardío para° todo,   atrasado en
disciplinado a no aprender nada,
harás por ti
lo que no pudo el salón de clase.
Ésta será tu fe:°   religión, ley
Infraction
bedlam
ambiguous.
Las convoqué°   reuní
en el altar de mi deseo,
llevándolas por necesidad
a la memoria.
En la fecundidad de un instante
me fui multiplicando:
affable
prerogative
egregious.

Cada° vez tras otra
asimilé su historia,
lo que equivale° a rescatar°
lo que era mío:
priggish
eschew
impecunious.
Porque las hice doctrina
repetida horariamente,
de súbito
yo ya no era el mismo de antes:
assiduous
faux pas
suffragette.
Ahora desciendo° inagotablemente
de ellas; son
mi hereditaria ofrenda,°
huellas° de sangre vivida
sobre el papel constante:
exhume
querimonious
kibitzer.
Tenaz oficio°
el de crearme en mi propia imagen
cada vez con cada una al pronunciarla:
postprandial
subsequently
y de escribir por fin con voluntad
las catorce letras de mi nombre
y por encima
la palabra
libertad.

Una

es lo mismo que / to rescue

vengo

herencia cultural
marcas

trabajo

En torno al texto

● Hay que fijarse bien

Lea el poema otra vez. Con un/a compañero/a completen las frases que siguen. Después, encuentren y copien los versos a que se refiere cada una de ellas.

    a. No podía expresarme porque no sabía hablar bien; por ejemplo,...

    b. Terminaste la secundaria pero, en realidad,...

c. Me educaré yo mismo y...

d. Me puse a estudiar vocabulario con mucho(s)...

e. Al aprender cada palabra nueva, mi capacidad de comprensión...

f. Mi horizonte cambió cuando...

g. Ahora, tengo una nueva...

h. Fue bastante difícil disciplinarme para...

i. Cuando terminé de estudiar...

● En términos generales

1. Puesto que el poeta hablaba inglés en sus ocupaciones diarias, ¿qué otro tipo de inglés le faltaba? ¿Qué no le habían enseñado en el colegio? ¿Qué efecto tenía esto sobre él?

2. ¿Para qué le hacía falta dominar bien su segundo idioma?

3. Ordene las siguientes funciones de un idioma en orden de importancia, según las ideas del poeta. Después, ordénelas de nuevo, pero según lo que cree Ud. ¿Se parecen las listas? ¿Por qué?

aprender, participar, comprenderse a sí mismo, desarrollar la propia identidad, comunicarse con los demás, pensar

4. Al lograr su propósito de dominar otra área del inglés, ¿qué patrones y qué estereotipos rompe el poeta? ¿Qué influencia cree Ud. que tiene este logro (*achievement*) sobre el individuo y su grupo?

5. ¿Qué conexión hay entre la "convocación de palabras" y la libertad?

● Los personajes y sus papeles

1. ¿Quién habla en este poema?

2. ¿Qué importancia tiene la educación en "Convocación de palabras"?

Más allá del texto

1. Palabras mayores. Con dos compañeros/as expliquen las palabras inglesas que aparecen en "Convocación de palabras". ¿Las conocían Uds.? ¿Cuándo tuvieron que estudiar este tipo de vocabulario? ¿Cómo se lo aprendieron? ¿Para qué sirven estas palabras? Después de discutir estos puntos, compartan sus ideas con otro grupo o con la clase.

2. **Convocación de mis propias palabras.** Piense un momento y haga una lista de cinco a diez palabras que tienen un especial significado para Ud. Luego, explique por qué son importantes o úselas en frases para mostrar cómo las usa.

▶ **Por ejemplo:** *No sé por qué me gusta la palabra* nuptial. *Me hace pensar en...*

3. **Certidumbre.** Juguemos a ser poetas. Escriba un poema en que habla de las tareas de su vida: sus penas, sus alegrías, sus rutinas diarias, lo estable y lo inestable. Use algunos versos de Villanueva si lo desea, pero póngalos entre comillas.

▶ **Por ejemplo:** *Mi vida, ejercicio de reloj aeróbico,*
cansancio de las cosas sabidas,
tantas sorpresas de amor y pánico...
y la certidumbre de mi mesa y mi silla.

4. **Canto al inmigrante/ hombre común.** Escriba un poema en que canta a la gente común que Ud. conoce. Primero, escriba una invocación como "Tú, disciplinado a no..." y después, narre los trabajos y vidas diarias de esta gente. Use algunos versos o palabras del poema, si lo desea, pero póngalos entre comillas.

▶ **Por ejemplo:** *"Tú, disciplinado a no recordar nada"*
que vives en el metro de la ciudad,
que ya no sabes dónde está tu cama,
porque vives en el trabajo y en...

5. **Inmigrante.** Con dos compañeros/as escriban un informe sobre lo que significa ser inmigrante, que trabaja en el campo. Preparen preguntas que pudieran contestar las dudas que tengan y entrevisten a una persona que sea de este grupo. Si tienen tiempo, pueden entrevistar a gente de distintos grupos de inmigrantes para estudiar las diferencias.

6. **A mí también me pasó.** Converse con un/a compañero/a sobre sus propias experiencias como estudiante de idiomas y luego hagan un resumen oral para la clase. O bien, pueden conversar sobre alguna ocasión en que uno de Uds. estuvo en otro estado o pueblo, donde no conocía la manera de hablar de la gente. Analicen sus sentimientos, actitudes, frustraciones y estrategias. Si lo desea, escriba una composición en vez de charlar con un/a compañero/a.

● Temas de ensayo

Elija uno de los siguientes temas según las instrucciones de su profesor/a. Use sus apuntes sobre los textos, especialmente lo que anotó en las secciones de **En torno al texto**. Cada vez que copie un verso

ATAJO: Grammar, Phrases, Expressing Opinion, Subjunctive, Preterite & Imperfect

de los textos, póngalo entre comillas ("...") e indique en qué página aparece.

1. Analice el desarrollo sicológico del poeta desde la toma de conciencia de "Convocación de palabras". Trate de determinar si éste es un crecimiento individual o una conciencia más profunda de la tarea del hombre en la vida.

2. Estudie al trabajador mexicano estacional (migrante) y su problemática a través de este poema de Villanueva. Trate de identificar los temas más importantes y analice las semejanzas y diferencias en la obra de este poeta. Use citas para respaldar sus opiniones.

3. Examine la educación según la presenta Villanueva. Parta de la premisa de que la educación es una tarea social que debe cambiar a la gente. Analice qué efecto tuvo sobre el poeta y su grupo socio-cultural.

4. Analice el concepto de minoría según se puede apreciar en este poema. Estudie sus efectos tanto a nivel social como individual y señale cómo los expresa el poeta.

5. Si a Ud. le interesan los problemas socio-educacionales, use como base este poema y analice los problemas de la educación bilingüe o monolingüe para los niños que viven en dos culturas. Dé su propia visión del problema y/o use las ideas del poeta. Dé citas del texto cuando sea necesario.

6. Muchos se oponen a que los inmigrantes tengan derecho a ir a las escuelas públicas, los hospitales y otras instituciones. Escriba un artículo de tipo periodístico no muy largo, en que Ud. describe la ola de inmigración y los problemas de los inmigrantes en un área que Ud. conozca bien. Explique qué trabajos empezaron a hacer o hacen ahora y cómo fueron recibidos por la comunidad. Termine con un comentario sobre las tensiones que esto produce en la comunidad.

Artigas
Adolfo Halty Dubé

SEXTA PARTE

La política y el individuo

La certeza

Nombre:	Roque Dalton (1933–1975)
Nacionalidad:	salvadoreño
Ocupación:	poeta, dramaturgo, ensayista, periodista
Obras principales:	*La ventana en el rostro* (1961)
	El turno del ofendido (1962)
	La mar (1962)
	Poemas (1968)
	Taberna y otros lugares (1969)
	Miguel Mármol: Los sucesos de 1932 en El Salvador (1972)
	Las historias prohibidas del Pulgarcito (1976)
Otros datos:	Revolucionario y dirigente político. Fue uno de los fundadores del Círculo Literario Universitario.
	Ganó varios premios literarios como el Premio Centroamericano de Poesía (1955) y el Premio Casa de las Américas (1969).

FICHA PERSONAL

Según Claribel Alegría (http://www.uhmc.sunysb.edu/surgery/dalton.html, páginas 1 & 2), Roque Dalton es el hijo ilegítimo de una enfermera salvadoreña y de uno de los miembros de la *Dalton Gang* de Kansas, el cual se fugó a El Salvador. Su padre parece haberle pagado los estudios en un colegio jesuíta para los niños de la élite salvadoreña donde Roque, desde niño, observó y sintió en carne propia las diferencias de clase. Esto contribuyó a fomentar el resentimiento y la postura desafiante que adoptó en la adolescencia.

Asistió a la universidad en Chile, El Salvador y México, pero nunca se recibió de abogado porque, debido a sus actividades políticas, estuvo en la cárcel varias veces, se exilió e hizo múltiples viajes clandestinos a su país. Estando en El Salvador, después de un viaje a la Unión Soviética, se volvió miembro del Partido Comunista, hasta que las divisiones dentro del partido provocaron su ruptura con éste. A principios de la década de los setenta se pone en contacto con el Ejército Revolucionario del Pueblo (ERP). Irónicamente, fue ejecutado el 10 de mayo de 1975 por el mismo ERP, luego de expresar un punto de vista que estaba en conflicto con una facción dentro de la organización.

Su poesía, así como el resto de su obra, refleja su postura política y la crítica de la estructura social de su país. Además quiere expresar, como dice Jenny Shubow, "lo universal en lo salvadoreño y lo salvadoreño en lo universal." (Jenny Shubow, en *Encyclopedia of Latin American Literature*, Verity Smith, ed., London, Chicago: Fitzroy Dearborn Publishers, 1997, página 247.)

Aproximaciones al texto

1. **Desde la cuna.** Las variedades regionales de un idioma global se forman por la fuerte influencia de otros idiomas en su desarrollo. Es fácil ver cuando el vocabulario tiene un fuerte componente regional, pero los idiomas ya existentes también afectan la entonación o el

Es conveniente saber

Una pincelada histórica de El Salvador. Desde su independencia como estado soberano (1841), El Salvador fue marcado durante casi setenta años por la disensión entre liberales y conservadores y una gran agitación que impidió el desarrollo normal del país. Además de los problemas internos, tampoco faltaron en distintos momentos, los conflictos externos con, por ejemplo, Honduras, Nicaragua y Guatemala. En 1907, gracias a una iniciativa de Nicaragua, se reunió un Congreso Centroamericano durante el cual El Salvador, Honduras, Nicaragua, Guatemala y Costa Rica firmaron un Tratado de Paz y Amistad.

En la primera mitad del siglo XX, El Salvador logró establecer mayor estabilidad interna. Sin embargo, un gran problema del país era que su economía no se había diversificado y la gran mayoría de las tierras y el poder económico se hallaban en manos de unas pocas familias. Por eso, la mayoría de los campesinos eran explotados por los latifundistas y sus protestas eran acalladas con una feroz represión.

En 1932, durante la Depresión Mundial, hubo una insurrección campesina a raíz de la cual el General Hernández Martínez llegó al poder, donde se mantuvo hasta 1944; (véase **He aquí otras "moscas sanguinarias"** en Neruda (página 243). Hubo múltiples cambios de gobierno hasta 1961, cuando el Coronel Rivera dio un golpe de estado y estableció un sistema político parecido al de México, con un solo partido dominante que permanece en el poder. Esto caracterizó la situación política por el resto del siglo XX, época en la que vivió Roque Dalton.

El Arzobispo Romero. Oscar Romero (1917–1980) fue sacerdote y arzobispo de El Salvador en los años 60 y 70 del siglo XX. Critica las transgresiones a los derechos humanos del gobierno, y defiende a los pobres y las víctimas de la larga y sangrienta guerra civil de El Salvador. Esto le ocasiona muchos conflictos tanto con el gobierno como con la alta jerarquía de la iglesia. Luego de haber criticado el apoyo militar de los Estados Unidos, es asesinado mientras celebraba misa en la catedral. Se supone que sus asesinos eran miembros de las escuadras de la muerte salvadoreñas.

La película *Romero* (John Sacret Young, director, 1989), se basa en la vida del arzobispo Romero, quien es representado por Raúl Juliá, artista puertorriqueño.

ritmo del nuevo idioma llegado a un lugar. Piense en su propio dialecto del inglés y anote al menos tres palabras o frases que son típicas en su región pero no en otra.

► **Por ejemplo:** *En su dialecto, ¿se dice "green onions, spring onions, scallions"?*
En su región, ¿hay ríos que tengan nombres que terminan en "kill" (del holandés)?

2. **La base indígena de El Salvador.** En el cuento que sigue, el autor usa vocablos indígenas típicos de su país, algo que se repite en cada región donde se habla una lengua universal como el español. Busque el significado de **mapache, milpa, comal, tiangui, elote, ejote, guajolote** en un diccionario y también mire *"La familia"* de Rigoberta Menchú, página 20.

La certeza

ROQUE DALTON

Después de cuatro horas de tortura, el Apache y los otros dos cuilios° le echaron un balde de agua al reo para despertarlo y le dijeron: "manda a decir el Coronel que te va a dar un chance de salvar la vida. Si adivinás° quién de nosotros tiene un ojo de vidrio, te dejaremos de torturar." Después de pasear su mirada sobre los rostros de sus verdugos, el reo señaló a uno de ellos: El suyo. Su ojo derecho es de vidrio.

Y los cuilios asombrados dijeron: "¡Te salvaste! Pero ¿cómo has podido adivinarlo? Todos tus cheros° fallaron, porque el ojo es americano, es decir, perfecto." "Muy sencillo —dijo el reo, sintiendo que le venía otra vez el desmayo— fue el único ojo que no me miró con odio."

Desde luego, lo siguieron torturando.

policías, militares (del náhuatl cuilía, robar)

si vos adivinás, si tú adivinas

compañeros, compadres; gays

En torno al texto

● Hay que fijarse bien

1. Con uno/a o dos compañeros/as copien las frases o expresiones donde aparece lo siguiente o subrayen lo indicado. Luego, usen las frases identificadas en sus ejercicios de redacción y en los ensayos.

a. el preso torturado estaba inconsciente y los militares lo desper-
taron con agua fría

b. el jefe le ofrece detener la tortura si indica quién tiene un ojo
artificial

c. después de mirar atentamente a los torturadores el preso dijo:
"Usted".

d. ninguno de tus compañeros pudo identificar el ojo artificial

e. cuando habló sintió que perdía la conciencia otra vez

f. un ojo de vidrio no puede expresar odio

2. En las dos columnas hay pares de palabras asociadas que pueden
ser opuestas o similares. Con un/a compañero/a lean con cuidado,
encuéntrenlos y conéctenlos con una línea. Después, escriba al
menos cinco frases o un párrafo en que usen las palabras nuevas.

despertarse	perfecto
americano	desde luego
dejar de	cheros
certeza	desmayarse
odio	vidrio
verdugos	tortura
cuilios	fallar
adivinar	reos
agua	seguir

_____

_____

_____

● En términos generales

1. Analice el cuento usando las siguientes preguntas como guía.

a. ¿Es ésta una historia verdadera o inventada?

b. ¿Cuánto tiempo ha estado preso este hombre?

c. ¿Cree Ud. que este cuento es demasiado breve? ¿Qué más le
habría agradado saber acerca de la historia o el protagonista?

d. El policía dice que el ojo es perfecto porque es americano. ¿En
qué sentido lo dice?

e. ¿En qué otro sentido se puede entender este comentario, considerando que este cuento se refiere a un conflicto político?

f. Aunque adivinó correctamente, el preso sigue siendo torturado.
¿Por qué? ¿Cree Ud. que iba a morir de todas maneras o no?

g. ¿A qué se refiere el título de este cuento? ¿Qué cosa es cierta o
segura en este caso?

● Los personajes y sus papeles

1. ¿Quién narra este cuento? ¿Es neutra su voz o da su opinión?

2. ¿Cómo es el preso? ¿Qué sabemos de él? ¿Qué papel tiene?

3. ¿Quién es el Apache? ¿Cómo es él?

4. ¿Cómo son los policías? ¿Creen en lo que están haciendo? ¿Tienen miedo ellos también?

5. ¿Cómo es el coronel? ¿Por qué no mata a los presos de inmediato? ¿Cuál es su papel?

6. ¿Cuál era el destino del preso al principio y al final del cuento?

Más allá del texto

1. **No tiene caso.** Con un/a compañero/a o más, escriban y actúen la conversación que tuvo lugar entre el coronel y los cuilios para darle un último chance al preso. Den detalles específicos en la conversación.

2. **El día de la captura.** Con un/a compañero/a o más, escriban y actúen la conversación que tuvo lugar entre los cuilios y el preso el día que lo detuvieron en la calle. Dé la razón por la que los militares lo apresan.

3. **El perfil del preso.** Escriba una descripción completa del preso en tres párrafos. Use sus apuntes sobre el texto y su imaginación. Dé una descripción física con apariencia y edad, el origen y la ocupación, y también el perfil sicológico del preso. Explique también por qué está preso y ha sido torturado.

4. **Un ojo americano.** Describa cómo perdió un ojo el torturador. Explique también cómo fue que le pusieron un ojo de vidrio americano, que es más caro, en el hospital. Dé detalles y escriba tres párrafos.

5. **La certeza del preso.** Agregue otra parte al cuento en que Ud. describe las cosas ciertas para el preso que agrega el narrador.

● Temas de ensayo

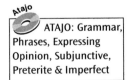

ATAJO: Grammar, Phrases, Expressing Opinion, Subjunctive, Preterite & Imperfect

Elija uno de los siguientes temas según las instrucciones de su profesor/a. Use sus apuntes sobre el texto, especialmente lo que anotó en la sección **En torno al texto.** Cada vez que copie una frase del texto, póngala entre comillas ("...") e indique en qué página aparece.

1. Presente el caso del preso a la opinión pública mundial. Descríbalo física y sicológicamente y analice cómo lo afecta la tortura. Haga un llamado al público en general para que los presos políticos como él sean liberados o sometidos a un juicio legal, sin temor de tortura.

2. Analice el símbolo del ojo de vidrio americano. Use sus apuntes sobre el texto y especule por qué el autor dijo que el ojo era perfecto cuando en realidad no puede ver.

3. Analice la intervención del "ojo de vidrio" de los Estados Unidos en Centroamérica y el Caribe. Use sus apuntes de este texto y de "La United Fruit Co." (página 238). También puede investigar la intervención en Cuba, la República Dominicana, Grenada y Panamá. Explique qué políticas han llevado a los Estados Unidos a intervenir en los asuntos de los países vecinos.

4. Vea la película *Romero* y escriba una reseña en que se refiere a los acontecimientos políticos e históricos de la época.

5. Analice este cuento junto con "La United Fruit Co." de Neruda, "Fuera del juego" de Padilla, "El prócer" de Peri Rossi o "Espuma nada más" de Téllez, páginas 238, 247, 264 y 255. Estúdielos estableciendo sus características comunes y el tono de cada uno. Demuestre el poder de esta literatura de trágica denuncia de la opresión política.

La United Fruit Co.

Neruda es, sin duda alguna, uno de los poetas más importantes de habla hispana del siglo XX. De familia modesta, nació y se crió en una ciudad de provincia, pero se trasladó a Santiago para ingresar a la Universidad de Chile, donde estudió para profesor de francés. Allí, como señala en sus memorias, se incorpora a la revista *Claridad* "como militante político y literario" (página 58). Aún así, sus primeras obras, *Crepusculario* (1923), *El hondero entusiasta* (que no se publicó hasta 1933) *y Veinte poemas de amor y una canción desesperada* (1924), son muy líricas y, por lo general, de formas bastante tradicionales.

Muchos de los poemas que aparecen en *Residencia en la tierra* (tomos I y II) fueron escritos en el Lejano Oriente, donde fuera enviado en misión diplomática por el gobierno chileno. Durante esta época, se sintió muy solo y aislado, cosa que se refleja en el hermetismo y surrealismo de estos dos libros.

España en el corazón (1937) marca no sólo otra etapa de su obra, sino también el despertar de su conciencia política, razón por la cual algunos lo critican duramente. Su voz ahora se torna cada vez más didáctica y, como señala la crítica, de la *Tercera residencia* (1947) al *Canto general* (1950) aumentan la oratoria y la exaltación política a la vez que disminuyen las imágenes líricas. Las metáforas surgen ligadas por conceptos y sentimientos universales de horror ante las atrocidades de la Guerra Civil Española. Es en esta época que Neruda se hace miembro del Partido Comunista, decisión que le traerá acerva crítica, persecución y exilio.

Con *Odas elementales* (1954), *Nuevas odas elementales* (1956) y los muchos volúmenes que siguen, vemos que el poeta rechaza, en cierta forma, su pasado: su angustiada visión del mundo y su surrealismo hermético desaparecen para dar paso a una poesía sencilla dirigida a hombres sencillos.

A fines de los años 40, el Partido Comunista Chileno le pidió a Neruda que compusiera una nueva historia de su país. El resultado de este esfuerzo es el *Canto general* (1950), una larga obra en verso dividida en quince secciones que, a su vez, están divididas en poemas. Es una historia de la América Hispana desde antes de la conquista española hasta el siglo veinte, vista a través de los ojos del poeta políticamente comprometido que cree que la poesía tiene como función denunciar la injusticia social y cantar el mundo para la gente común.

"La United Fruit Co." proviene del Quinto Canto titulado "La arena traicionada". Éste empieza con una serie de poemas sobre diversos dictadores de los siglos XIX y XX y las alianzas entre sus gobiernos y las compañías multinacionales o transnacionales que, según escritores como Guillén (página 144) y el propio Neruda, explotan no sólo la riqueza natural sino también al pueblo hispanoamericano.

Es conveniente saber

La doctrina Monroe. Esta política norteamericana que data de 1823, estableció que cualquier tipo de intervención política o económica por parte de los países europeos en las Américas sería considerada un ataque directo a la "paz y seguridad" de los Estados Unidos. En aquel entonces, Estados Unidos se constituyó en el poder que resguardaría al hemisferio de la influencia española, rusa, francesa, británica, holandesa y portuguesa. Invocando esta doctrina, Estados Unidos desalojó o impidió la expansión económica europea en el Caribe y Centroamérica y apoyó en cambio a aquellos regímenes locales que aceptaban la política estadounidense y protegían los intereses de las compañías norteamericanas. Estos regímenes a menudo han sido dictaduras militares corruptas. Monroe fue presidente de los Estados Unidos de 1817 a 1825.

Aproximaciones al texto

1. **El Tercer Mundo.** Así se llama esa parte del mundo en que principalmente se producen *materias primas*, o sea productos agropecuarios o agrícolas y minerales sin elaborar. ¿Cuáles cree Ud. que son los otros dos mundos? Con dos compañeros/as, nombren en español al menos cuatro países en las dos primeras columnas y diez en la tercera columna.

Primer Mundo	Segundo Mundo	Tercer Mundo
Japón	China	Indonesia
————	————	————
————	————	————
————	————	————

2. **Frutos de Hispanoamérica.** Con dos compañeros/as completen el cuadro que sigue con los nombres y marcas de frutas y otros productos de Centroamérica, Sudamérica y del Caribe que Uds. conozcan. En seguida, compárenlo con el de otro grupo.

País	Producto	Marca
Ecuador	plátanos	Turbana
————	————	————
————	————	————

3. **Las multinacionales.** Así se llaman las compañías que tienen operaciones en más de un país. Con otros compañeros hagan una lista de por lo menos cinco compañías que Uds. conozcan.

▶ **Por ejemplo:** *Exxon, Swift, Xerox* etc.

Es conveniente saber

Compañías estadounidenses en el extranjero. La presencia de compañías norteamericanas en Hispanoamérica data del siglo XIX o de principios del siglo XX. Muchas se dedican a la explotación del petróleo, de minerales como cobre, estaño, hierro, bórax, aluminio o a la agricultura (tabaco, café, cacao, algodón, azúcar y frutas). Las empresas norteamericanas se establecieron en Hispanoamérica y en otras partes por la mano de obra baratísima, la falta de previsión social y, en muchos casos, la ausencia de sindicatos (*unions*).

Como en el relato "El amigo de Él y Ella" (página 11), hay en el poema que sigue una alusión a la creación del mundo, aunque la perspectiva de Neruda es muy diferente. El presente poema también toca temas que aparecen en "Balada de los dos abuelos" (página 144) y sería una buena idea leerlo otra vez.

4. Asociaciones. Piense en las siguientes palabras y escriba otras palabras asociadas a ellas rápidamente.

Coca-Cola Inc.   Dole   República Banana

dictadores   corrupción

_____   _____   _____

La United Fruit Co.

PABLO NERUDA

Cuando sonó la trompeta, estuvo
todo preparado en la tierra
y Jehová° repartió el mundo   *Dios*
a Coca Cola Inc., Anaconda,
Ford Motors, y otras entidades°:   *compañías, firmas*
la Compañía Frutera Inc.
se reservó lo más jugoso°,   *delicioso, sabroso*
la costa central de mi tierra,
la dulce cintura de América.
Bautizó de nuevo sus tierras
como "Repúblicas Bananas",

y sobre los muertos dormidos,
sobre los héroes° inquietos   *padres de la*
que conquistaron la grandeza,   *Independencia*
la libertad y las banderas,
estableció la ópera bufa°:   *creó la farsa, el circo*
enajenó° los albedríos°,   *alienated / las*
regaló coronas de César,   *voluntades*
desenvainó° la envidia, atrajo   *unsheathed*
la dictadura de las moscas,
moscas Trujillos, moscas Tachos,
moscas Carías, moscas Martínez,
moscas Ubico, moscas húmedas
de sangre humilde° y mermelada,   *pobre*
moscas borrachas que zumban°   *buzz*
sobre las tumbas populares°,   *de la gente del pueblo*
moscas de circo°, sabias° moscas   *amaestradas / expertas*
entendidas en° tiranía.   *que saben mucho de*
Entre las moscas sanguinarias°   *crueles*
la Frutera desembarca°,   *llega*
arrasando° el café y las frutas,   *llevándose*
en sus barcos que deslizaron°   *se llevaron*
como bandejas el tesoro
de nuestras tierras sumergidas° .   *hundidas*
Mientras tanto, por los abismos°   *chasms*
azucarados de los puertos,
caían indios sepultados°   *enterrados*
en el vapor de la mañana:
un cuerpo° rueda, una cosa   *cadáver*
sin nombre, un número caído,
un racimo° de fruta muerta   *montón*
derramada en el pudridero°.   *basural*

En torno al texto

● Hay que fijarse bien

Lea el poema otra vez. Júntese con un/a compañero/a y hagan los siguientes ejercicios.

1. Ubiquen en qué versos se dice lo siguiente.

   a. un ángel tocó la trompeta y empezó la creación

   b. Centroamérica y los países donde se producen dulces frutas

   c. la compañía le dio un nuevo nombre a las tierras

He aquí algunas "moscas sanguinarias":

- **Rafael Leonidas Trujillo Molina,** dominicano, dictador de 1930 a 1961 y presidente en 1930–38 y 1942–52. Murió asesinado. (Véase "Complicaciones, 1938," página 74).
- **Anastasio Somoza García,** dictador nicaragüense que dominó la vida política del país desde los años treinta, primero como jefe de la Guardia Civil, y luego de 1937 a 1947 y de 1951 a 1956 como presidente.
- **Tiburcio Carías Andino,** hondureño, presidente de la República de 1933 a 1949.
- **Maximiliano Hernández Martínez,** salvadoreño, elevado a Jefe de Estado en 1931, reprimió una sublevación campesina en 1932 y fue elegido presidente en 1934. Reformó la constitución y se hizo reelegir en 1939, pero una huelga lo obligó a dimitir en 1944.
- **Jorge Ubico,** dictador-presidente de Guatemala de 1931 a 1944, extendió su presidencia por medio de "plebiscitos" extra-legales. Una huelga lo obligó a renunciar en 1944.

    d. los libertadores habían declarado la independencia de España hacía poco

    e. la compañía estableció gobiernos títeres (*puppet*) o creó un mundo falso, de circo

    f. le quitaron la capacidad de decidir por sí mismos a estos países

    g. nombró a varios gobernantes, presidentes o jefes de gobierno

    h. atrajo, creó gobiernos de dictadores sucios y malvados

    i. los dictadores se alimentaban de la sangre de los obreros

    j. eran malvados y sabían manejar la intriga, la tortura y el vicio

    k. en el medio de las masacres y la corrupción llega la Compañía Frutera y se lleva el café y la fruta

    l. el dulce tesoro de frutas se va con gran facilidad, sin ninguna oposición, por el mar

    m. morían los indios en los puertos llenos de dulce fruta

    n. pero no importa porque son apenas un número para la Frutera, un poco de fruta mala que se tira a la basura

2. Copien los versos que se refieran a...

    a. la creación del mundo

    b. la repartición de la riqueza del mundo

    c. la influencia de los Estados Unidos en Centroamérica

    d. la historia hispanoamericana y la independencia de España

    e. las dictaduras

    f. las operaciones de la Frutera

    g. la vida del trabajador indio

1. ¿Por qué cree Ud. que Neruda escribió este poema?

2. ¿Qué aprendió Ud. acerca del trabajo de los indígenas?

3. ¿Qué relaciones hay entre gerentes y dictadores?

4. ¿Qué relaciones hay entre gerentes y trabajadores?

5. ¿Cuándo desembarcó la Frutera, antes o después de la Creación de las "Repúblicas Bananas"?

6. ¿Por qué morían tantos indios? ¿Por qué no importaba que murieran?

7. ¿Qué relaciones hay entre los Estados Unidos y las Repúblicas Bananas, según el poema?

● Los personajes y sus papeles

1. ¿Quién habla en este poema? ¿A quién le habla?

2. ¿Qué otras personas o grupos de gente se mencionan? ¿Qué papeles tienen?

3. ¿A quién representa Jehová? ¿Es Dios el que reparte estas tierras realmente o es otra persona o entidad o país?

4. ¿Cuál es el papel de la Frutera?

Más allá del texto

1. **Mundo de imágenes y metáforas.** Los poetas usan imágenes para describir algo por medio de sensaciones opuestas a lo común. Las sensaciones pueden ser gustativas, visuales, auditivas, táctiles u olfatorias. Las metáforas son una descripción simbólica de algo. Con un/a compañero/a expliquen las siguientes.

Imágenes

a. Jehová

b. lo más jugoso, la costa central de mi tierra

c. la dulce cintura de América

d. Repúblicas Bananas

e. desenvainó la envidia

f. atrajo a las moscas

g. moscas de circo

h. nuestras tierras sumergidas

i. los abismos azucarados de los puertos

j. racimo de fruta muerta

Metáforas

a. los héroes inquietos que conquistaron la grandeza, la libertad y las banderas

b. estableció la ópera bufa

c. regaló coronas de César

d. moscas húmedas de sangre humilde y mermelada

e. moscas que zumban sobre las tumbas populares

f. sabias moscas entendidas en tiranía

g. barcos que deslizaron como bandejas el tesoro

h. racimo de fruta muerta derramada en el pudridero

2. **Jugando a ser Neruda.** Con dos compañeros/as anoten qué palabras asocian con lo siguiente.

   a. las entidades comerciales

   b. los muertos dormidos

   c. la libertad

   d. las banderas

   e. la ópera bufa

   f. la envidia

   g. las moscas

   h. la Frutera

   i. un racimo de fruta

   j. el pudridero

3. **El puerto.** Lea otra vez la última estrofa del poema y describa con detalles el puerto que pintó Neruda en nuestra memoria. Refiérase a las actividades, describa a la gente, los colores, ruidos y olores del puerto al amanecer. Le interesará saber que muchas veces las frutas se cargan por la noche, para evitar el calor del día que las puede estropear. Use el imperfecto para escribir su descripción.

4. **La compañía.** Muchos pueblos y ciudades tienen una compañía principal que parece dominar la vida del pueblo, especialmente si tanto padres como hijos han trabajado allí. Escriba Ud. un poema a la compañía, destacando las relaciones que existen entre trabajadores/sindicato, gente del pueblo, gerentes de la compañía. Ud. puede usar la misma perspectiva de Neruda u otra que le parezca mejor, según el tipo de relaciones que existan entre la compañía y la comunidad.

5. **Aroma de café.** Investigue la historia del café en Latinoamérica, o sólo en un país como Colombia o Brasil. Estudie la historia del café desde su llegada al continente hasta la formación de grandes compañías exportadoras y la situación actual. Presente un informe escrito y/u oral.

6. **Una multinacional.** Estudie una de las multinacionales (por ejemplo, la United Fruit, Nestlé u otra nombrada en la Actividad 2 de **Aproximaciones al texto**). Prepare una presentación para sus compañeros. Investigue desde cuándo y dónde ha operado en Hispanoamérica esta compañía, en qué regiones y qué influencia ha tenido. Describa también su reacción a la información que encontró.

7. **Los dictadores.** Haga un trabajo de investigación sobre un dictador. Estudie sus relaciones con los Estados Unidos. Si es posible, entreviste a una persona que haya sufrido los efectos de su dictadura. Prepare un informe escrito y/u oral sobre su investigación.

● **Temas de ensayo**

ATAJO: Grammar, Phrases, Expressing Opinion, Subjunctive, Preterite & Imperfect

Elija uno de los siguientes temas según las instrucciones de su profesor/a. Use sus apuntes sobre el texto, especialmente lo que anotó en la sección **En torno al texto**. Cada vez que copie un verso del texto, póngalo entre comillas ("...") e indique en qué página aparece.

1. Analice las ideas políticas de Neruda en este poema. ¿Cuál es su posición frente a las compañías, el destino de los indios, el impacto de los gobiernos y de la política norteamericana en Centroamérica y el Caribe?

2. Compare la posición política de Neruda con otro poeta o escritor como Roque Dalton (página 232), Heberto Padilla (página 247) o Cristina Peri Rossi (página 264).

3. Exprese sus propias ideas con respecto a la política y su relación con la poesía o el arte. ¿Se puede hacer arte y política a la vez? Defienda sus ideas con citas de este texto y de otros que haya leído. Por ejemplo, compare sus ideas con las de Neruda.

4. Analice la técnica poética de Neruda, especialmente su uso de metáforas e imágenes en este poema. Agrúpelas y trate de ver qué tipos de ideas expresa el poeta con ellas. Dé citas del texto.

5. Estudie la conexión entre machismo y dictadura en los textos leídos. Busque otras fuentes en la Bibliografía. Ilustre con citas de los textos.

Fuera del juego

Nombre:	Heberto Padilla (1932–2000)
Nacionalidad:	cubano
Ocupación:	Poeta, novelista, periodista, profesor, editor
Obras principales:	*Las rosas audaces* (1948)
	El justo tiempo humano (1960), Premio Casa de las Américas
	Fuera del juego (1970), Premio de la UNEAC (1968)
	Por el momento (1970)
	El hombre junto al mar (1981)
	En mi jardín pastan los héroes (1981)
	La mala memoria (1989)
Otros datos:	Fue fundador de la Unión de Escritores y Artistas de Cuba (UNEAC). Ocupó distintos cargos en el gobierno de Castro, porque inicialmente apoyó la Revolución, pero después fue encarcelado por criticarla. Sale de Cuba en 1980 y muere en los Estados Unidos.

FICHA PERSONAL

El llamado "caso Padilla" —o persecución del escritor por el gobierno de Castro— empezó en 1967, cuando Padilla atacó una obra de un escritor que apoyaba al gobierno y defendió la famosa novela *Tres tristes tigres* de Guillermo Cabrera Infante. Cabrera Infante, que vivía en el extranjero en esa época, aún no había criticado al gobierno, pero su actitud cambió en 1968 cuando supo de la persecución de Padilla. En una entrevista con Tomás Eloy Martínez, Cabrera declaró:

> Las últimas noticias presentan a Padilla en la posición de toda
> persona inteligente y honesta en el mundo comunista: un exilado
> interior con sólo tres opciones —el oportunismo y la demagogia
> en formas de contrición política, la cárcel o el exilio verdadero.
> [L. Casal, *El Caso Padilla: Literatura y revolución en Cuba* (Nueva
> York: Nueva Atlántida, 1971), página 13.]

De pronto, Padilla es culpable de haber defendido a un "traidor". A pesar de esto, su libro *Fuera del juego* resultó premiado por el jurado del Concurso de Poesía de la UNEAC en 1968. Sin embargo, el contenido de muchos poemas fue considerado contrarrevolucionario. Posteriormente, se publicaron artículos en los que se criticaba a Padilla y a Cabrera Infante, entre otras cosas, por su "...despolitización, y cierta tendencia aristocratizante..." (*Ibid.*, páginas 7–8). Esto provocó un endurecimiento de la actitud del gobierno hacia los artistas. Las consecuencias fueron graves para Padilla y su esposa, la poeta Belkis Cuza Malé, pues ambos fueron finalmente detenidos el 20 de marzo de 1971. De inmediato, muchos intelectuales extranjeros —a pesar de ser simpatizantes de Castro— reaccionaron airadamente y enviaron una carta de protesta.

Padilla fue puesto en libertad el 27 de abril de ese año y tuvo que retractarse ante la UNEAC. Esta confesión pública provocó una segunda carta de intelectuales europeos, sud y norteamericanos, en la que comparaban los procedimientos usados contra Padilla con los que "... impuso el estalinismo en los países socialistas" [Mario Vargas Llosa, *Contra viento y marea*, (Barcelona: Seix Barral, 1983), página 167]. Padilla es entonces separado de la Universidad y de la UNEAC. Finalmente, en 1980 lo autorizaron a salir de Cuba. Luego de pasar unos meses en España, se radicó en los Estados Unidos.

Como tantos otros intelectuales que viven o vivieron bajo dictaduras de derecha (por ejemplo, véase a Cristina Peri Rossi, página 264), Padilla cuestiona la política del gobierno y es considerado como una amenaza por éste; la única diferencia es que Padilla critica a un gobierno dictatorial de izquierda. Es claro entonces por qué, en el poema que sigue, Padilla pinta al poeta que no acepta incondicionalmente lo que dicen las autoridades y que tiene la temeridad de oponerse al gobierno. Por sus ideas, el poeta está "fuera" o es expulsado "fuera del juego".

Aproximaciones al texto

1. **La opresión.** Escriba diez palabras que Ud. asocie con la opresión política y la pérdida de las garantías individuales.

   ▶ **Por ejemplo:** *persecución*

2. **Los disidentes.** Recientemente, con los casos de Aung San Suu Kyi (Premio Nobel de la Paz, 1991) de Myanmar, y la irania Shirin Ebadi (Premio Nobel de la Paz, 2003) defensoras ambas de los derechos humanos, hemos visto cómo los disidentes políticos han podido movilizar al mundo para protestar la opresión dictatorial. Con un/a compañero/a completen las listas que

siguen después de analizar un poco la acción de los disidentes en una sociedad.

a favor de...	en contra de...
_____	la censura
_____	_____
_____	_____
_____	_____

⊚ Es conveniente saber

Fidel Castro y la Revolución Cubana. Fidel Castro (1926–) es la figura que ha dominado la política cubana de los últimos cuarenta y tantos años. Hijo de una familia acomodada de la provincia de Oriente, Castro estudió en colegios católicos antes de ingresar en 1945 a la Universidad de La Habana, donde cursó Derecho y participó activamente en la política estudiantil.

Al recibirse en 1950, se dedicó a la defensa de clientes pobres y a la lucha contra el gobierno de Batista. Castro fue el líder del grupo que atacó el cuartel militar de Moncada el 26 de julio de 1953. A raíz de esto fue detenido, juzgado y encarcelado. Gracias a una amnistía, fue puesto en libertad en mayo de 1955. Dos meses más tarde, habiendo llegado a la conclusión de que la única solución era la lucha armada, salió para México, donde empezó los preparativos para la invasión de la isla.

El 1º de enero de 1959, durante las fiestas de Año Nuevo, el dictador cubano Fulgencio Batista (1901–1973) huyó del país, marcando así el triunfo de Castro y de la Revolución Cubana. Todo el mundo salió a la calle a festejar la caída del tirano y el final de su gobierno corrupto. En ese momento, muchos latinoamericanos festejaron la victoria de Castro también.

Al principio, Castro no dio indicación alguna de que estaba a la cabeza de la primera revolución socialista lograda sin la participación del Partido Comunista local. La reacción extranjera a los primeros cambios —especialmente la de los Estados Unidos— tuvo una enorme influencia en la creciente polarización de la revolución. Los líderes cubanos querían seguir adelante con sus reformas sin la intervención de Estados Unidos, que había apoyado a Batista. Pero los cambios que proponía el gobierno y que el pueblo pedía con entusiasmo afectaban seriamente los intereses de las grandes compañías estadounidenses (véase también "La United Fruit Co." página 238). Estados Unidos impuso un embargo o bloqueo económico al comercio con Cuba. Todo esto distanció a Cuba de Occidente, acercándola cada vez más a la Unión Soviética y el socialismo.

Luego de la disolución de la Unión Soviética en 1989, Cuba empezó a sufrir graves problemas porque perdió el apoyo económico que le proporcionaba el gobierno soviético. Por eso, Castro ha abierto la isla a la inversión extranjera. Recientemente, ciertos círculos de los Estados Unidos han demostrado interés en eliminar el bloqueo para poder invertir en Cuba y competir por este mercado con los europeos.

▶ Por si acaso

libertad individual	control de los viajes	control de la vivienda
elecciones democráticas	libertad de los sindicatos	la tortura el terror
los presos políticos	la policía secreta	la censura
los desaparecidos	los rehenes	

3. **Por la razón o la fuerza.** En cualquier conflicto político, la oposición puede combatir al gobierno de dos maneras: por medio de la palabra o por medio de la lucha armada. Escriba un párrafo en que Ud. apoye uno de estos procedimientos y explique por qué piensa que debe ser así. Dé ejemplos o refiérase a una situación específica si es necesario.

4. **Un mundo diferente.** En nuestro país, la política afecta muy poco nuestra vida diaria. Sin embargo, en muchas otras partes, la política y los gobiernos tienen gran influencia en la vida de la gente. Júntese con dos compañeros/as y traten de imaginarse qué cambios se producirían si Uds. vivieran en una dictadura. Describan al menos tres de los cambios.

▶ **Por ejemplo:** *Si viviéramos en una dictadura, no podríamos escoger en cuál universidad estudiar. Todo dependería de dónde hubiera vacantes y qué profesiones le interesaran al gobierno.*

Fuera del juego

HEBERTO PADILLA

A Yannis Ritzos, en una cárcel de Grecia.

¡Al poeta, despídanlo°!　　　　　　　　　　　*mándenlo fuera*
Ése no tiene aquí nada que hacer.
No entra en el juego.
No se entusiasma.
No pone en claro su mensaje.
No repara° siquiera en los milagros.　　　　　*se da cuenta*
Se pasa el día entero cavilando°.　　　　　　*reflexionando*

Encuentra siempre algo que objetar°.
A ese tipo°, ¡despídanlo!
Echen a un lado al aguafiestas°,
a ese malhumorado°
del verano,
con gafas negras
bajo el sol que nace.
Siempre
le sedujeron las andanzas°
y las bellas catástrofes
del tiempo sin Historia.
Es
     incluso
          anticuado.
Sólo le gusta el viejo Armstrong.[1]
Tararea, a lo sumo,
una canción de Pete Seeger.[2]
Canta,
     entre dientes,
          La Guantanamera.[3]
Pero no hay
quien lo haga abrir la boca,
pero no hay
quien lo haga sonreír
cada vez que comienza el espectáculo
y brincan
los payasos° por la escena;
cuando las cacatúas
confunden el amor con el terror
y está crujiendo el escenario
y truenan los metales°
y los cueros°
y todo el mundo salta,
se inclina,
retrocede,
sonríe,

criticar, rechazar
hombre
que arruina la fiesta
de mal genio

aventuras, viajes

clowns

instrumentos de viento
de una orquesta /
tambores

[1]Louis Armstrong, gran músico de jazz estadounidense
[2]cantante de música folclórica y de protesta social de los Estados Unidos; se le oía
mucho en los años sesenta y setenta
[3]famosa canción cuya letra es un poema de José Martí (1853–1895), poeta
cubano, apóstol de la independencia de su isla de España

abre la boca
   «pues sí,
   claro que sí
   por supuesto que sí...»
y bailan todos bien,
bailan bonito,
como les piden que sea el baile.
A ese tipo, ¡despídanlo!
¡Ése no tiene aquí nada que hacer!

En torno al texto

● Hay que fijarse bien

Lea otra vez el poema. Con un/a compañero/a completen los siguientes ejercicios.

1. Vean cuántas veces y de qué manera se dice que...
   a. hay que expulsar o echar al poeta
   b. el poeta no se adapta a las reglas del gobierno revolucionario
   c. el poeta no quiere reconocer los éxitos del gobierno
   d. el poeta no les prestaba atención a las circunstancias políticas
   e. al poeta le gusta más lo extranjero que lo nacional
   f. el poeta no quiere unirse a los que alaban al gobierno
   g. los otros juegan bien el juego y siempre están de acuerdo
   h. el gobierno tiene ciertas reglas que hay que seguir

2. Ubiquen en qué versos se describe...
   a. una fiesta popular en honor del gobierno castrista
   b. ruidos desagradables
   c. gente a la que le gustan las cosas de antes de la revolución
   d. gente sometida y sin voluntad
   e. al poeta como un ser universal, que no debe depender de las circunstancias políticas, que busca su verdad en un sentido más amplio

3. Hagan las listas correspondientes:
   a. palabras negativas para referirse al poeta
   b. canción que simboliza las aspiraciones de la gente común y corriente

c. verbos de significado negativo

d. palabras que significan disidente

e. palabras que sugieren un ambiente militar

● En términos generales

1. ¿A qué se refiere el título? ¿Qué juego le evoca a Ud. el poema? ¿De qué juego se trata en realidad?

2. ¿Por qué se califica al poeta de anticuado? ¿Qué tipo de música le gusta?

3. ¿Qué evocan las imágenes de los payasos, la música, el baile?

4. ¿Qué sugiere el poema acerca del gobierno en esta sociedad? ¿Qué tipo de gobierno es?

● Los personajes y sus papeles

1. ¿Qué representan los payasos?

2. ¿A quién representan las cacatúas, al pueblo o a los militares? ¿Por qué no ven el terror reinante?

3. ¿Qué papel tiene el poeta en esta sociedad? ¿Por qué se dice que usa gafas negras?

4. ¿Qué papel le gustaría al gobierno que hiciera el poeta?

5. ¿Por qué se rebela el poeta?

Más allá del texto

1. **¡Que muera el tirano!** Con un/a compañero/a escriban lemas para ayudar a los disidentes a combatir la opresión y la persecución en su país.

   ▶ **Por ejemplo:** *¡Viva la voz de Padilla!*
   ¡Muera el gobierno opresor!

2. **Periodistas.** Imagínese que Uds. están en Cuba en el momento en que toman presos a los poetas Padilla y Cuza Malé (su esposa) y que les hacen una entrevista en la cárcel. Júntese con dos personas y preparen cinco preguntas para los poetas.

   ▶ **Por ejemplo:** *Señora Cuza Malé, ¿piensa pedirle excusas a las autoridades o no?*

3. **La entrevista.** Por medio de una lotería o de voluntarios, formen dos grupos: uno de reporteros y otro de poetas encarcelados, y lleven a cabo la entrevista. Los periodistas deben trabajar con un/a secretario/a que tome apuntes para luego poder escribir el reportaje para su periódico. También pueden crear otros personajes como ser: guardias de la cárcel, familiares de los detenidos, sacerdotes que tratan de ayudar, etc.

4. **El artículo.** En sus grupos escriban los reportajes según los resultados de las entrevistas que les hicieran a los poetas. Escriban al menos tres párrafos lo más interesantes que sea posible. Después, toda la clase debe elegir el mejor artículo, explicando qué criterios se aplicaron en la selección.

5. **El drama de la opresión.** Con dos compañeros/as escriban una pequeña obra sobre un poeta encarcelado, usando la información que juntaron en la Actividad 3. Creen los personajes que sean necesarios. Representen la obra para la clase o grábenla en video.

● **Temas de ensayo**

ATAJO: Grammar, Phrases, Expressing Opinion, Subjunctive, Preterite & Imperfect

Elija uno de los siguientes temas según las instrucciones de su profesor/a. Use sus apuntes sobre el texto, especialmente lo que anotó en la sección **En torno al texto.** Cada vez que copie una frase del texto, póngala entre comillas ("...") e indique en qué página aparece.

1. Analice qué nos dice el poema sobre el papel del poeta (y de los intelectuales) en la sociedad y en una tiranía o dictadura. Respalde sus hipótesis con citas del poema.

2. Estudie las maneras en que el poeta difiere del resto de la gente. ¿Qué imágenes y metáforas usa Padilla para mostrarnos esto? Ilustre con citas del poema.

3. Investigue otros casos de persecución de intelectuales en otras partes del mundo y compárelos con el caso de este poeta cubano. Por ejemplo, Ud. podría investigar las persecuciones en tiempos del senador McCarthy en este país.

4. Compare las imágenes usadas por Padilla y Neruda en sus poemas. ¿En qué se parecen y en qué difieren? Dé ejemplos de los poemas.

5. Analice la importancia del derecho de poder expresarse libremente y de poder cuestionar la política de su gobierno. Piense en cómo se sentiría Ud. si mañana fueran suspendidas las garantías constitucionales en este país. Ilustre sus ideas con ejemplos concretos.

Espuma y nada más

Nombre:	Hernando Téllez (1908–1966)
Nacionalidad:	colombiano
Ocupación:	periodista, crítico, ensayista y cuentista
Obras principales:	*Inquietud del mundo* (1943)
	Diario (1946)
	Bagatelas (1944)
	Luces en el bosque (1946)
	Cenizas para el viento y otras historias (1950)
	Textos no recogidos en libro (1979)
	Nadar contra la corriente (1996, póstumo)
Otros datos:	Ingresa al Consejo de Bogotá (1934); Cónsul General de Colombia en Marsella (1937–39); Subdirector de *El Liberal* (1939–42); Jefe de publicidad de Cervecerías Bavaria; senador de la República (1944–1945); Director de la revista *Semana*; embajador de Colombia ante UNESCO (1959–60)

FICHA PERSONAL

Hernando Téllez nace en Bogotá en 1908. Según él, tuvo una infancia "...pobre, pero como no sabía qué era ser rico, no supe tampoco que era pobre." (Jorge H. Cadavid, "Hernando Téllez: un consumado estratega," Boletín Cultural y Bibliográfico. Número 40, volumen XXXII. Biblioteca Virtual del Banco de la República. Editado en 1997, página 3.) Su hermana mayor, una gran lectora, le enseñó a leer y le comunicó su gran amor por las letras. Gracias a ella, se convirtió en un voraz lector autodidacta y desde muy joven "...sintió una vocación irresistible por el periodismo". (*Ibid.*, página 4). Comienza su carrera periodística en el semanario *Mundo al Día*. A lo largo de los años colaborará en varios periódicos y revistas como, por ejemplo, la revista *Universidad*, el diario *El Tiempo*, la revista *Semana* (para la cual escribió una columna titulada "Márgenes"), la revista *Mito* (Bogotá), *Cuadernos* (París) y el diario *El Nacional* (Caracas).

Aunque se inicia como periodista y crítico desde joven, recién en 1950 publica su único volumen de cuentos titulado *Cenizas para el viento,* que lo coloca inmediatamente entre los mejores narradores colombianos. En éste, trata el tema de la violencia partidista que se da en Colombia a partir de 1946 en cuentos que reflejan, como ha indicado el crítico chileno Ricardo Latcham, "...un estilo de gran limpidez, fluído y concentrado a la vez". Añade que Téllez "Tiene sentido social y explota el dolor y el desamparo de los campesinos perseguidos por la injusticia gubernativa en las cruentas luchas civiles de Colombia." (http://www.literatura.us/tellez, página 1)

Aproximaciones al texto

1. **El barbero del pueblo o del barrio.** Diga cuáles son los temas de conversación más comunes en una barbería o peluquería de hombres, donde todos conocen a todo el mundo.

   ▶ **Por ejemplo:** *Allí se discuten cosas como quién será el mejor concejal de la municipalidad y...*

2. **Los utensilios del barbero.** En el cuento que sigue, el autor describe con gran detalle el trabajo del barbero. Para evitar traducir tantas palabras nuevas, trate de conectar los utensilios con su descripción en la tabla que sigue.

navaja	parte cortante de una navaja
badana	masa suave de agua y jabón con aire
hoja	parte de donde se toma la navaja
brocha	tela blanca para cubrir al cliente
espuma	tira de cuero que se usa para afilar navajas
sábana	cepillo para poner jabón en la cara
cacha	instrumento cortante para afeitar

Es conveniente saber

La Violencia. La Violencia, es el nombre que se le da al período de conflicto entre conservadores y liberales en Colombia, que se inicia a mediados de los años 40 durante el gobierno del conservador moderado Mariano Ospina Pérez, elegido presidente en 1946. Los liberales habían estado en el poder desde 1930, pero en 1946 el partido se encontraba dividido porque muchos de sus miembros no aceptaron la candidatura del izquierdista Jorge Eliécer Gaitán. El 9 de abril de 1948, mientras se celebraba el noveno Congreso de Estados Americanos en Bogotá, Gaitán fue asesinado en las calles de la capital. La muerte de Gaitán dio lugar a varios días de tumultos, el Bogotazo, que rápidamente se extendieron a las zonas rurales, intensificando el nivel de violencia. Este fue el comienzo de décadas de violencia que, bajo una u otra forma, sigue hasta el presente.

Espuma y nada más

HERNANDO TÉLLEZ

No saludó al entrar. Yo estaba repasando sobre una badana la mejor de mis navajas. Y cuando lo reconocí me puse a temblar. Pero él no se dio cuenta. Para disimular° continué repasando la hoja. La probé luego contra la yema del dedo gordo° y volví a mirarla, contra la luz. En ese instante se quitaba el cinturón ribeteado de balas° de donde pendía la funda de la pistola. Lo colgó° de uno de los clavos° del ropero y encima colocó el kepis. Volvió completamente el cuerpo para hablarme y deshaciendo el nudo° de la corbata, me dijo: "Hace un calor de todos los demonios. Aféiteme". Y se sentó en la silla. Le calculé cuatro días de barba. Los cuatro días de la última excursión en busca de los nuestros. El rostro aparecía quemado, curtido por el sol. Me puse a preparar minuciosamente el jabón. Corté unas rebanadas° de la pasta, dejándolas caer en el recipiente, mezclé con un poco de agua tibia y con la brocha empecé a revolver. Pronto subió la espuma. "Los muchachos de la tropa deben tener tanta barba como yo". Seguí batiendo la espuma. "Pero nos fue bien, ¿sabe? Pescamos° a los principales. Unos vienen muertos y otros todavía viven. Pero pronto estarán todos muertos". "¿Cuántos cogieron?", pregunté. "Catorce. Tuvimos que internarnos bastante para dar con ellos. Pero ya la están pagando. Y no se salvará ni uno, ni uno". Se echó para atrás° en la silla al verme con la brocha en la mano, rebosante de espuma. Faltaba ponerle la sábana. Ciertamente yo estaba aturdido. Extraje del cajón una sábana y la anudé al cuello de mi cliente. El no cesaba de hablar. Suponía que yo era uno de los partidarios del orden. "El pueblo habrá escarmentado° con lo del otro día", dijo. "Sí", repuse mientras concluía° de hacer el nudo sobre la oscura nuca°, olorosa a sudor°. "¿Estuvo bueno, verdad?". "Muy bueno", contesté mientras regresaba a la brocha. El hombre cerró los ojos con un gesto de fatiga y esperó así la fresca caricia del jabón. Jamás lo había tenido tan cerca de mí. El día en que ordenó que el pueblo desfilara por el patio de la Escuela para ver a los cuatro rebeldes allí colgados, me crucé con él un instante. Pero el espectáculo de los cuerpos mutilados me impedía fijarme en el rostro del hombre que lo dirigía todo y que ahora iba a tomar en mis manos. No era un rostro desagradable, ciertamente. Y la barba, envejeciéndolo

to hide
back of my thumb

bullets
hanged it / nails

knot

pedazos

agarramos

se reclinó

aprendió una buena lección / terminaba / nape / sweat

un poco, no le caía mal. Se llamaba Torres. El capitán Torres. Un hombre con imaginación, porque ¿a quién se le había ocurrido antes colgar a los rebeldes desnudos y luego ensayar sobre determinados sitios del cuerpo una mutilación a bala° Empecé a extender la primera capa de jabón. Él seguía con los ojos cerrados. "De buena gana me iría a dormir un poco", dijo, "pero esta tarde hay mucho que hacer". Retiré la brocha y pregunté con aire falsamente desinteresado: "¿Fusilamiento?". "Algo por el estilo, pero más lento", respondió. "¿Todos?". "No. Unos cuantos apenas". Reanudé°, de nuevo, la tarea de enjabonarle° la barba. Otra vez me temblaban las manos. El hombre no podía darse cuenta de ello y ésa era mi ventaja. Pero yo hubiera querido que él no viniera. Probablemente muchos de los nuestros lo habrían visto entrar. Y el enemigo en la casa impone condiciones. Yo tendría que afeitar esa barba como cualquiera otra, con cuidado, con esmero°, como la de un buen parroquiano°, cuidando de que ni por un solo poro fuese a brotar° una gota de sangre. Cuidando de que en los pequeños remolinos° no se desviara la hoja. Cuidando de que la piel quedara limpia, templada°, tersa, pulida, y de que al pasar el dorso° de mi mano por ella, sintiera la superficie sin un pelo. Sí. Yo era un revolucionario clandestino, pero era también un barbero de conciencia, orgulloso de la pulcritud° en su oficio°. Y esa barba de cuatro días se prestaba para una buena faena°.

Tomé la navaja, levanté en ángulo oblicuo las dos cachas, dejé libre la hoja y empecé la tarea, de una de las patillas° hacia abajo. La hoja respondía a la perfección. El pelo se presentaba indócil y duro, no muy crecido, pero compacto. La piel iba apareciendo poco a poco. Sonaba la hoja con su ruido característico, y sobre ella crecían los grumos° de jabón mezclados con trocitos de pelo. Hice una pausa para limpiarla, tomé la badana de nuevo y me puse a asentar el acero°, porque yo soy un barbero que hace bien sus cosas. El hombre que había mantenido los ojos cerrados, los abrió, sacó una de las manos por encima de la sábana, se palpó° la zona del rostro que empezaba a quedar libre de jabón, y me dijo: "Venga usted a las seis, esta tarde, a la Escuela". "¿Lo mismo del otro día?", le pregunté horrorizado. "Puede que resulte mejor", respondió. "¿Qué piensa usted hacer?" "No sé todavía. Pero nos divertiremos". Otra vez se echó hacia atrás y cerró los ojos. Yo me acerqué con la navaja en alto. "¿Piensa castigarlos a todos?", aventuré tímidamente. "A todos". El jabón se secaba sobre la cara. Debía apresurarme. Por el espejo, miré hacia la calle. Lo mismo de siempre: la tienda de víveres° y en ella dos o tres compradores. Luego miré el reloj: las dos y veinte de la tarde.

La navaja seguía descendiendo. Ahora de la otra patilla hacia abajo. Una barba azul, cerrada. Debía dejársela crecer como algunos poetas o como algunos sacerdotes. Le quedaría bien. Muchos no lo reconocerían. Y mejor para él, pensé, mientras trataba de pulir° suavemente todo el sector del cuello. Porque allí sí que debía manejar con habilidad la hoja, pues el pelo, aunque en agraz°, se enredaba en pequeños remolinos. Una barba crespa°. Los poros podían abrirse, diminutos, y soltar su perla de sangre. Un buen barbero como yo finca° su orgullo en que eso no ocurra a ningún cliente. Y éste era un cliente de calidad. ¿A cuántos de los nuestros había ordenado matar? ¿A cuántos de los nuestros había ordenado que los mutilaran?... Mejor no pensarlo. Torres no sabía que yo era su enemigo. No lo sabía él ni lo sabían los demás. Se trataba de un secreto entre muy pocos, precisamente para que yo pudiese informar a los revolucionarios de lo que Torres estaba haciendo en el pueblo y de lo que proyectaba hacer cada vez que emprendía una excursión para cazar revolucionarios. Iba a ser, pues, muy difícil explicar que yo lo tuve entre mis manos y lo dejé ir tranquilamente, vivo y afeitado.

La barba le había desaparecido casi completamente. Parecía más joven, con menos años de los que llevaba a cuestas cuando entró. Yo supongo que eso ocurre siempre con los hombres que entran y salen de las peluquerías. Bajo el golpe de mi navaja Torres rejuvenecía, sí, porque yo soy un buen barbero, el mejor de este pueblo, lo digo sin vanidad. Un poco más de jabón, aquí, bajo la barbilla, sobre la manzana°, sobre esta gran vena. ¡Qué calor! Torres debe estar sudando como yo. Pero él no tiene miedo. Es un hombre sereno, que ni siquiera piensa en lo que ha de hacer esta tarde con los prisioneros. En cambio yo, con esta navaja entre las manos, puliendo y puliendo esta piel, evitando que brote sangre de estos poros, cuidando todo golpe, no puedo pensar serenamente. Maldita la hora en que vino, porque yo soy un revolucionario pero no soy un asesino. Y tan fácil como resultaría matarlo. Y lo merece°. ¿Lo merece? ¡No, qué diablos! Nadie merece que los demás hagan el sacrificio de convertirse en asesinos. ¿Qué se gana con ello? Pues nada. Vienen otros y otros y los primeros matan a los segundos y éstos a los terceros y siguen y siguen hasta que todo es un mar de sangre. Yo podría cortar este cuello, así ¡zas!, ¡zas! No le daría tiempo de quejarse y como tiene los ojos cerrados no vería ni el brillo de la navaja ni el brillo de mis ojos. Pero estoy temblando como un verdadero asesino. De ese cuello brotaría un chorro de sangre sobre la sábana, sobre la silla, sobre mis manos, sobre el suelo. Tendría que cerrar la puerta.

afeitar

inmaduro, ingrown / curly

basa

adam's apple

deserves it

Y la sangre seguiría corriendo por el piso, tibia, imborrable°, in- — indelible
contenible, hasta la calle, como un pequeño arroyo° escarlata. Es- — río, brook
toy seguro de que un golpe fuerte, una honda incisión, le evitaría
todo dolor. No sufriría. ¿Y qué hacer con el cuerpo? ¿Dónde ocul-
tarlo? Yo tendría que huir, dejar estas cosas, refugiarme lejos, bien
lejos. Pero me perseguirían hasta dar conmigo. "El asesino del
Capitán Torres. Lo degolló° mientras le afeitaba la barba. Una co- — cortó el cuello
bardía". Y por otro lado: "El vengador de los nuestros. Un nombre
para recordar (aquí mi nombre). Era el barbero del pueblo. Nadie
sabía que él defendía nuestra causa...". ¿Y qué? ¿Asesino o héroe?
Del filo° de esta navaja depende mi destino. Puedo inclinar un — edge
poco más la mano, apoyar un poco más la hoja, y hundirla°. La — presionar
piel cederá como la seda, como el caucho°, como la badana. No — rubber
hay nada más tierno que la piel del hombre y la sangre siempre
está ahí, lista a brotar. Una navaja como ésta no traiciona. Es la
mejor de mis navajas. Pero yo no quiero ser un asesino, no señor.
Usted vino para que yo le afeitara. Y yo cumplo honradamente
con mi trabajo... No quiero mancharme de sangre. De espuma y
nada más. Usted es un verdugo y yo no soy más que un barbero.
Y cada cual° en su puesto. Eso es. Cada cual en su puesto. — each

La barba había quedado limpia, pulida y templada. El hombre se incorporó para mirarse en el espejo. Se pasó las manos por
la piel y la sintió fresca y nuevecita.

"Gracias", dijo. Se dirigió al ropero en busca del cinturón, de
la pistola y del kepis. Yo debía estar muy pálido y sentía la camisa
empapada. Torres concluyó de ajustar la hebilla°, rectificó la posi- — buckle
ción de la pistola en la funda y luego de alisarse° maquinalmente — arreglarse
los cabellos, se puso el kepis. Del bolsillo del pantalón extrajo
unas monedas para pagarme el importe del servicio. Y empezó a
caminar hacia la puerta. En el umbral° se detuvo un segundo y — threshold
volviéndose me dijo:

"Me habían dicho que usted me mataría. Vine para compro-
barlo. Pero matar no es fácil. Yo sé por qué se lo digo". Y siguió
calle abajo.

En torno al texto

● Hay que fijarse bien

1. Con uno/a o dos compañeros/as copien las frases o expresiones
   donde aparece lo siguiente o subrayen lo indicado. Luego, usen las
   frases identificadas en sus ejercicios de redacción y en los ensayos.

    a. el barbero tiene miedo

    b. el militar no tiene miedo

    c. el barbero trabaja con sumo cuidado

    d. el militar trabaja con sumo cuidado

    e. el barbero prepara sus cosas para trabajar

    f. el cliente se prepara para que lo afeiten

    g. el barbero mira y confirma que ha hecho un buen trabajo

    h. el barbero habla consigo mismo para tomar una decisión

    i. el barbero se imagina la escena del asesinato

    j. el barbero piensa que toda violencia es inútil

    k. la piel queda estupendamente bien

2. Determine en qué sentidos se usa la palabra **espuma** en este cuento.

● En términos generales

1. ¿A qué se refiere el título de este cuento?

2. ¿Qué tipo de narrador tenemos en este cuento?

3. ¿Cuál es el oficio del narrador?

4. ¿Cómo sabemos que el narrador se precia de ser excelente en su trabajo?

5. ¿Cómo se llama el cliente del narrador?

6. ¿A qué partidos políticos cree Ud. que pertenecen estos dos personajes?

7. ¿Cuál de ellos es más esmerado y eficiente en su trabajo?

● Los personajes y sus papeles

1. ¿Quién es el cliente del narrador? ¿Qué es?

2. ¿Qué ha hecho y qué está planeando para esa misma tarde?

3. ¿Cuántas identidades tiene el barbero? ¿Por qué?

4. ¿Qué papel tienen la sangre y el agua en este cuento?

5. ¿Qué papel tiene la gente de este pueblo? ¿A quién se dirigen las acciones del cliente?

6. ¿Cuál es el dilema del narrador?

7. ¿Por qué decide no matar a su cliente?

8. ¿Qué indica el comentario final del capitán Torres?

9. ¿Cuántas oposiciones hay en este cuento?

10. ¿Qué efectos puede tener este cuento sobre una concepción del terrorismo actual?

Más allá del texto

1. **Instrumentos de precisión.** Aunque los instrumentos del barbero podrían servir un doble propósito, hay algo noble en los instrumentos de una ocupación. Anote los rasgos (características) que Ud. asocie con cinco de los siguientes instrumentos o utensilios e indique si Ud sabe usarlos o no.

   ▶ **Por ejemplo:** *Las agujas* (needles) *para coser son mejores cuando son de acero y tienen una punta muy fina y afilada. Desgraciadamente, yo no sé coser.*

   tijeras, agujas, gafas o anteojos, cuchillos de cocina, cucharón de la sopa, tenazas, balas, navajas, badanas, brochas, ojos de vidrio, cajas de cartón

2. **Oficios nobles.** Hay ciertos oficios tradicionales que exigen habilidad y experiencia y en las ciudades hispanas todavía hay tiendas especiales donde ellos trabajan haciendo o reparando objetos. Describa uno de ellos como en el ejemplo y mencione sus instrumentos, si es posible.

   ▶ **Por ejemplo:** *Respeto mucho a los relojeros porque pueden reparar una maquinaria muy pequeña. Un reloj antiguo es una cosa bella.*

   costurera (como Leticia en "1943, 29 de marzo"), zapatero, barbero, peluquera, relojero, joyero, carnicero, panadero, florista, afilador de cuchillos, soldador de objetos de metal, reparador de paraguas, sastre, etc.

3. **Decisiones morales.** No es fácil tomar una decisión justa y honrada en un momento difícil. Describa una ocasión en que Ud. u otra persona se tuvo que enfrentar a un dilema y decidir lo correcto para el caso.

   ▶ **Por ejemplo:** *Una vez me encontré un billete de $50 dólares en un lugar público.*
   De repente, entró una señora y yo tenía el billete en la mano. Ella me miró y yo...

4. **¿Vengarse o no vengarse?** ¿Se ha encontrado Ud. alguna vez en una situación en la cual hubiera podido vengarse? Explique qué hizo y por qué.

● Temas de ensayo

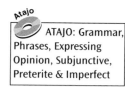
ATAJO: Grammar, Phrases, Expressing Opinion, Subjunctive, Preterite & Imperfect

Elija uno de los siguientes temas según las instrucciones de su profesor/a. Use sus apuntes sobre el texto, especialmente lo que anotó en la sección **En torno al texto.** Cada vez que copie una frase del texto, póngala entre comillas ("...") e indique en qué página aparece.

1. Escriba un ensayo en que Ud. analice cómo un régimen de terror afecta la conciencia popular. Use sus apuntes sobre el texto, su definición de "Espuma y nada más" y también, si puede, apuntes de "La certeza" o "Fuera del juego" (páginas 232 y 247).

2. Analice el dilema que se le presenta al barbero y muestre cómo toma la decisión de no matar al cliente. Apoye su análisis en citas del texto y trate de llegar a conclusiones universales.

3. Discuta las técnicas literarias que usa el autor para comunicarnos la situación política y el problema moral que se le presenta al narrador.

4. Imagínese que tiene que defender al militar ante un tribunal después de la guerra. ¿Qué justificaciones puede presentar que sirvan para defender a su cliente? ¿A qué personas llamaría para que le ayudaran a preparar la defensa? ¿Qué instrucciones le puede dar al militar para que evite incriminarse? Presente un buen plan.

El prócer

Nombre:	Cristina Peri Rossi (1941–)
Nacionalidad:	uruguaya, recibió nacionalidad española
	en 1974
Ocupación:	novelista, cuentista, ensayista, poeta,
	profesora, periodista y traductora
Obras principales:	*Viviendo* (1963)
	Los museos abandonados (1968), Premio
	Editorial Arca
	El libro de mis primos (1969), premiado por *Marcha*
	Indicios pánicos (1970)
	La tarde del dinosaurio (1980)
	La nave de los locos (1984)
	Una pasión prohibida (1986)
	El libro de mis primos (1989)
	La última noche de Dostoievski (1992)
	Aquella noche (1996)
	Desastres íntimos (1997)
	Poemas de amor y desamor (1998)
	El amor es una dura droga (1999)
	Cuando fumar era un placer (2003)
	El pulso del mundo: Artículos periodísticos 1978-2002 (2003)
	Estado de exilio (2003)
Otros datos:	Fue miembro del Consejo de Redacción de *Marcha*, uno de los
	semanarios más conocidos de Hispanoamérica de 1970 a 1972,
	año en que tuvo que exiliarse por razones políticas. Se radica
	en Barcelona, donde vive desde entonces. Ha recibido varios
	premios en España. Colabora en varios periódicos entre ellos
	El País, *Diario 16* y *El Periódico de Catalunya*.

FICHA PERSONAL

Peri Rossi, nace en Uruguay en 1941 y tiene que exiliarse durante la época de la dictadura (1973–1985). Viaja a España en 1972, luego a Francia y regresa a Barcelona. Obtiene la ciudadanía española a fines de 1974. En esa época, ya se le había publicado en Uruguay y España. Hoy día, muchas de las obras de esta prolífica escritora han sido traducidas al inglés, francés, alemán, italiano, sueco y otros idiomas. También ha ganado varios premios, entre ellos el Premio Ciudad de Barcelona en 1992 por el volumen de poesía *Babel Bárbara*; El Premio Internacional Rafael Alberti por la XVIII edición de *Estado de exilio* en 2002 y la Medalla de Oro del *Forward Book of the Year* en 2003 por *Panic Signs*, la traducción al inglés de *Indicios pánicos*.

Al principio, la obra de Peri Rossi está llena de personajes indecisos que se sienten fracasados y llevan vidas que podrían caracterizarse de marginales. Según Mario Benedetti "...padecen una congénita imposibilidad de actuar, de influír de algún modo en su propio destino..." [Mario Benedetti, *Literatura uruguaya siglo XX* (Montevideo: Alfa, 1969), página 323.]

A partir de *Indicios pánicos* (1970), sin embargo, la autora cambia de enfoque, pone en juicio los géneros literarios y divaga sobre el lenguaje y la realidad política que se está viviendo en esa época en el Uruguay. A través de este examen, expone sus puntos de vista políticos y, de modo implícito, propone ciertos cursos de acción. O sea que propone una literatura comprometida de la cual esta colección de cuentos es un excelente ejemplo.

En el Prólogo de la primera edición de este libro, la autora define la palabra *indicios* como "acciones o señales que dan a conocer lo oculto" (página 9). Añade que el hombre es "un cazador de indicios; [que] son las pistas, las pautas para interpretar la vida, la realidad..." (*Ibid.*) y la clave de algo más profundo. Así pues, la autora insiste en su calidad de presagios° y de esta manera crea la tensión de los cuentos de este volumen, donde aparece la siguiente selección.

omens

Al leer "El prócer", resulta evidente que la autora está muy consciente de los acontecimientos y los cambios del Uruguay de la época, muy especialmente de la transición de la democracia al estado de guerra interna declarado por el gobierno con el fin de combatir a los guerrilleros tupamaros (véase la nota en la página 134). Ésta es una visión profética de lo que sería la vida bajo la dictadura, ya que el cuento fue escrito antes del golpe de estado de 1973.

Otros temas que se ven en su obra son el exilio, la pasión amorosa y el sufrimiento que ésta puede ocasionar, y la crítica social, como señala ella misma en una entrevista con Diego Bernabé.

Aproximaciones al texto

1. **Los padres de la patria.** Hay grandes hombres o *próceres* que lucharon por la independencia de nuestras patrias, que establecieron los primeros gobiernos independientes de los nuevos países o que iniciaron grandes cambios sociales. Por ejemplo, el prócer de Uruguay es el General José Gervasio Artigas. En todas partes se conmemoran las acciones de estos grandes hombres en fechas importantes y además se les dedica monumentos, edificios, carreteras y escuelas. Haga una lista de próceres de este país, explique qué hicieron y en qué fecha se les recuerda.

Prócer	Fecha
_____	_____
_____	_____
_____	_____

2. **Los monumentos.** Desde la antigüedad, el hombre ha erigido (construido) monumentos para conmemorar a individuos o acontecimientos importantes. Marque Ud. las palabras de la lista que Ud. asocie con monumentos y explique por qué. Agregue otras palabras si es necesario.

columna	ventana	busto	fuente
soldados	caballo	obelisco	vereda
asientos	palomas	niños	coronas de flores
policías	dignatarios	jardines	homenaje
escultura	desfile	discurso	guardia de honor
cadenas	gradas	plaza	embajadores

3. **Una vuelta por el centro.** Imagínese que un/a amigo/a extranjero/a suyo/a está en su ciudad o pueblo. Llévelo a dar una vuelta imaginaria por el centro, muéstrele los monumentos o las estatuas y explíquele por qué están allí. Dé su explicación oralmente o por escrito.

▶ **Por ejemplo:** *Éste es el monumento de... Él/Ella es muy importante para nosotros porque... (peleó en una batalla contra los ingleses/organizó el/la primer/a y...)*

Parques y plazas. En la cultura hispana hay una marcada diferencia entre una plaza y un parque que, a veces, no es muy clara en esta cultura. Una plaza ocupa una manzana o una cuadra completa, mientras que un parque es generalmente más extenso, puede tener una forma irregular y casi nunca está en el centro de la ciudad. La diferencia más grande, sin embargo, es que mientras que el parque se reserva casi exclusivamente para la recreación, el descanso y los paseos, las plazas son un lugar en que, además del descanso, la gente también hace compras y se reúne a diario.

En la plaza de muchos pueblos, en ciertos días de la semana hay mercado al aire libre o bazar. Muchas plazas también tienen un quiosco donde toca una banda militar los domingos o días de fiesta. Por último, hay algunas plazas muy antiguas donde no hay ni árboles ni jardines sino una gran explanada o zócalo pavimentado o empedrado, como en México, D.F., Madrid, Salamanca y otras ciudades.

1. Si Ud. ha estado en el extranjero, haga una lista de las plazas y de los parques que visitó y diga qué actividades vio en cada uno de ellos.

2. Si Ud. no ha viajado, haga una lista de los lugares de su ciudad que serían plazas según la definición hispana y explique qué se hace allí.

3. Perfección equina. Estudie el siguiente dibujo para comprender mejor el cuento. ¿Qué impresión le da este magnífico animal? ¿Qué evoca en Ud.? (página 267)

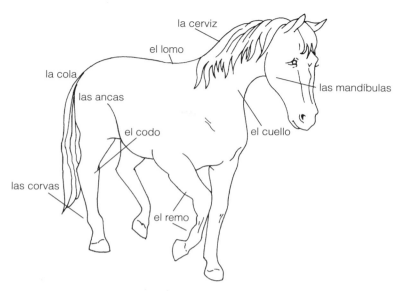

la cerviz

el lomo

la cola

las ancas

las mandíbulas

el codo

el cuello

las corvas

el remo

El monumento de Artigas en la Plaza Independencia de Montevideo.

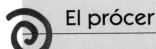

El prócer

CRISTINA PERI ROSSI

Era un enorme caballo con un héroe encima. Los visitantes y los numerosos turistas solían detenerse a contemplarlos. La majestuosidad del caballo, su tamaño descomunal, la perfección de sus músculos, el gesto°, la cerviz, todo era motivo de admiración en aquella bestia magnífica. Había sido construido por un escultor profesional subvencionado° varias veces por el gobierno y que se había especializado en efemérides°. El caballo era enorme y casi parecía respirar. Sus magníficas ancas suscitaban siempre el elogio. Los guías hacían reparar al público en la tensión de sus músculos, sus corvas, el cuello, las mandíbulas formidables. El héroe, entre tanto, empequeñecía.

    —Estoy harto° de estar aquí —le gritó, por fin, una mañana. Miró hacia abajo, hacia el lomo del caballo que lo sostenía y se dio cuenta cuán° mínimo, diminuto, disminuido, insignificante había quedado él. Sobre el magnífico animal verde, él parecía una uva. El caballo no dio señales de oírlo; continuó en su gesto aparatoso°, avanzando el codo y el remo, en posición de marcha. El escultor lo había tomado de un libro ilustrado que relataba las hazañas de Julio César, y desde que el caballo se enteró de cuál había sido su modelo, trataba de estar en posición de marcha el mayor tiempo posible.

    —Schttttttttttt —llamó el prócer.

    El caballo miró hacia arriba. Arqueó las cejas y elevó los ojos, un puntito negro, muy alto, muy por encima de él parecía moverse. Se lo podía sacudir de encima apenas con uno de esos estremecimientos de piel con los cuales suelen espantarse las moscas y los demás insectos. Estaba ocupado en mantener el remo hacia adelante, sin embargo, porque a las nueve de la mañana vendría una delegación nipona° a depositar una ofrenda floral y tomar fotografías. Esto lo enorgullecía mucho. Ya había visto varias ampliaciones°, con él en primer plano, ancho, hermoso, la plataforma del monumento sobre el césped muy verde, la base rodeada de flores, flores naturales y flores artificiales regaladas por los oficiales, los marineros, los ministros, las actrices francesas, los boxeadores norteamericanos, los bailarines checoslovacos, el embajador pakistano, los pianistas rusos, la misión Por La Paz y La Amistad de los Pueblos, la Cruz Roja, Las

pose

subsidiado
conmemoraciones

cansado, aburrido

qué

exagerado, pomposo

japonesa

copias grandes de fotos

Juventudes Neofascistas, el Mariscal del Aire y del Mar y el Núcleo de los Pieles Rojas Sobrevivientes.

Esta interrupción en el momento justo de adelantar el remo le cayó muy mal.

—Schttt —insistió el héroe.

El caballo al fin se dio por aludido°.   *prestó atención*

—¿Qué desea usted? —interrogó al caudillo° con tono impe-   *prócer, líder*
rioso y algo insolente.

—Me gustaría bajar un rato y pasearme por ahí, si fuera posible —contestó con humildad el prócer.

—Haga lo que quiera. Pero le advierto —le reconvino° el   *reprochó*
caballo— que a las nueve de la mañana vendrá la delegación
nipona.

—Ya lo sé. Lo he visto en los diarios —dijo el caudillo—.
Pero tantas ceremonias me tienen un poco harto.

El caballo se negó a considerar una respuesta tan poco
protocolar.

—Es por los huesos, ¿sabe? —se excusó el héroe—. Me
siento un poco duro. Y las fotografías, ya no sé qué gesto poner°   *what pose to strike*
—continuó.

—La gloria es la gloria —filosofó baratamente el caballo. Estas
frases tan sabias las había aprendido de los discursos oficiales. Año
a año los diferentes gobernantes, presidentes, ministros, secretarios, se colocaban delante del monumento y pronunciaban sus
discursos. Con el tiempo, el caballo se los aprendió de memoria, y
además, casi todos eran iguales, de manera que eran fáciles de
aprender hasta para un caballo.

—¿Cree que si me bajo un rato se notará? —preguntó el
héroe.

La pregunta satisfacía la vanidad del caballo.

—De ninguna manera. Yo puedo ocupar el lugar de los dos.
Además, en este país, nadie mira hacia arriba. Todo el mundo
anda cabizbajo°. Nadie notará la ausencia de un prócer; en todo   *con la cabeza baja*
caso, debe estar lleno de aspirantes° a subirse a su lugar.   *candidatos*
                                                                      sin que se notara
Alentado, el héroe descendió con disimulo° y dejó al ca-
ballo solo. Ya en el suelo, lo primero que hizo fue mirar hacia
arriba —cosa que nadie hacía en el país—, y observar el lugar al
que durante tantos años lo habían relegado. Vio que el caballo
era enorme, como el de Troya, pero no estaba seguro si tenía
guerreros adentro o no. En todo caso, de una cosa estaba seguro:
el caballo estaba rodeado de soldados. Estos, armados hasta los
dientes, formaban dos a tres hileras° alrededor del monumento,   *filas*

y él se preguntó qué cosa protegerían. ¿Los pobres? ¿El derecho°? ¿La sabiduría? Tantos años en el aire lo tenían un poco mareado°: hasta llegó a pensar que lo habían colocado tan lejos del suelo para que no se diera cuenta de nada de lo que sucedía allí abajo. Quiso acercarse para interrogar a uno de los soldados (¿Cuál es su función? ¿A quién sirve? —le preguntaría) pero no bien avanzó unos metros en esa dirección, los hombres de la primera fila apuntaron todos hacia él y comprendió que lo acribillarían° si daba un paso más. Desistió° de su idea. Seguramente, con el tiempo, y antes de la noche, averiguaría por qué estaban allí los soldados, en la plaza pública, qué intereses defendían, al servicio de quién estaban. Por un instante tuvo nostalgias de su regimiento, integrado voluntariamente por civiles que se plegaron a sus ideas y avanzaban con él, peleando hasta con las uñas.° En una esquina compró un diario pero su lectura le dio asco.° Él pensaba que la policía estaba para ayudar a cruzar la calle a los ancianos, pero bien se veía en la foto que traía el diario a un policía apaleando° a un estudiante. El estudiante esgrimía° un cartel con una de las frases que él había pronunciado una vez, pero algo había pasado con su frase, que ahora no gustaba; durante años la había oído repetir como un sonsonete° en todas las ceremonias oficiales que tenían lugar frente a su monumento, pero ahora se veía que había caído en desuso, en sospecha o algo así. A lo mejor era que pensaban que en realidad él no la había pronunciado, que era falsa, que la había inventado otro y no él. «Fui yo, fui yo, la dije, la repito» tuvo ganas de gritar, pero quién lo iba a oír, mejor no la decía, era seguro que si se ponía a gritar eso en medio de la calle terminaba en la cárcel, como el pobre muchacho de la fotografía. ¿Y qué hacía su retrato, su propio retrato estampado en la puerta de ese ministerio? Eso no estaba dispuesto a permitirlo. Un ministerio acusado de tantas cosas y su retrato, el único legítimo, el único que le hacía justicia colocado en la puerta... Esta vez los políticos habían colmado la medida.° Estaba dispuesto a que su retrato encabezara las hojas de cuaderno, las tapas de los libros, mejor aún le parecía que apareciera en las casas de los pobres, de los humildes, pero en ese ministerio, no. ¿Ante quién podría protestar? Ahí estaba la dificultad. Era seguro que tendría que presentar la reclamación en papel sellado, con timbres de biblioteca en una de esas enormes y atiborradas oficinas. Luego de algunos años es posible que algún jerarca° se ocupara del caso, si él le prometía algún ascenso°, pero bien se sabía que él no estaba en condiciones de ofrecer nada a nadie, ni nunca lo

La ley

dizzy

matarían a tiros / Cambió de idea

fighting tooth and nail
le dio náusea

pegando con un palo
agitaba

una cantinela

sobrepasado

jefe muy importante
promoción

había estado en su vida. Dio unos pasos por la calle y se sentó en el cordón de la vereda, desconsolado. Desde arriba, nunca había visto la cantidad de pobres y mendigos que ahora podía encontrar en la calle. ¿Qué había sucedido en todos estos años? ¿Cómo se había llegado a esto? Algo andaba muy mal, pero desde arriba no se veía bien. Por eso es que lo habían subido allí. Para que no se diera cuenta de nada, ni se enterara de cómo eran las cosas, y pudieran seguir pronunciando su nombre en los discursos en vano, ante la complacencia versallesca de los hipócritas extranjeros de turno.

Caminó unas cuantas cuadras y a lo largo de todas ellas se encontró con varios tanques y vehículos del ejército que patrullaban la ciudad. Esto lo alarmó muchísimo. ¿Es que estaría su país —su propio país, el que había contribuido a forjar— a punto de ser invadido? La idea lo excitó. Sin embargo, se dio cuenta de su error: había leído prolijamente° el diario de la mañana y no se hablaba de eso en ninguna parte. Todos los países —por lo menos aquéllos de los que se sabía algo— mantenían buenas relaciones con el suyo, claro que uno explotaba a casi todos los demás, pero esto parecía ser natural y aceptado sin inconvenientes por los otros gobiernos, los gobiernos de los países explotados.

con mucho cuidado

Desconcertado, se sentó en un banco de otra plaza. No le gustaban los tanques, no le gustaba pasearse por la ciudad —una vez que se había animado a descender del monumento— y hallarla así, constantemente vigilada, maniatada, oprimida. ¿Dónde estaba la gente, *su* gente? ¿Es que no habría tenido descendientes?

Al poco tiempo, un muchacho se sentó a su lado. Decidió interrogarlo, le gustaba la gente joven, estaba seguro que ellos sí podrían responder todas esas preguntas que quería hacer desde que había bajado, descendido de aquel monstruoso caballo.

—¿Para qué están todos esos tanques entre nosotros, joven? —le preguntó al muchacho.

El joven era amable y se veía que había sido recientemente rapado.°

con el pelo muy corto

—Vigilan el orden —contestó el muchacho.

—¿Qué orden? —interrogó el prócer.

—El orden oficial —contestó rápidamente el otro.

—No entiendo bien, discúlpeme —el caudillo se sentía un poco avergonzado de su ignorancia— ¿por qué hay que mantener ese orden con los tanques?

—De lo contrario, señor, sería difícilmente aceptado —respondió el muchacho con suma amabilidad.

—¿Y por qué no sería aceptado? —el héroe se sintió protagonista de una pieza absurda de Ionesco.[1] En las vacaciones había tenido tiempo de leer a ese autor. Fue en el verano, cuando el gobierno trasladaba sus oficinas y sus ministros hacia el este, y por suerte, a nadie se le ocurría venir a decir discursos delante del monumento. El había aprovechado el tiempo para leer un poco. Los libros que todavía no habían sido decomisados°, que eran muy pocos. La mayoría ya habían sido o estaban a punto de ser censurados.

confiscados

—Porque es un orden injusto —respondió el joven.

El héroe se sintió confundido.

—Y si es injusto, ¿no sería mejor cambiarlo? Digo, revisarlo un poco, para que dejara de serlo.

—Ja —el joven se había burlado° por primera vez—. Usted debe estar loco o vivir en alguna isla feliz.

reído de

—Hace un tiempo me fui de la patria[2] y recién he regresado, discúlpeme —se turbó° el héroe.

se avergonzó

—La injusticia siempre favorece a algunos, eso es —explicó el joven.

El prócer había comprendido para qué estaban los tanques. Decidió cambiar de tema.

—¿A qué se dedica usted? —le preguntó al muchacho.

—A nada —fue la respuesta tajante° del joven.

enfática

—¿Cómo a nada? —el héroe volvió a sorprenderse.

—Antes estudiaba —accedió a explicarle—, pero ahora el gobierno ha decidido clausurar indefinidamente los cursos en los colegios, los liceos y las universidades. Sospecha que la educación se opone al orden, por lo cual, nos ha eximido de ella. Por otra parte, para ingresar a la administración sólo será necesario aprobar examen de integración al régimen. Así se proveerán° los puestos públicos; en cuanto a los privados, no hay problemas: jamás emplearán a nadie que no sea de comprobada solidaridad con el sistema.

llenarán

—¿Qué harán los otros? —preguntó alarmado el héroe.

—Huirán del país o serán reducidos por el hambre. Hasta ahora, este último recurso ha sido de gran utilidad, tan fuerte, quizás, y tan poderoso, como los verdaderos tanques. El caudillo

---

[1]Eugène Ionesco (1912–1994), dramaturgo francés nacido en Rumania, asociado con el teatro del absurdo

[2]"El prócer" alude aquí a los años que pasó en el exilio. Artigas salió del Uruguay en 1820 y vivió en el Paraguay hasta su muerte en 1850.

deseó ayudar al joven; pensó en escribir una recomendación para él, a los efectos de° obtenerle algún empleo, pero no lo hizo porque, a esa altura, no estaba muy seguro de que una tarjeta con su nombre no enviara directamente al joven a la cárcel.

a fin de

—Ya he estado allí —le dijo el joven, que leyó la palabra cárcel en el pensamiento de ese hombre maduro vuelto a su patria— Por eso me han cortado el pelo —añadió.

—No le entiendo bien. ¿Qué tiene que ver el pelo con la cárcel?

—El cabello largo se opone al régimen, por lo menos eso es lo que piensa el gobierno.

—Toda mi vida usé el cabello largo —protestó el héroe.

—Serían otras épocas —concluyó serenamente el joven.

Hubo un largo silencio.

—¿Y ahora qué hará? —interrogó tristemente el viejo.

—Eso no se lo puedo decir a nadie —contestó el joven; se puso de pie, lo saludó con la mano y cruzó la plaza.

Aunque el diálogo lo había llenado de tristeza, la última frase del joven lo animó° bastante. Ahora estaba seguro de que había dejado descendientes.

lo hizo sentirse bien

En torno al texto

● Hay que fijarse bien

Lea otra vez el cuento y júntese con un/a compañero/a para hacer los siguientes ejercicios.

1. Ubiquen dónde se dice lo siguiente en otras palabras (*páginas 268–269*)

   a. a todo el mundo le fascinaba el magnífico caballo

   b. montado sobre aquel caballo tan grande, el prócer parecía una cosa insignificante

   c. el caballo sabía que era de origen clásico y se creía indispensable

   d. como el prócer era chiquito era fácil sacárselo de encima como un insecto

   e. el caballo se había visto en unas fotos estupendas que habían sacado

   f. el caballo repetía los lugares comunes que escuchaba en los poco originales discursos

g. el caballo creía que el prócer no hacía falta en realidad, que él podía manejar la situación solo
(página 270)

h. el prócer se dio cuenta que no se podía hacer ciertas preguntas

i. había una gran diferencia entre sus soldados y estos soldados modernos

j. era increíble lo que decía el diario y no pudo leerlo

k. no podía entender por qué habían puesto su retrato en el ministerio del interior, ya que el gobierno había perseguido a tanta gente

l. estaba bien poner su retrato en los cuadernos y en las casas de los pobres

m. la burocracia exigía papel sellado y timbres, como también ofrecerle algo especial al jefe para que se ocupara del caso
(páginas 271–273)

n. lo tenían muy arriba para que no viera los problemas

o. muchos extranjeros que iban a las ceremonias eran de países oprimidos también

p. había un país que explotaba a todos los otros con su permiso

q. se sentó en la plaza a descansar

r. los soldados están allí para imponer las ideas del gobierno a la fuerza

s. el prócer hizo una pregunta obvia y se sintió absurdo

t. el gobierno había prohibido ciertos libros y perseguía a los intelectuales

u. tampoco había clases, para evitar la insurrección en los centros educacionales pues los estudiantes son los primeros en reaccionar

v. el hambre ha eliminado la rebelión fácilmente

w. quiso ayudar al joven pero pensó que su nombre no era buena recomendación en este tiempo y lugar

2. Anoten aquí las frases que se refieran a...

  a. opresión: _____

  b. violencia: _____

  c. presencia militar: _____

  d. futura acción: _____

● **En términos generales**

Lea el cuento y conteste las siguientes preguntas.

1. ¿Cuál es el personaje principal de este cuento?

2. ¿Por qué sale el prócer a dar una vuelta por la ciudad? ¿Con qué sorpresas se encuentra?

3. ¿Qué actitud tenía el caballo? ¿Cómo trata al prócer?

4. ¿Por qué se compara al caballo del prócer con el de Troya? ¿Qué tenía este último adentro?

5. ¿Que tipo de ceremonias hay en el monumento? ¿Cómo sabemos si cambian o no?

6. ¿Qué cosas no se atreve a hacer el prócer durante su paseo? ¿Por qué?

7. ¿Cuántas veces anduvo de paseo por la ciudad el prócer? ¿Cómo lo sabe Ud.?

8. Señale qué tipo de narrador vemos en este cuento y explique por qué.

   a. un narrador *omnisciente* que lo sabe todo como si fuera un dios; o sea, que puede analizar tanto las acciones como los pensamientos de todos los personajes.

   b. un narrador *observador,* o sea, un ser común que describe la acción tal cual la observa y sabe del personaje lo mismo que sabe el lector.

● **Los personajes y sus papeles**

Lea el cuento otra vez y conteste las siguientes preguntas con un/a compañero/a.

1. ¿Qué simboliza el caballo? ¿Qué frase lo describe mejor? ¿Por qué está personificado?

2. ¿Qué simboliza el prócer? ¿Cuál es su misión en el cuento?

3. ¿A quién representa el alumno universitario? ¿Qué significa la última frase del cuento?

4. ¿Qué función tienen los soldados que están alrededor del monumento?

5. ¿Qué hace el ejército en las calles? ¿Por qué está ahí?

6. ¿Cuál será el país que explota a todos los demás?

7. ¿Por qué escribió este cuento la autora?

Más allá del texto

1. **Asociación de palabras.** Anote todas las palabras que se le vengan a la mente después de leer este cuento.

   ▶ **Por ejemplo:** *censura, soldados, dolor*

2. **Los estereotipos.** Hay ciertas características que la gente asocia con distintas nacionalidades. Júntese con dos compañeros/as y expliquen el origen de los estereotipos de la autora en la serie que empieza "las actrices francesas, los boxeadores norteamericanos, los bailarines checoslovacos,…" en la página 268. Si no están de acuerdo con un estereotipo, cámbienlo o agreguen lo que les parezca. Luego, compartan sus resultados con otro grupo fijándose si tienen los mismos estereotipos y por qué. Expliquen los problemas que puedan surgir por estereotipar así a la gente.

▶ **Por ejemplo:** *En vez de decir "pianistas rusos", nosotros habríamos dicho "… rusos", porque…*

3. **¡Estoy harto!** Imagínese que el prócer decide tomar algunas medidas para solucionar los problemas de su país. Con dos compañeros/as hagan una lista de las cosas que él hace en orden de importancia. En seguida, comparen su lista con la de otro grupo y discutan las semejanzas y diferencias.

4. **Una efeméride.** Describa una ceremonia política o patriótica específica y analice los símbolos usados en ella como banderas, letreros, lemas, ciertos colores, etc. Compare los símbolos con los de este cuento. Si ha estado en el extranjero, sería ideal que describiera una ceremonia o manifestación política presenciada durante su viaje.

5. **La otra cara de la moneda.** Escriba otra vez el relato desde el punto de vista del caballo o del alumno universitario. Incluya detalles sobre lo que ve y piensa el personaje.

6. **El ausente.** Júntese con dos compañeros/as. Imagínense que los dignatarios nipones llegan y se dan cuenta que no está el prócer. Escriban una escena en que ellos conversan con el caballo y después represéntenla para la clase.

7. **Aquí mismo.** Imagínese que Abraham Lincoln, George Washington u otro prócer se baja de su monumento y da una vuelta por la ciudad o el país. Escriba el relato de lo que pasó desde el punto de vista de un narrador omnisciente (que lo ve y lo sabe todo) o desde el punto de vista del prócer. Incluya detalles sobre lo que ve, lo que hace y no hace.

▶ **Por si acaso**

adelantos, centros y galerías comerciales, puentes, edificios, colegios, aparatos/sistemas electrónicos, tecnología muy avanzada, etc.

los sin casa, basura, basura radioactiva, epidemia de SIDA/SARS, hambre, delincuencia, hacinamiento urbano, terrorismo

8. **Ahora nos toca a nosotros.** Júntese con dos compañeros/as e imagínese que Ud. es el chico del cuento y que todos los ciudadanos deciden rebelarse contra el gobierno y reestablecer los ideales del prócer. Hagan un plan detallado de lo que harían Uds. para recuperar la libertad perdida.

● Temas de ensayo

ATAJO: Grammar, Phrases, Expressing Opinion, Subjunctive, Preterite & Imperfect

Elija uno de los siguientes temas según las instrucciones de su profesor/a. Use sus apuntes sobre el texto, especialmente lo que anotó en la sección **En torno al texto.** Cada vez que use una frase del texto, póngala entre comillas ("...") e indique en qué página aparece.

1. Analice la posición política de Peri Rossi según se ve reflejada en este cuento. Apóyese en citas del texto y otras fuentes si fuera necesario.

2. Estudie los ideales y la posición política del prócer a través de sus reacciones, pensamientos y de lo que hace y no hace en este cuento. Respalde sus opiniones con citas del texto.

3. Investigue el período de los años sesenta y de los *hippies.* ¿Cuáles eran sus preocupaciones fundamentales, sus ideales, sus metas y sus símbolos? Use citas de este cuento para apoyar sus ideas.

4. Estudie el gobierno o los acontecimientos políticos de un país o grupo de países en particular y analice sus efectos en la literatura. Por ejemplo, estudie los efectos de la represión dictatorial. Use las obras que aparecen en esta Sexta Parte u otras que le interesen.

5. Contraste las posiciones políticas de dos o tres autores estudiados hasta aquí. Estudie sus tendencias (izquierdistas, derechistas; socialistas, capitalistas; totalitarias, democráticas) y sus actitudes. Busque más datos si es necesario y respalde sus opiniones con citas de los textos.

6. Compare este relato con alguna situación que se esté desarrollando en este momento en el mundo. ¿En qué se parecen? ¿En qué difieren? ¿Cómo reaccionan los intelectuales ante estos acontecimientos? Use citas del texto para ilustrar sus ideas.

7. Estudie el sistema de gobierno totalitario o dictadura según se describe en los textos leídos. ¿Qué caracteriza a este tipo de gobierno? ¿Qué generalizaciones se pueden hacer? Apóyese en citas de los textos.

Bibliografía

Esta bibliografía no pretende ser más que un punto de partida para el estudiante que quiera investigar algún autor o tema un poco más a fondo. Como muchos títulos tratan de temas que aparecen en más de una parte del texto, conviene consultar toda la bibliografía.

● General

Agosín, Marjorie, ed. *A Dream of Light and Shadow: Portraits of Latin American Women Writers*. Albuquerque: University of New Mexico Press, 1995.

Bassnett, Susan, ed. *Knives and Angels: Women Writers in Latin America*. London: Zed Books. 1990.

Browdy de Hernández, Jennifer, ed. *Women Writing Resistance: Essays on Latin America and the Caribbean*. Cambridge, Massachusetts: South End Press, 2003.

Brown, G. G. *A Literary History of Spain. The Twentieth Century*. London: Ernest Benn Ltd., 1972.

Charnon-Deutsch, Lou, ed. *Estudios sobre escritoras hispánicas en honor de Georgina Sabat-Rivers*. Madrid: Castalia, 1992.

Delpar, Helen, ed. *Encyclopedia of Latin America*. New York: McGraw-Hill, 1974.

Franco, Jean. *A Literary History of Spain. Spanish American Literature Since Independence*. London: Ernest Benn Ltd., 1973.

———. *The Modern Culture of Latin America. Society and the Artist*. London: Pall Mall, 1967.

Gac-Artigas, Priscilla. *Reflexiones: Ensayos sobre escritoras hispanoamericanas contemporáneas*. New Jersey: Ediciones Nuevo Espacio, 2002.

González, Victoria and Karen Kampworth, eds. *Radical Women in Latin America: Left and Right*. University Park: Pennsylvania State University Press, 2001.

Gugelberger, Georg M., ed. *The Real Thing: Testimonial Discourse and Latin America*. Durham: Duke University Press, 1996.

Hernández, Carmen Dolores. *Puerto Rican Voices in English: Interviews With Writers*. Westport: Praeger, 1997.

Jofré, Manuel Alcides. *Narrativa argentina contemporánea: Representación de lo real en Marechal, Borges y Cortázar*. La Serena, Chile: Universidad de La Serena, 1993.

Keen, Benjamin, and Mark Wasserman. *A Short History of Latin America*. Boston: Houghton Mifflin, 1984.

Kevane, Bridget A. and Juanita Heredia, eds. *Latina Self-Portraits: Interviews with Contemporary Women Writers*. Albuquerque: University of New Mexico Press, 2000.

Larsen, Neil. *Reading North by South: On Latin American Literature, Culture and Politics*. Minneapolis: University of Minnesota Press, 1995.

Menton, Seymour. *La nueva novela histórica de la América Latina*. México: Fondo de Cultura Económica, 1993.

Paz Soldán, Edmundo and Debra A. Castillo, eds. *Latin American Literature and Mass Media*. New York: Garland Publishers, 2001.

Perricone, Catherine R. "A Bibliographic Approach to the Study of Latin American Women Poets." *Hispania*, 71.2 (1988): 262–287.

Solé, Carlos, ed. *Latin American Writers*. New York: Scribner, 1989.

Sommer, Doris. *Foundational Fictions. The National Romances of Latin America.* Berkeley: University of California Press, 1991.

Torrente Ballester, Gonzalo. *Panorama de la literatura española contemporánea.* Madrid: Guadarrama, 1965.

Valis, Noël and Carol Maier, eds. *In the Feminine Mode: Essays on Hispanic Women Writers.* Lewisburg: Bucknell University Press, 1990.

● Aquí, en familia

Achugar, Hugo. *Ideología y estructuras narrativas en José Donoso.* Caracas: Centro de Estudios Latinoamericanos Rómulo Gallegos, 1979.

Alonso, Carlos J., ed. *Julio Cortázar: New Readings.* Cambridge: Cambridge University Press, 1998.

Beverley, John. *Testimonio: On the Politics of Truth.* Minneapolis: University of Minnesota Press, 2004.

Carmack, Robert M., ed. *Harvest of Violence: The Maya Indians and the Guatemalan Crisis.* Norman: University of Oklahoma Press, 1988.

Carter, E. Dale. *Julio Cortázar: Life, Work and Criticism.* Fredericton, N.B.: York Press. 1986.

Elendorf, Mary Lindsay. *Nine Mayan Women: A Village Faces Change.* Cambridge: Schenkman, 1976.

Fischer, Edward F. and R. McKenna Brown, eds. *Maya Cultural Activism in Guatemala.* Austin: University of Texas Press, 1996.

Garfield, Evelyn Picón. *Julio Cortázar.* New York: Ungar, 1975.

González Mandri, Flora María. *José Donoso's House of Fiction: A Dramatic Construction of Time and Place.* Detroit: Wayne State University Press, 1995.

Khader, Jamil. "Subaltern Cosmopolitanism: Community and Transnational Mobility in Caribbean Postcolonial Feminist Writings," *Feminist Studies,* Spring 2003 v29 i1 p. 63 (20).

McKay, Douglas R. *Miguel Mihura.* Boston: Twayne, 1977.

McMurray, George. *José Donoso.* Boston: Twayne, 1979.

Mihura, Miguel. *Mis memorias.* Barcelona: Mascarón, 1981.

Montejo, Víctor. *Testimony: Death of a Guatemalan Village.* Trans. Víctor Perera. Willimantic: Curbstone Press, 1987.

Morales-Díaz, Enrique. "Catching Glimpses: Appropriating the Female Gaze in Esmeralda Santiago's Autobiographical Writing." *Centro Journal,* Fall 2002, vol. 14, 2, p. 130–148.

Pescatello, Ann M., ed. *Power and Pawn: The Female in Iberian Families, Societies and Cultures.* Westport, CT: Greenwood Press, 1976.

Promis Ojeda, José. *José Donoso: La destrucción de un mundo.* Buenos Aires: F. García Cambieiro, 1975.

Roy, Joaquín. *Julio Cortázar ante su sociedad.* Barcelona: Península, 1974.

Ruggieri, Colleen A. "Appreciating Ethnic Diversity with *When I Was Puerto Rican.*" *English Journal,* May 2002, vol. 91, 5, p. 56–63.

Swanson, Philip. *José Donoso, the "Boom" and Beyond.* Liverpool: F. Caims, 1988.

Whitlock, Ralph. *Everyday Life of the Maya.* New York: Dorset Press, 1987.

Zimmerman, Marc. *Literature and Resistance in Guatemala: Textual Modes and Cultural Politics From El Señor Presidente to Rigoberta Menchú.* Athens, Ohio: Ohio Center for International Studies, 1995.

Véase también la bibliografía de **Identidad, Entre hombres y mujeres** y **La trama social.**

● Entre hombres y mujeres

Buvinc, Mayra, Margarette Lycette, and William Paul McGreevey, eds. *Women and Poverty in the Third World*. Baltimore: Johns Hopkins University Press, 1983.

Bourque, Susan C., and Kay Barbara Warren. *Women of the Andes: Patriarchy and Social Change in Two Peruvian Towns*. Ann Arbor: University of Michigan Press, 1981.

Brown, Isabel Zakrzewski. "Historiographic Metafiction in *In the Time of the Butterflies*." *South Atlantic Review*, Spring 1999, vol. 64, 2.

Daroqui, María Julia. "Memorias de Mariposas," *(Dis)locaciones: Narrativas híbridas del Caribe hispano*. Valencia: Estudios Iberoamericanos, 1998.

Gatell, Angelina. "Delmira Agustini y Alfonsina Storni: Dos destinos trágicos." *Cuadernos Hispanoamericanos*, 58 (1964): 583–594.

Gilberti, Eva, and Ana María Fernández, comps. *La mujer y la violencia invisible*. Buenos Aires: Sudamericana, 1989.

Hahner, June E., ed. *Women in Latin American History*. Los Angeles: University of California Press, 1976.

Jones, Sonia. *Alfonsina Storni*. Boston: Twayne, 1979.

Latin American and Caribbean Women's Collective. *Slave of Slaves: The Challenge of Latin American Women*. Trans. Michael Pallis. London: Zed Press, 1980.

Latin American Perspectives. *Women in Latin America: An Anthology from Latin American Perspectives*. Riverside, CA: Latin American Perspectives, 1979.

Lavrín, Asunción, ed. *Latin American Women*. Westport, CT: Greenwood Press, 1978.

Luque, Julio. *Dos mujeres en la poesía argentina*. Caseros: Ediciones Fundación Banco Caseros, 1996.

Macías, Anna. *Against All Odds: The Feminist Movement in Mexico to 1940*. Westport, CT: Greenwood Press, 1982.

Martín, Luis. *Daughters of the Conquistadores: Women of the Viceroyalty of Peru*. Albuquerque: University of New Mexico Press, 1983.

Nalé Roxlo, Conrado, and Mabel Mármol. *Genio y figura de Alfonsina Storni*. Buenos Aires: EUDEBA, 1966.

Naranjo Coto, Carmen. *Mujer y cultura*. San José, Costa Rica: Editorial Universitaria Centroamericana (EDUCA), 1989.

Pescatello, Ann M., ed. *Female and Male in Latin America. Essays*. Pittsburgh: University of Pittsburgh Press, 1973.

Rojas, Margarita, Flora Ovares, and Sonia Mora. *Las poetas del buen amor: La escritura trangresora de Sor Juana Inés de la Cruz, Delmira Agustini, Juana de Ibarbourou, Alfonsina Storni*. Caracas: Monte Avila Editores, 1991.

Sirias, Silvio. *Julia Álvarez: A Critical Companion*. Westport: Greenwood Press, 2001.

Smith, Mark I. *El arte de Alfonsina Storni*. Bogotá: Editorial Tercer Mundo, 1986.

Torrejón, Alfredo. "Acerca del voseo culto de Chile." *Hispania* 69.3 (1986): 677–689.

Uber, Diane Ringer. "The dual function of **usted**: Forms of address in Bogotá, Colombia." *Hispania* 68.2 (1985): 388–391.

Valerio-Holguín, Fernando. "*En el tiempo de las mariposas* de Julia Álvarez: una reinterpretación de la historia." *Chasqui*, May 1998, vol. XXVII, 1.

Véase también la bibliografía de **Identidad, Aquí, en familia, Desencuentros** y **La trama social**.

● Desencuentros

Alfaro, Hugo. *Mario Benedetti (Detrás de un vidrio claro)*. Montevideo: Trilce, 1986.

Cuadros, Ricardo. "McOndo como síntoma de un estado de la cultura. (Narrativa chilena y mercado editorial) 1996." http://www.ricardocuadros.com/html/ensayos/mcndo1996.htm

Cunha-Giabbai, Gloria da. *El exilio: Realidad y ficción*. Montevideo: Arca, 1992.

Dorn, Georgette M. "Four Twentieth Century Latin American Women Authors" (Agustini, Storni, Ibarbourou and Mistral). *Southeastern Conference on Latin American Studies*, 10 (1979): 125–133.

Fox-Lockert, Lucía. *Women Novelists in Spain and Spanish America*. Metuchen, NJ: The Scarecrow Press, 1979.

Fuguet, Alberto. "I Am Not a Magic Realist!" http://www.salon.com/june97/magical970611.html

Lago, Sylvia and Alicia Torres, eds. *Jornadas de Homenaje a Mario Benedetti (1996)*. Montevideo: Universidad de la República, 1997.

Lago, Sylvia. *Mario Benedetti: Cincuenta años de creación*. Montevideo: Universidad de la República, 1996.

Manteiga, Roberto C., Carolyn Galerstein and Kathleen McNerney, eds. *Feminine Concerns of Contemporary Spanish Fiction by Women*. Potomac, MD: Scripta Humanistica, 1988.

Miller, Yvette E. and Charles M. Tatum, eds. *Latin American Women Writers: Yesterday and Today*. Pittsburgh: Latin American Literary Review, 1977.

Pagán de Soto, Gladys. *La pasión de leer: Ensayos de crítica literaria*. S.l.: s.n., 2000.

Rufinelli, Jorge, comp. *Mario Benedetti: Variaciones críticas*. Montevideo: Libros del Astillero, 1973.

Zambrano, Gregory. "Memorias y entrelíneas, la historia posible de la narrativa de Laura Antillano, Ana Teresa Torres y Milagros Mata Gil." http://webserver.rcp.net.pe/cemhal/capitulo7.html

Zeitz, Eileen M. *La crítica, el exilio y el más allá en las novelas de Mario Benedetti*. Montevideo: Amesur, 1986.

Véase también la bibliografía de **Aquí, en familia, Entre hombres y mujeres** y **La trama social.**

● Identidad

Acosta-Belén, Edna, ed. *The Puerto Rican Woman*. New York: Praeger, 1979.

Ahern, Maureen, and Mary Scale Vásquez, eds. *Homenaje a Rosario Castellanos*. Valencia: Albatros, 1980.

Alazraki, Jaime. *Jorge Luis Borges*. Madrid: Taurus, 1976.

Barrenechea, Ana María. *Borges, the Labyrinth Maker*. New York: New York University Press, 1965.

Bell-Villada, Gene. *Borges and His Fiction: A Guide to His Mind and Work*. Chapel Hill: University of North Carolina Press, 1981.

Branche, Jerome, ed. *Lo que teníamos que tener: Raza y revolución en Nicolás Guillén*. Pittsburgh: Instituto Internacional de Literatura Iberoamericana, Universidad de Pittsburgh, 2003.

Calderón, Germaine. *El universo poético de Rosario Castellanos*. México: Universidad Nacional Autónoma de México, 1979.

Chaney, Elsa M. *Supermadre: Women in Politics in Latin America*. Austin: University of Texas Press, 1979.

Ellis, Keith. *Cuba's Nicolás Guillén: Poetry and Ideology*. Toronto: University of Toronto Press, 1983.

Fresán, Juan. *Bioautobiografía de Jorge Luis Borges*. Buenos Aires: Siglo XXI, 1970.

Gil Iriarte, María Luisa. *Debe haber otro modo de ser humano y libre: El discurso feminista en Rosario Castellanos*. Huelva: Universidad de Huelva, 1997.

Gutiérrez Coto, Amauri Francisco. *Acerca de lo negro y la africanía en la lengua literaria de Motivos de son de Nicolás Guillén: (Un nuevo análisis del problema)*. Pinar del Río: Ediciones Vitral, 2001.

Knight, Franklin W. *Slave Society in Cuba During the Nineteenth Century*. Madison: University of Wisconsin Press, 1970.

Kubayanda, Josaphat Bekunuru. *The Poet's Africa: Africanness in the Poetry of Nicolás Guillén and Aimé Césaire*. New York: Greenwood Press, 1990.

Lewis, Gordon K. *Puerto Rico. Freedom and Power in the Caribbean*. New York: Harper, 1963.

Maldonado-Denis, Manuel. *Puerto Rico: A Socio-Historic Interpretation*. New York: Vintage, 1972.

Miller, Beth. *Mujeres en la literatura*. México: Fleischer, 1978.

———. *Uma conciência feminista, Rosario Castellanos*. São Paulo: Editora Perspectiva, 1987.

Miller, Yvette E. "El temario poético de Rosario Castellanos." *Hispamérica* 10.29 (1981): 107–150.

Mondragón, Amelia, ed. *Cambios estéticos y nuevos proyectos culturales en Centroamérica: Testimonios, entrevistas y ensayos*. Washington D.C.: Literal Books, 1994.

Morejón, Nancy. *Nación y mestizaje en Nicolás Guillén*. La Habana: UNEAC, 1982.

Mörner, Magnus. *Race and Class in Latin America*. New York: Columbia University Press, 1970.

Naranjo, Carmen, comp. *La mujer y el desarrollo. La mujer y la cultura: Antología*. México: Sep Diana, 1981.

Nash, June, and Helen I. Safa, eds. *Sex and Class in Latin America*. New York: Praeger, 1976.

Pescatello, Ann, ed. *The African in Latin America*. New York: Knopf, 1975.

———. *Old Roots in New Lands: Historical and Anthropological Perspectives on Black Experiences in the Americas*. Westport, CT: Greenwood Press, 1977.

Poniatowska, Elena. *¡Ay vida, no me mereces!: Carlos Fuentes, Rosario Castellanos, Juan Rulfo, la literatura de la onda*. México: J. Mortiz, 1985.

Ramírez, Sergio. *This is Sergio*. Managua: Dirección de Información y Prensa de la Presidencia, 1990.

Rout, L. B., Jr. *The African Experience in Latin America: 1502 to the present day*. Cambridge: Cambridge University Press, 1971.

Sardinha, Dennis. *The Poetry of Nicolás Guillén: An Introduction*. London: New Beacon Books, 1976.

Sheperd, Verene A. and Hilary McD. Beckles, eds. *Caribbean Slavery in the Atlantic World: A Student Reader*. Kingston, Jamaica: Ian Randle, 2000.

Tannenbaum, Frank. *Slave & Citizen. The Negro in the Americas*. New York: Vintage, 1946.

Williams, Lorna V. *Self and Society in the Poetry of Nicolás Guillén*. Baltimore: Johns Hopkins University Press, 1982.

Véase también la bibliografía de **Aquí, en familia**, **Entre hombres y mujeres** y **La trama social**.

● La trama social

Acuña, Rodolfo. *Occupied America: The Chicano's Struggle Toward Liberation.* San Francisco: Caufield, 1972.

Bruce-Novoa, Juan. *Chicano authors: Inquiry by Interview.* Austin: University of Texas Press, 1980.

Binder, Wolfgang. *Partial Autobiographies: Interviews with Twenty Chicano Poets.* Erlangen: Palm & Enke, 1985.

Candelaria, Cordelia. *Chicano Poetry: A Critical Introduction.* Westport, CT.: Greenwood Press, 1986.

Carrera, Mauricio. "Mastretta y sus ángeles: Mujeres poderosas, barcos a la deriva." *ALPHA: Revista de Artes, Letras y Filosofía.* 1998, 14, p. 189–200.

Daniel, Lee-A. "Un acercamiento a la mujer en *Mujeres de ojos grandes* de Ángeles Mastretta." In Cavallo, Susana, Luis A. Jiménez, and Oralia Pueble Niemi, eds. *Estudios en honor de Janet Pérez: El sujeto femenino en escritoras hispánicas.* Potomac, MD: Scripta Humanistica, 1998.

Guerra-Cunningham, Lucía, ed. *Mujer y sociedad en América Latina.* Santiago: UCI/ Pacífico, 1980.

Lipset, Seymour Martin, and Aldo Solari, eds. *Elites in Latin America.* London: Oxford University Press, 1967.

Malloy, Carolyn. "Ángeles Mastretta and Her Cast of Liberated Aunts." In *The Other Mirror.* Ibsen, Kristine, ed. Westport: Greenwood Press. 1997, p. 29–40.

Meier, Matt S., and Feliciano Rivera. *The Chicanos: A History of Mexican Americans.* New York: Hill & Wang, 1972.

Niebylski, Dianna. "Transgression in the Comic Mode: Ángeles Mastretta and her Cast of Liberated Aunts." In *The Other Mirror.* Ibsen, Kristine, ed. Westport: Greenwood Press. 1997, p. 29–39.

Ojeda, Martha. *Nicomedes Santa Cruz: Ecos de África en Perú.* Rochester, N.Y.: Tamesis, 2003.

Rama, Ángel. *Literatura y clase social.* México: Folios, 1983.

Richards, Henry J. and Teresa Cajiao Salas. *Asedios a la poesía de Nicomedes Santa Cruz.* Quito: Editora Andina, 1982.

Samora, Julián, ed. *La Raza: Forgotten Americans.* Notre Dame: University of Notre Dame Press, 1971.

Santa Cruz, Nicomedes. *La décima en el Perú.* Lima: Instituto de Estudios Peruanos, 1982.

Schlau, Stacey. *Spanish American Women's Use of the Word: Colonial Through Contemporary Narratives.* Tucson: University of Arizona Press, 2001.

Shirley, Carl R. *Understanding Chicano Literature.* Columbia: University of South Carolina Press, 1988.

Stavenhagen, Rodolfo. *Agrarian Problems and Peasant Movements in Latin America.* New York: Anchor, 1970.

Véliz, Claudio, ed. *Obstacles to Change in Latin America.* London: Oxford University Press, 1969.

———. *The Politics of Conformity in Latin America.* London: Oxford University Press, 1967.

Villanueva, Tino, comp. *Chicanos: Antología histórica y literaria.* México: Fondo de Cultura Económica, 1985.

Vodanović, Sergio. *Teatro.* Santiago: Nascimento, 1978.

Véase también la bibliografía de **Aquí, en familia, Desencuentros** y **Entre hombres y mujeres**

● La política y el individuo

Alas, Javier. *Roque Dalton: El turno del poeta.* El Salvador: Editorial Delgado, 1999.

Alegría, Claribel. "Roque Dalton: Poet and Revolutionary." In *Small Hours of the night.* http://www.uhmc.sunysb.edu/surgery/dalton.html

Brotherston, Gordon. *Latin American Poetry. Origins and Presence.* Cambridge: Cambridge University Press, 1975.

Cadavid, Jorge H. "Hernando Téllez: un consumado estratega." *Boletín Cultural y Bibliográfico.* Banco de la República: Biblioteca Luis Angel Arango, XXXII, 40, 1997. http://www.banrep.gov.co/blaavirtual/boleti1/bol40/bol40dos.htm

Casal, Lourdes, comp. *El Caso Padilla: Literatura y revolución en Cuba. Documentos.* Miami: Ediciones Universal, 1971.

Cosse, Rómulo, coord. *et al. Cristina Peri Rossi: Papeles críticos.* Montevideo: Linardi y Risso, 1995.

Costa, René de. *The Poetry of Pablo Neruda.* Cambridge: Harvard University Press, 1979.

Cuba: Nueva política cultural. El Caso Padilla. Montevideo: Cuadernos de Marcha, 49, 1971.

Finch, H. M. J. "Three Perspectives on the Crisis in Uruguay." *Journal of Latin American Studies,* 3, part 2 (November 1971).

Flores, Ángel, ed. *Nuevas aproximaciones a Pablo Neruda.* México: Fondo de Cultura Económica, 1987.

Herrera C., J. Noé. *Bibliografía sobre La Violencia en Colombia: Referencias históricas, geográficas, antropológicas, económicas, jurídicas, literarias y religiosas.* Bogotá: Libros de Colombia, 2002.

Jones, Anny Brooksbank and Catherine Davies, eds. *Latin American Women's Writing: Feminist Readings in Theory and Crisis.* Oxford: Oxford University Press, 1996.

Kaufman, Edy. *Uruguay in Transition: From Civilian to Military Rule.* New Brunswick: Transaction Books, 1979.

Lara Martínez, Rafael. *La tormenta entre las manos: Ensayos polémicos sobre literatura salvadoreña.* San Salvador: Dirección de Publicaciones e Impresos, 2000.

Lernoux, Penny. *Cry of the People: The Struggle for Human Rights in Latin America. The Catholic Church in Conflict with U.S. Policy.* New York: Penguin-Doubleday, 1982.

McCann, Thomas. *An American Company: The Tragedy of United Fruit.* New York: Crown Publishers, 1976.

McClennen, Sophia A. *The Dialectics of Exile: Nation, Time, Language, and Space in Hispanic Literatures.* West Lafayette: Purdue University Press, 2004.

Montenegro, Armando. *La Violencia en Colombia.* Bogotá: Alfaomega, 2001.

Pendle, George. *Uruguay.* London: Oxford University Press, 1963.

Roldán, Mary. *Blood and Fire: La Violencia in Antioquia, Colombia, 1946–1953.* Durham: Duke University Press, 2002.

Rovira, José Carlos. *Para leer a Pablo Neruda.* Madrid: Palas Atenea, 1991.

Sánchez, Gonzalo and Donny Meertens. Alan Hynes, trans. *Bandits, Peasants and Politics: The case of "La Violencia" in Colombia.* Austin: University of Texas Press, 2001.

Schlesinger, Stephen C., and Stephen Kinser. *Bitter Fruit: The Untold Story of the American Coup in Guatemala.* Garden City, NJ: Doubleday, 1982.

Taylor, Philip, Jr. *Government and Politics of Uruguay.* New Orleans: Tulane Studies in Political Science, vol. 7, 1960.

Tierney-Tello, Mary Beth. *Allegories of Transgression and Transformation: Experimental Fiction by Women Writing Under Dictatorship.* Albany: State University of New York Press, 1996.

Glosario de términos literarios

acento énfasis que se le da en la pronunciación a una sílaba de una palabra o de un verso. En español, el verso lleva acento en la penúltima sílaba. Si el verso termina en palabra esdrújula, se le saca una sílaba; si termina en palabra aguda se le añade una sílaba.

acto cada una de las partes principales en que se dividen las obras de teatro.

alejandrino verso de catorce sílabas, generalmente dividido en dos **hemistiquios**. El alejandrino francés sólo tiene doce sílabas. Véase el siguiente ejemplo de Rubén Darío:

Era un aire suave de pausados giros
el hada Harmonía ritmaba sus vuelos.

aliteración repetición del mismo sonido o grupo de sonidos, sobre todo los consonánticos, en una frase o un verso. Sigue un ejemplo de Rubén Darío:

…Y es el mágico pájaro regio
que al morir rima el alma en un canto.

aparte técnica teatral en la que un personaje le comunica al público cierta información, sin que los demás personajes se enteren.

argumento narración de los acontecimientos de acuerdo al orden en que ocurren en un relato u obra de teatro. En el ensayo es el razonamiento que se usa para demostrar una proposición.

canto cada parte en que se divide un poema largo. Se asocia, en particular, con la poesía épica. Dentro de la poesía moderna, por ejemplo, el *Canto general* de Neruda está dividido en cantos.

caricatura retrato o bosquejo satírico o exagerado de una persona que puede ser literario o pictórico. Véase, por ejemplo, el cuadro titulado *Autorretrato* en la página 143.

cesura pausa que se hace en el interior de un verso. Sigue un ejemplo tomado de Rubén Darío:

El mar como un vasto / cristal azogado
refleja la lámina / de un cielo de zinc.

clímax punto culminante de la acción en una obra literaria.

comedia obra de teatro divertida, de desenlace feliz. A menudo, este término se usa para designar cualquier obra de teatro.

cuarteta estrofa de cuatro versos endecasílabos (de once sílabas), de rima a-b-a-b. Véase el siguiente ejemplo tomado de Antonio Machado:

Anoche cuando dormía
soñé ¡bendita ilusión!
que una fontana fluía
dentro de mi corazón.

cuarteto estrofa de cuatro versos endecasílabos (de once sílabas) de rima a-b-b-a. Este ejemplo es de Enrique González Martínez:

A veces una hoja desprendida
de lo alto de los árboles, un lloro
de las ninfas que pasan, un sonoro
trino de ruiseñor, turban mi vida.

cuento género literario. Narración de una acción ficticia, de carácter sencillo y breve extensión, de muy variadas tendencias. Por ejemplo: "El amigo de Él y Ella" (página 11), "La salud de los enfermos" (página 52), "La guerra y la paz" (página 133).

décima estrofa de diez versos octosílabos (de ocho sílabas) consonantes de rima a-b-b-a-a-c-c-d-d-c. Véase el poema de Nicomedes Santa Cruz en la página 186.

desenlace final de un suceso, de una narración o de una obra dramática.

encabalgamiento ocurre en poesía cuando, para completar el significado, el final de un verso tiene que enlazarse al verso que sigue.

endecasílabo verso de once sílabas. Sigue un ejemplo de Garcilaso de la Vega:

El dulce lamentar de dos pastores,
Salicio juntamente y Nemoroso,
he de cantar, sus quejas imitando.

ensayo género literario. Composición en prosa, generalmente breve, que trata un tema específico y es de carácter analítico, especulativo o interpretativo.

epístola carta en prosa o en verso.

epíteto adjetivo que se añade con un fin estético, ya que no es necesaria su presencia. Ejemplo: "Los solitarios campos estaban cubiertos de blanca nieve". Aquí los adjetivos tienen como fin colocar en primer plano la soledad y la blancura; sin ellos no sufriría el sentido lógico, pero sí disminuiría el efecto imaginativo.

escena parte de un acto en que participan los mismos personajes; si sale o entra un personaje diferente, empieza otra escena.

estribillo verso que se repite a intervalos o al final de cada estrofa.

estrofa grupo de versos que obedecen a ciertas reglas mediante las cuales se logra la unidad estructural del poema.

estructura la armazón de una obra literaria planificada de acuerdo a ciertas normas.

hemistiquio la mitad de un verso separado de la otra mitad por la cesura. He aquí un ejemplo de Rubén Darío:

Era un aire suave / de pausados giros
el hada Harmonía / ritmaba sus vuelos.

imagen representación literal o figurativa de un objeto o de una experiencia sensorial. La relación poética establecida entre elementos reales e irreales. La impresión mental —de un objeto o de una sensación— evocada por una palabra o una frase. Véase el siguiente ejemplo de Pablo Neruda que abunda en imágenes: la noche estrellada, la ausencia, la pérdida de la amada, etc.

Puedo escribir los versos más tristes esta noche.
Escribir, por ejemplo: "La noche está estrellada,
y tiritan, azules, los astros, a lo lejos".
Puedo escribir los versos más tristes esta noche.
Yo la quise, y a veces ella también me quiso.
En las noches como ésta la tuve entre mis brazos.
La besé tantas veces bajo el cielo infinito...

indianismo tendencia que forma parte del romanticismo hispanoamericano que idealiza al indígena y lo presenta como figura exótica y decorativa.

indigenismo tendencia existente dentro del realismo hispanoamericano que describe al indígena, su vida y sus problemas, denunciando su opresión y el racismo existente.

ironía figura que opone el significado a la forma de las palabras con fines de burla, para expresar una idea de tal manera que, debido al tono, se entienda lo contrario. La ironía amarga o cruel se llama **sarcasmo**.

metáfora traslación en que el significado de una palabra se emplea en un sentido que no le corresponde; traslación del sentido de una palabra a otro figurado para los efectos de una comparación tácita. Ejemplos: "Las <u>perlas</u> de la boca", "Mi hija es <u>una alhaja</u>", "Vive <u>a la sombra</u> de alguien", "<u>Al morir</u> el día, regresamos a casa".

métrica conjunto de reglas de versificación y su estudio.

metro medida aplicada a las palabras para formar un verso.

novela una obra de ficción escrita en prosa que, a diferencia del cuento, es generalmente larga. Este género crea un mundo cerrado en el que viven y se desarrollan diversos personajes.

octosílabo verso de ocho sílabas. Se usa mucho en la poesía popular.

personificación atribución de cualidades o actos propios de los seres humanos a los objetos inanimados. Véase el caballo del prócer en el cuento de Cristina Peri Rossi (página 268).

poema obra en verso (véase **poesía**).

poesía género literario que se caracteriza comúnmente por escribirse en verso. Además de atenerse a las reglas de versificación, su lenguaje debe convenir al tema elegido por el autor. Hay poesía lírica, épica, didáctica, etc.

prefiguración indicio o presagio de lo que sucederá más tarde.

protagonista personaje principal.

realismo mágico término usado por el crítico alemán Franz Roh para caracterizar la pintura postexpresionista a mediados de los años veinte. En 1948, el escritor venezolano Arturo Uslar Pietri lo empleó refiriéndose a ciertas obras literarias hispanoamericanas que sugerían una capa más profunda de la realidad. Basándose en el surrealismo, el cubano Alejo Carpentier propuso teorías propias sobre lo que él llama "lo real maravilloso americano". El término "realismo mágico" se ha aplicado a tantas obras disímiles que ha perdido efectividad.

rima semejanza o igualdad entre los sonidos finales de las palabras en que acaban dos o más versos, a partir de la última vocal acentuada. Existen dos tipos de rima:

a. La rima **asonante** ocurre cuando los sonidos vocálicos de las últimas palabras son iguales a partir de la última vocal tónica. Véase este ejemplo de Federico García Lorca:

Muerto se quedó en la ca<u>lle</u>
con un puñal en el pecho.
No lo conocía na<u>die</u>.

b. La rima **consonante** ocurre cuando los últimos sonidos, tanto vocales como consonantes, son iguales a partir de la última vocal tónica. Sigue un ejemplo de Rubén Darío:

¡Ay! La pobre princesa de la boca de r<u>osa</u>
quiere ser golondrina, quiere ser marip<u>osa</u>,
tener alas ligeras, bajo el cielo vol<u>ar</u>;
ir al sol por la escala luminosa de un r<u>ayo</u>,
saludar a los lirios con los versos de M<u>ayo</u>,
o perderse en el viento sobre el trueno del m<u>ar</u>.

ritmo cadencia o repetición de un fenómemo a intervalos regulares, o el refuerzo a intervalos iguales de un movimiento, sonido u otro fenómeno. En la poesía en español tenemos los siguientes factores rítmicos: el acento, el tono, la rima y la cantidad (o duración del sonido o las sílabas y las relaciones de tiempo entre ellas).

romance composición poética de versos octosílabos (de ocho sílabas) y de rima asonante en los versos pares. El romance es de origen anónimopopular. Es probablemente el verso que más se usa en español. Por ejemplo, véase este trozo de autor anónimo de los siglos XV–XVI:

Cabalga Diego Laínez
al buen rey besar la m<u>ano</u>;
consigo se los llevaba,
los trescientos hijosd<u>algo</u>;
entre ellos iba Rodrigo,
el soberbio castell<u>ano</u>.
Todos cabalgan a mula,
sólo Rodrigo a cab<u>allo</u>;
todos visten oro y seda,
Rodrigo va bien arm<u>ado</u>;
todos guantes olorosos,
Rodrigo guante mall<u>ado</u>...

sátira obra cuyo objetivo es censurar, criticar o poner en ridículo.

símil comparación de una cosa con otra para dar una idea más viva de una de ellas. A veces es breve y otras no. El siguiente ejemplo es de Andrés Fernández de Andrada:

¿Qué es nuestra vida más que un breve día,
do apenas sale el sol, cuando se pierde
en las tinieblas de la noche fría?
¿Qué más que el heno, a la mañana verde,
seco a la tarde? ¡Oh ciego desvarío!
¿Será que de este sueño me recuerde?

soneto composición poética de catorce versos distribuidos en dos cuartetos y dos tercetos. El siguiente ejemplo es del "Soneto de la muerte N°2" de Gabriela Mistral.

Este largo cansancio se hará mayor un d<u>ía</u>,
Y el alma dirá al cuerpo que no quiere seg<u>uir</u>
Arrastrando su masa por la rosada v<u>ía</u>,
Por donde van los hombres, contentos de viv<u>ir</u>...

Sentirás que a tu lado cavan briosam<u>ente</u>,
Que otra dormida llega a la quieta ci<u>udad</u>.
Esperaré que me hayan cubierto totalm<u>ente</u>...
¡Y después hablaremos por una etern<u>idad</u>!

Sólo entonces sabrás el por qué, no m<u>adura</u>
Para las hondas huesas tu carne tod<u>avía</u>,
tuviste que bajar, sin fatiga, a dorm<u>ir</u>.

Se hará luz en la zona de los sinos, osc<u>ura</u>;
Sabrás que en nuestra alianza signo de astros hab<u>ía</u>
Y, roto el pacto enorme, tenías que mor<u>ir</u>...

surrealismo o **superrealismo** movimiento literario que surgió en Francia durante la segunda década del siglo XX. Los surrealistas proponen un arte que supere la realidad objetiva y refleje el subconsciente y los aspectos irracionales de la existencia humana. El resultado en la literatura y la pintura son obras en que se agolpan imágenes imprevistas, caóticas y, al parecer, incongruentes, semejantes a la sucesión de hechos propia de los sueños y pesadillas.

teatro no es un género exclusivamente literario, ya que la obra dramática es escrita para ser representada en escena y no simplemente para ser leída. Las obras de teatro pueden ser comedias, dramas o tragedias. Por ejemplo, "El delantal blanco" (página 204).

tema la idea central o mensaje de un texto.

terceto estrofa de versos endecasílabos (de once sílabas) de rima consonante en la cual el primer verso rima con el tercero. Si hay varios tercetos, el esquema de rima es a-b-a, b-c-b, c-d-c,... xyx y se termina con un **serventesio**, que son cuatro endecasílabos con rima alterna y-z-y-z. Sigue un ejemplo de Francisco de Quevedo:

En otros siglos pudo ser pec<u>ado</u>
severo estudio y la verdad desn<u>uda</u>,
y romper el silencio el bien habl<u>ado</u>.
Pues sepa quien lo niega, y quien lo d<u>uda</u>,
que es lengua la verdad de Dios sev<u>ero</u>,
y la lengua de Dios nunca fue m<u>uda</u>.

testimonio Ejemplos: "La familia" (página 20), "¿Por qué me odias tú?" (página 193).

tono actitud del autor hacia lo narrado en el texto.

verso unidad de la versificación, o sea, cada una de las líneas que componen un poema. Palabra o grupo de palabras que obedecen a ciertas reglas de medida y cadencia.

verso blanco también llamado verso **libre** o **suelto.** Un verso que no tiene medida ni acento. Si además pierde la rima, no se le puede distinguir de la prosa rítmica. Ejemplo: "Autorretrato" (página 154).

voz (narrativa o poética) persona del narrador o poeta en la obra literaria.

Credits

"Ritmos negros del Perú" by Nicomedes Santa Cruz. Used by permission of the Familia Santa Cruz Castillo.

"El delantal blanco," 1964, Sergio Vodanović, from José Jaime Bordes.

"Convocación de palabras" by Tino Villanueva, from *Crónica de mis años peores*, Lalo Press. Copyright 1987 by Tino Villanueva. Reprinted by permission of the author.

"La certeza," by Roque Dalton, from *Poemas clandestinos/Clandestine Poems*. Translation by Jack Hirschman. P 136.

"La United Fruit Company," from *Canto General* by Pablo Neruda. © Pablo Neruda Foundation, 1950. Used by permission.

"Fuera del juego," by Herberto Padilla. Used by permission.

"Espuma y nada más" by Hernando Téllez. Used by permission of Grupo Editorial Norma, Bogotá.

"El prócer" by Cristina Peri Rossi. Used by permission.

Photo

The paintings that appear on the following pages are by
© Adolfo Halty Dubé: 1, 73, 105, 143, 179, 231.

p. 2: © Frank Cantor.

p. 11: © Photri.

p. 20: © Micheline Pelletier/CORBIS SYGMA.

p. 34: © Colita/CORBIS.

p. 52: © Rene Burri/Magnum Photos.

p. 74: © Bill Eichner. Reprinted by permission of Susan Bergholz Literary Services, NY. All rights reserved.

p. 80 & 154: Reproduced from an original negative in the Lola Álvarez Bravo Archive, © 1995 Center for Creative Photography, University of Arizona Foundation.

p. 88: Courtesy of Argentina Ministry of Culture.

p. 96 & 133: © AP Photo/EFE, Hernández de León.

p. 112: © Dave A. Feiling Photography.

p. 144: © Henri Cartier-Bresson/Magnum Photos.

p. 161: © Charles H. Phillips/Time Life Pictures/Getty Images.

p. 167: © Reuters/CORBIS.

p. 180: © AP Photo/Jose Caruci.

p. 186: © 2005, Marco Castro.

p. 221: © Michael Hamilton. Courtesy of Tino Villanueva.

p. 224: © Thomson Corporation/Heinle Image Resource Bank.

p. 232: Courtesy of Museo de la Palabra y la Imagen, El Salvador.

p. 238: © RDA/Getty Images.

p. 264: © Peter Peitsch/peitschphoto.com.

p. 267: © Sonda Dawes/The Image Works.